"十三五"高等院校跨境电商规划教材

跨境电商基础

主　编○张式锋　陈　珏
副主编○张俊杰　孙圣涵
　　　　王晓钧　刘　凯

立信会计出版社
LIXIN ACCOUNTING PUBLISHING HOUSE

图书在版编目(CIP)数据

跨境电商基础 / 张式锋,陈珏主编. —上海:立信
会计出版社,2017.7

"十三五"高等院校跨境电商规划教材

ISBN 978-7-5429-5481-7

Ⅰ.①跨… Ⅱ.①张… ②陈… Ⅲ.①电子商务—
商业经营—高等学校—教材 Ⅳ.①F713.365.2

中国版本图书馆 CIP 数据核字(2017)第 129242 号

策划编辑　　方士华
责任编辑　　方士华
封面设计　　南房间

跨境电商基础
Kuajing Dianshang Jichu

出版发行	立信会计出版社			
地　　址	上海市中山西路 2230 号	邮政编码	200235	
电　　话	(021)64411389	传　真	(021)64411325	
网　　址	www.lixinaph.com	电子邮箱	lxaph@sh163.net	
网上书店	www.shlx.net	电　话	(021)64411071	
经　　销	各地新华书店			

印　　刷	常熟市梅李印刷有限公司
开　　本	787 毫米×1092 毫米　　1/16
印　　张	13
字　　数	301 千字
版　　次	2017 年 7 月第 1 版
印　　次	2017 年 7 月第 1 次
印　　数	1—3100
书　　号	ISBN 978-7-5429-5481-7/F
定　　价	26.00 元

如有印订差错,请与本社联系调换

前　言

　　源于 2008 年的金融危机使全球经济陷入低速增长的泥潭,在国际市场需求紧缩对外贸企业出口造成严重冲击的同时,国内外贸企业面临的跨境贸易形式也发生了不可逆转的显著变化:传统外贸"集装箱"式的大额交易正逐渐被小批量、多批次、快速发货的外贸订单所取代。在经济危机影响下,受资金链紧张及市场需求乏力等因素的制约,传统贸易进口商,尤其是一些中小进口商往往将大额采购分割为中小额采购、将长期采购变为短期采购,以分散风险。这就极大地推动了以在线交易为核心、便捷及时服务为优势的电子商务跨境小额批发及零售业务的发展。

　　目前,中国跨境电商进口还处于起步阶段,随着国内市场对海外商品需求的增长,中国的跨境电商交易额一直保持快速增长势头。随着跨境电商政策的密集出台,很多传统企业开始进入这一领域,跨境电商逐渐受到传统外贸企业的重视,成为传统外贸企业发展的重要选择。阿里巴巴、京东、亚马逊、网易等互联网巨头纷纷争抢跨境电商市场。

　　随着"互联网＋"时代的来临,跨境电商有望成为对冲中国出口贸易增速减慢的利器。随着国际贸易条件的恶化,以及欧洲、日本的需求持续疲软,中国出口贸易增速出现了下台阶式的减缓。而以跨境电商为代表的新型贸易近年来的发展脚步正在逐渐加快,并有望成为中国贸易乃至整个经济的全新增长引擎。

　　本书由张式锋、陈珏担任主编,张俊杰、孙圣涵、王晓钧、刘凯担任副主编。

编　者

2017.6

目 录

项目一
跨境电商概述

☞导入

2015年,中国跨境电商交易规模为5.4万亿元,同比增长28.6%。其中跨境出口交易规模达4.49万亿元,跨境进口交易规模达9072亿元。跨境电子商务的重要性日益凸显,在教材中会依次介绍跨境电商的现状、发展环境及基本概念等知识。

第一节　跨境电商的黄金发展期

一、我国跨境电商迎来黄金发展期

2014年3月1日中央电视台的《新闻联播》节目,用长达3分钟多的时间播报了一条标题为"我国成为全球第一大货物贸易国"的新闻。

根据世界贸易组织秘书处的初步统计,2013年,中国的货物贸易总值为4.16万亿美元,其中出口2.21万亿美元,进口1.95万亿美元。对比美国商务部公布的3.91万亿美元的货物贸易总值,2013年中国的货物贸易额比美国多了2 500多亿美元,中国超过美国成为了全球第一大货物贸易国。具体数据如图1-1所示。

图1-1　中国成为全球第一大货物贸易国

中国的对外贸易总额,从1978年的206亿美元到2013年的40 000亿美元,从世界排名第32位到第1位,中国用了35年完成了这一跨越。然而,与中国出口贸易的高速增长相比,中国跨境电商交易的增速则更令人惊讶:我国的传统外贸年均增长不足10%,跨境电商的增长速度却保持在了30%以上。20多万家小企业在各类网络平台上做买卖,年交易额超过2 500亿美元。

可以说,在由互联网重塑的国际贸易格局当中,中国已经找到了新的贸易增长点,和美国一起成为全球跨境电子商务中心。

2016年8月10日,中国电子商务研究中心发布《2015—2016年中国出口跨境电子商务发展报告》,在报告中有如下关键数据说明中国跨境电子商务的飞速发展:

(1)跨境电商交易规模:2015年,中国跨境电商交易规模为5.4万亿元,同比增长28.6%。其中跨境出口交易规模达4.49万亿元,跨境进口交易规模达9 072亿元。2010—2015年中国跨境电商交易规模及增长情况如图1-2所示。

(2)出口跨境电商市场规模:2015年,中国出口跨境电商交易规模达4.49万亿元,同比增长26%。

(3)出口跨境B2B规模:2015年,中国出口跨境电商B2B市场交易规模达3.78万亿元,同比增长25%。

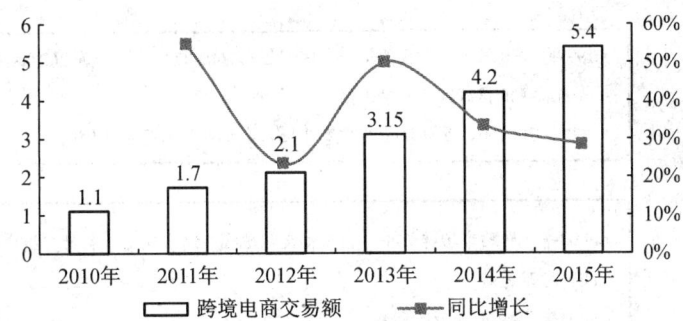

图 1-2 2010—2015 年中国跨境电商交易规模及增长情况 （单位:万亿元）

数据来源:统计数据经未来产业研究院整理。

（4）出口网络零售规模:2015 年,中国出口跨境网络零售市场交易规模达 7 200 亿元,同比增长 33.30％。

（5）出口跨境 B2B 与网络零售模式占比:2015 年,中国出口跨境电商 B2B 与网上零售占比情况 B2B 占 83.2％,网上零售占 16.8％。

（6）卖家地域分布:2015 年,中国出口跨境电商卖家主要分布:广东 24.7％、浙江16.5％、江苏 12.4％、福建 9.4％、上海 7.1％、北京 5.20％、湖北 4.1％、山东 3.3％、其他 17.3％。

（7）卖家品类分布:2015 年,中国出口跨境电商卖家品类主要分布:3C 电子产品37.7％,服装服饰 10.2％,户外用品 7.5％,健康与美容 7.4％,珠宝首饰 6％,家居园艺4.7％,鞋帽箱包 4.5％,母婴玩具 3.6％,汽车配件 3.1％,灯光照明 2.8％,安全监控2.2％,其他 10.3％。

（8）出口国家分布:2015 年,中国出口跨境电商主要国家分布:美国 16.5％、欧盟15.8％、东盟 11.4％、俄罗斯 4.2％、韩国 3.5％、巴西 2.2％、印度 1.4％、其他 38.4％。

二、中国跨境电商发展历程

从 1999 年年底开始到现在,就发展的主要模式来看,中国的电子商务经历了三个发展阶段,如图 1-3 所示。

阶段一:从 1999 年年底开始,以阿里巴巴为主导的 B2B 模式。

阶段二:从 2003 年开始,阿里巴巴和 eBay 为主角,腾讯拍拍、百度有啊等均参与争夺的C2C 模式。

阶段三:从 2010 年开始,阿里巴巴、京东以及各类垂直类电商正面竞争的 B2C 模式。

虽然这三个发展阶段呈现出了明显的此消彼长的关系,但其阶段的划分并非是绝对的,而且在整个发展的过程当中,也出现了一些衍生路径。在阶段二和阶段三之间,eBay 退出中国 C2C 市场之后,国内从事出口贸易的一些厂商,依托 eBay 的全球买家平台资源,做起了直面全球买家的跨境 B2C 生意。

至于这条"本没有"的路径是如何被越走越宽的,我们不妨从源头开始回顾一下。

2006 年,在国外电商市场顺风顺水的 eBay 在中国却频频遇冷,表现出了明显的水土不服。但遭遇重创的 eBay 并未完全退出中国市场,一方面,它将旗下的中国 C2C 电商平台易

第一阶段 (1999—2003年)	• 1999年，阿里巴巴成立；第一家B2C企业8848出现；第一家C2C网站推出；第一家网银招商银行网银上线 • 2000—2001年，互联网泡沫席卷中国，大批电子商务企业倒闭
第二阶段 (2003—2010年)	• 2003年，网购市场转折年。18亿元交易规模；淘宝建立，支付宝推出；eBay控股易趣 • 2004年，Amazon控股卓越 • 2005年，阿里集团收购雅虎中国；垂直类电子商务平台崭露头角 • 2007年，网购市场爆发之年，市场规模达561亿元，同比增长84.1%；大批垂直类B2C网站涌现 • 2008年，网购市场破千亿；网购用户达8 000万；C2C向B2C扩展；大量传统企业布局B2C • 2009年，金融危机下，网络的渠道价值凸显，电子商务广受追捧
第三阶段 (2010年—)	• 2010年，淘宝商城启动独立域名Tmall.com；团购网站井喷式发展，在互联网上掀起"百团大战"；京东商场团购频道正式上线；当当网在美国纽约证券交易所挂牌上市 • 2011年，垂直电商崛起之年。聚美优品商城正式上线；京东启动移动互联网战略；腾讯加大电商战略布局；B2B类跨境电商平台交易规模达100亿元 • 2012年，腾讯收购易迅；在"双十一"淘宝、天猫全网交易规模达191亿元 • 2013年，跨境电商元年。跨境电商平台兰亭集势在美国上市；国务院出台"国六条"，鼓励扶植跨境电商 • 2014，全国多个城市启动跨境电商；京东、阿里巴巴、Amazon等电商巨头相继布局跨境电商战略

图1-3 中国电子商务发展的三个阶段

趣交给了TOM网打理；另一方面，eBay也发现，由于具有全球最优质买家资源的优势，很多中国的出口贸易厂商都会在eBay上寻找交易伙伴。所以，eBay与国内卖家的发展渐渐地出现了跨境电商的新业务。

2012年，eBay在中国的出口类跨境电商领域已经形成了明确的业务线，其进口类跨境电商平台"海淘"也急剧升温。人民币的不断升值为"海淘"等进口类跨境电商平台的发展奠定了坚实的基础；而且，进口类跨境电商平台也为国外曾经饱受经济动荡影响的出口企业，开辟了一条能够规避宏观经济大环境影响的新渠道。

2008年的"三鹿奶粉事件"，使整个中国的乳制品行业陷入危机，也从一定程度上促进了中国跨境电商的发展。以奶粉为"导火索"，国内消费者购买海外商品的愿望越来越强烈，小到服装鞋帽，大到数码家电，以及国内外存在一定差价的手表、化妆品，都成了消费者通过网络"海淘"的目标。

不过,与庞大的需求不相吻合的是,国内的跨境电商平台发展貌似有些不温不火。在主要从事出口业务的平台中,尚且有阿里巴巴国际站、兰亭集势、敦煌网等较为知名的平台,而从事跨境进口业务的电商平台并不多。

以前,国内消费者缺乏正规的跨境网上购物渠道,主要通过"海淘"或"代购"的方式购买进口类商品,但这两种方式往往过程极为繁琐、物流成本高、花费时间长,而且售后服务难以得到保障,也给海关、检验检疫等部门的监管带来难度。所有这些都急需正规化、值得信赖的进口类跨境电商平台的出现。

2013年10月7日,国内第一家跨境贸易电子交易平台——"跨境通"在上海自由贸易试验区完成功能测试。2013年年底,"跨境通"通过海关总署的验收正式上线运行。其定位为一个开放的电子商务平台,通过吸引卖家加盟、电子报关报检、海关征收个人行邮税、快递公司派送等类似淘宝的方式运营。

2014年2月19日,电商巨头阿里巴巴宣布"天猫国际"正式上线,为国内消费者直供海外原装进口商品。

2014年4月,顺丰速运旗下海购平台"海购丰运"(SFBuy)正式上线。用户只要在"海购丰运"进行注册,便能够使用 SFBuy 提供的海外收货地址和专有储物箱号在 eBay、亚马逊等电商网站购物,如图 1-4 所示。

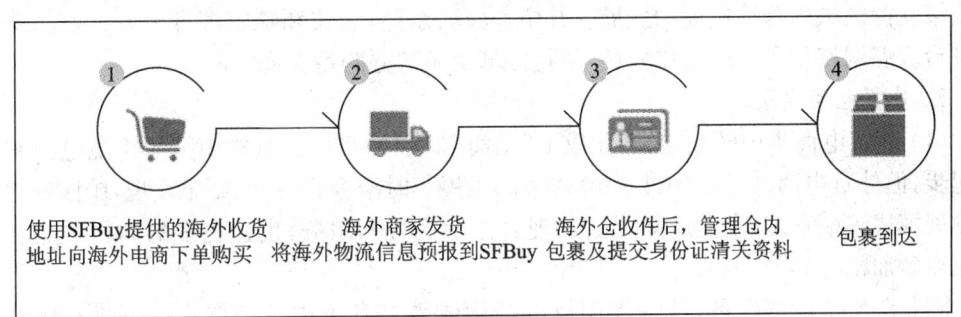

图 1-4　SFBuy 海外购物下单流程

另外,国内的物流公司也凭借自身优势瞄准了跨境电商这个潜力巨大的新兴领域。

2014年4月9日,圆通速递与 CJ 大韩通运签署战略合作协议。至此,圆通已开通了包括中国香港、中国台湾、中国澳门、东南亚、中亚、欧美及澳洲等多个地区的进出口快递业务,以让用户实现"全球购物"的便利化、快捷化。

2014年4月15日,在申通快递美国网站开放注册后,申通又完成了对美国海淘论坛"海淘群"(haitaogroup.com)的收购,以延伸自己的跨境电商业务链。

无论 C2C 模式还是 B2C 模式,货源和物流是电子商务的两大基础。所以,电商平台和物流公司做跨境电商具有各自的优势。

三、中国跨境电商发展现状

2013年,被业内广泛认为是中国的"跨境电商元年"。这一年,中国的跨境电商迎来了前所未有的大好机遇,并保持了强劲的发展势头。据不完全统计,2013年我国的跨境电商平台企业已经超过5 000家,境内通过各类平台开展跨境电子商务业务的外贸企业超过20万家,全国跨境电子商务交易额达到了3.1万亿元。

下面,我们就从几个方面对2013年中国跨境电商领域的事件进行梳理,以了解国内跨境电商的发展现状。

1. 政府方面

(1) 国务院出台政策支持跨境电商发展。早期,由于没有纳入国家外贸统计体系,也不受国家外贸机构监督,跨境电商处于一个灰色的地带,发展受到诸多因素的制约。

2013年8月,由国务院办公厅转发的《关于实施支持跨境电子商务零售出口有关政策的意见》中,明确了7条支持措施,包括确定电子商务出口经营主体、建立电子商务出口新型海关监管模式、建立电子商务出口检验模式、支持电子商务出口企业正常收结汇、鼓励银行和支付机构为跨境电子商务提供支付服务、实施适应电子商务出口的税收政策、建立电子商务出口信用体系等。

2013年10月1日,由中国商务部、国家发展和改革委员会、海关总署等9部门共同出台的《关于实施支持跨境电子商务零售出口有关政策的意见》也开始在全国部分地区实施,它有力地促进了中国跨境电子商务的发展。

(2) "政府+平台"模式成为地方跨境电商发展的主流模式。从2013年开始,为了促进地区经济发展,帮助传统企业转型升级,带动跨境电商产业链的形成,各地政府纷纷出台相应政策支持区域内跨境电商的发展。其中,义乌、东莞、宁波和哈尔滨等地方政府与跨境电商平台敦煌网签订了战略合作协议,依托区域资源建立跨境电商中心。

2. 外贸电商发展方面

(1) 外贸电商集中转型,品牌化成了"出海"的最短路径。虽然中国的跨境电商刚刚开始起步,但外贸电商却已经经过了10多年的发展。时至今日,我们不难发现,中国的外贸电商发展模式弊端众多,专业产品无法展现自己的优势和服务,也让更多的同行企业在线同质化竞争加剧。

随着跨境电商的发展,这种大而泛的结构体系在竞争中已经越来越不具有优势。于是,以敦煌网等为代表的跨境电商平台开始立足于国内品牌的打造,针对国内品牌实现在线交易推广,为品牌客户提供增值营销的解决方案。

(2) 上海自贸区成为指定外贸跨境电商试点区域。随着国内跨境电商的快速发展,现有的一些管理体制、法规等已经难以满足发展的要求。为了应对当前跨境电商贸易发展的新形势,上海自贸区启动了全国首个跨境贸易电子商务试点平台——"跨境通",为国内消费者提供一条阳光、便利、快捷的跨境网购新渠道。

"跨境通"平台的定位为中高端商品,主要经营品类包括服装、婴幼儿用品、3C电子产品、化妆品等六大类,目前已有CK、Coach、Burberry等多个境外品牌入驻这个平台。由于每件商品都经过了海关备案,所以消费者不仅不会买到假货,而且每件产品的关税和物流费用也都一目了然。

(3) 敦煌网、速卖通等外贸电商集中精力进军俄罗斯等新兴市场。2013年12月23日,哈尔滨市政府与敦煌网签署协议,声明共同建设"哈尔滨对俄电子商务运营中心",带动哈尔滨对俄跨境电子商务产业链发展,加大对俄出口贸易,并为全球俄语系买家带来丰富的网货资源。

到 2014 年 8 月,速卖通一共推出 160 多期针对俄罗斯市场的团购活动。此外,针对巴西的团购也在不断进行当中。

(4) 兰亭集势在美国上市成功。成立于 2001 年的兰亭集势,是目前国内排名第一的外贸销售网站,涵盖了服装、电子产品、玩具、饰品、家居用品、体育用品等 14 大类的 6 万多种商品。网站用户来自 200 多个国家,日均国外客户访问量超过 100 万次,访问页面超过 200 万个,兰亭集势的网站与大事记如图 1-5 和图 1-6 所示。

图 1-5　兰亭集势官网

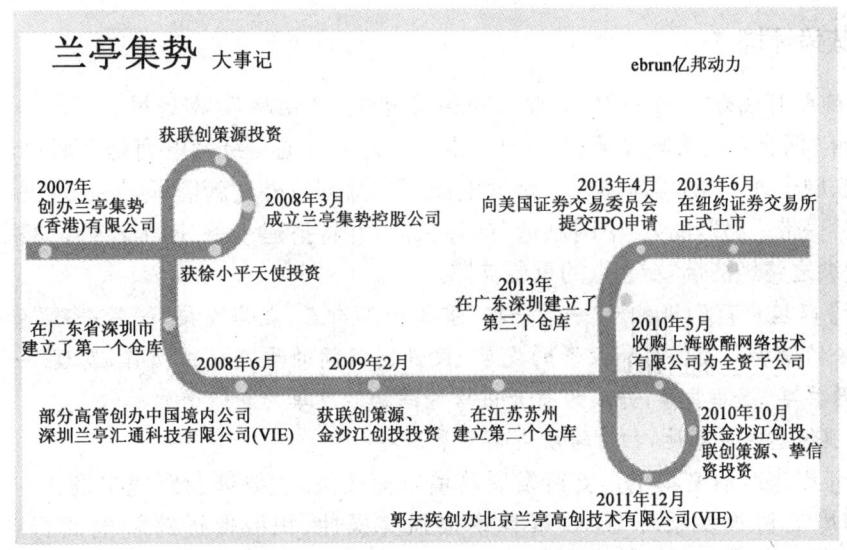

图 1-6　兰亭集势大事记

2013 年 6 月 6 日,兰亭集势在美国纽约证券交易所挂牌上市,成为 2013 年第一家在美上市的中国公司,显示了外贸电商得到了足够的关注和重视。

3. 平台技术和服务方面

（1）跨境电商物流服务不断出新。无论境内还是跨境，物流都是电商的一大命脉。通过建立全球化的仓储管理、独立化的运输配送以及配套的供应链管理，国内跨境电商平台正在不断创新物流服务。

由于以往的物流存在周期长、妥投率低等局限，2013 年上半年，敦煌网推出了"在线发货"这一全新的物流服务，通过线上申请、线下发货的方式，简化了发货流程，降低了物流成本，缩短了周期，且全程可跟踪货物信息，为外贸商家提供更为便捷的快递服务。

（2）跨境电商移动化，移动端交易成主流。移动互联时代的到来，使得跨境电商移动化成为必然的发展趋势。相关调查显示：接近 70％的 B2B 公司认为应及早开发 B2B 移动电商战略，31％的 B2B 公司正在开发移动端应用。

从 2010 年开始，敦煌网上线第一个移动 APP 和 WAP 平台。2013 年上半年，敦煌网移动平台的流量达到了全网的 1/3，交易量是上一年上半年的 2.3 倍，WAP 平台的交易量是去年上半年的 6 倍。上半年移动平台注册用户在全平台的再次购买率与上一年上半年相比提升了 23％，交易量提升了 3 倍。

（3）亚马逊、新蛋网开放中国小卖家注册。亚马逊和新蛋网，作为两个总部同样位于美国，而且在中国拥有广泛消费者根基的电子商务网站，都适时地推出了针对中国市场的跨境电商服务。由于"中国制造"物美价廉，具有广阔的市场，所以，亚马逊的"全球开店"服务和新蛋网的开放平台，都在吸引中国数百万的中小企业商家进行注册。

第二节　中国跨境电商发展环境

一、政策环境

1. 跨境电商成为"一带一路"重要落脚点，打开"供给侧改革"新通道

2016 年"两会"，供给侧改革和"一带一路"成为关键词。跨境电商是互联网时代的产物，是"互联网＋外贸"的具体体现。跨境电商新供给创造外贸新需求，提高发展的质量和效益，对接"一带一路"，助力"中国制造"向外拓展，并将搭建一条"网上丝绸之路"，使之成为建设"丝绸之路经济带"新起点的重要支撑。

【分析】跨境电商已经成为"一带一路"重要的落脚点，成为连接"一带一路"的纽带，以渠道和供给的增加引领贸易和投资的发展，促进国家间的生产分工协作，实现"一带一路"国家的资源共享、产品共享，并成为打开供给侧结构性改革的新通道。

2. 多项优惠政策落地，扫清跨境电商发展障碍

2013 年以来政府密集出台支持发展跨境电商政策，主要涉及跨境电商出口退税、清关检疫、跨境支付等多项环节，政策具备很强实操性，积极促进跨境电商行业规范及完善。

【分析】政策的制定及实施是跨境电商快速发展的基础，对推动行业发展、保护商家和消费者权益，推动全行业快速，健康发展起着重要作用。

2012—2015 年中国出口跨境电商主要政策如表 1-2 所示。

表1-2 2012—2015年中国出口跨境电商主要政策

发文机构	政策名称	发布时间
发改委高新技术司	《关于促进电子商务健康快速发展有关工作的通知》	2012.2
国务院	《关于实施支持跨境电子商务零售出口有关政策的意见》	2013.8
商务部	《关于促进电子商务零售出口有关政策的意见》	2013.10
质检总局	《国家质检总局关于支持跨境电子商务发展的意见》	2013.11
财政部、税务总局	《关于跨境电子商务零售出口税收政策的通知》	2013.12
税务总局	《关于外贸综合服务企业出口货物退(免)税有关问题的公告》	2014.2
国务院	《关于支持外贸稳定增长的若干意见》	2014.5
国家外汇管理局	《支付机构跨境外汇支付业务试点指导意见》	2015.1
国务院	《关于加快培育外贸竞争新优势的若干意见》	2015.2
国务院	《关于大力发展电子商务加快培育经济新动力的意见》	2015.5
质检总局	《关于进一步发挥检验检疫职能作用促进跨境电商发展的意见》	2015.5
国务院	《国务院关于积极推进"互联网＋"行动的指导意见》	2015.7

编制：中国电子商务研究中心。　　　　　　　　　　　　数据来源：WWW.100EC.CN。

二、行业环境

1. 国内传统企业纷纷布局出口跨境电商市场

近年来,国内传统企业纷纷布局出口跨境电商市场。2016年3月,卓尔集团宣布收购兰亭集势30％的股权,布局跨境电商业务。2015年,跨境通(原百圆裤业)斥巨资收购环球易购、前海帕拓逊、广州百伦、通拓科技出口跨境电商公司股权,持续加强板块布局。

【分析】在国内经济不景气的现状下,相较于传统外贸模式,出口跨境电商将国产优势商品直接对接国外消费者,缩短了贸易中间环节、减少了商品流转成本。

2. 新兴国家跨境电商市场崛起,发展潜力巨大

全球贸易正逐渐向线上化发展的趋势明显,特别是像俄罗斯等新兴国家电商市场的快速发展,广阔的市场发展空间给外贸企业带来更多的市场机遇。

【分析】政策的刺激以及传统贸易发展的不景气,给跨境电商市场带来巨大的潜在机会。

三、资本环境

近年来,跨境电商发展势头迅猛,各路资本蜂拥而至,行业发展如火如荼。热潮引发各路资本仍竞相追逐,如生意宝投资万事通、跨境通投资通拓科技、前海帕拓逊等。2015年,中国出口跨境电商企业融资金额规模超10亿元。

随着更多企业的纷纷入局,平台的竞争将从单一的电商向供应链与整体服务转移逐步升级。

【分析】资本对跨境电商的看好与行业的良好走势有关,整个行业处于蓬勃发展的阶

段。未来跨境电商平台竞争将不仅限于商品品类,更多的是拼供应链与整体服务能力。对于出口跨境电商而言,更多的商品品类、海外仓、良好的售后服务都将是竞争要素。

2015—2016 年中国出口跨境电商主要融资事件如表 1-3 所示。

表 1-3　2015—2016 年中国出口跨境电商主要融资事件

融资方	时间	轮次	融资金额	投资方
PAYCDXUN	2015.12.15	收购	3 亿元	跨境通
AUKEY	2015.11.16	新三板挂牌上市	—	—
BESTEK	2015.9.12	新三板挂牌上市	—	—
WANG品牌联卖	2015.8.18	Pre-A 轮	数千万元	红石诚金
广新达 GXD.COM	2015.5.22	A 轮	3 000 万元	海航集团
通拓科技	2015.5.4	增资	9 000 万元	跨境通
万事通	2015.12.14	战略投资	—	生意宝
mabang ERP	2016.2.5	Pre-A 轮	数千万元	黑马基金、梅花创投等
YKS	2016.4.6	新三板挂牌上市	—	—

编制:中国电子商务研究中心。　　　　　　　　　　　　数据来源:WWW. 100EC. CN。

四、用户环境

1. **新兴市场国家的不断崛起,带来更多的用户规模**

近年来,随着新兴市场包括俄罗斯、巴西、以色列、阿根廷等国家和地区的电子商务的迅猛发展,给中国卖家带来了更大用户规模,目标人群不断壮大。新兴市场国家电商的发展,人们对电商观念改变以及当地商品供应的不足等给企业带来机遇。

【分析】新兴市场国家有着更为广阔的人群及购买力,对出口跨境电商企业来说存在较大的市场机遇,重点在通过何种方式影响目标客户。

2. **欧美等发达国家用户消费升级,由低价向品质延伸**

欧美等发达国家的消费者正逐渐呈现出对商品的需求从最初的低价向品质延伸,这是用户消费的升级。同时,中国卖家也逐步通过品牌化的打造输出更多有品牌附加值、高质量的商品。

【分析】任何国家的消费者都有消费升级的阶段,中国出口跨境电商从低价开始,逐步向品牌化延伸,除竞争加剧外,这也是欧美等发达国家消费升级的结果。

第三节 跨境电商的含义

一、跨境电商概念

跨境电商(cross-boarder e-commerce)有广义和狭义的概念。

广义的跨境电商是指分属不同关境的交易主体,通过电子商务手段从事各种商业活动的行为。

狭义的跨境电商又称在线国际贸易(online international trade),是指分属不同关境的交易主体,通过电子商务手段达成交易并完成支付、办理运输等一系列过程的商品交换活动。

跨境电商是跨境电子商务的简称,是指分属不同关境的交易主体通过电子商务平台达成交易、进行支付结算,并通过跨境物流送达商品、完成交易的一种国际商业活动。

二、跨境电商的特征

跨境电商是国际贸易和电子商务的融合,其主要特征如下:

(1)信息流、资金流、物流等多种要素流动必须紧密结合,任何一方面的不足或衔接不够,就会阻碍整体跨境商务活动的完成。

(2)流程繁杂,且不完善,国际贸易通常具有非常复杂的流程,牵涉海关、检验检疫、外汇、税收、货运等多个环节,而电子商务作为新兴交易方式,在通关、支付、税收等领域的法规目前还不太完善。

(3)风险触发因素较多,容易受到国际政治经济宏观环境和各国政策的影响。

跨境电商的具体特征表现为:

(1)全球性(global)。

(2)无形性(intangible)。

(3)可追踪性(traceable)。

(4)即时性(instantaneous)。

(5)无纸化(paperless)。

(6)快速演进(rapidly evolving)。

三、跨境电商的基本分类

(一)按照市场主体划分

按照市场主体来划分,分为B2B、B2C以及C2C三种类型。

1. 跨境B2B电子商务

跨境B2B是指分属不同关境的企业对企业,通过电商平台达成交易、进行支付结算,并通过跨境物流送达商品、完成交易的一种国际商业活动。B2B即Business to Business。

2. 跨境B2C电子商务

B2C电子商务是指企业针对个人开展的电子商务活动的总称,如企业为个人提供在线医疗咨询、在线商品购买等。B2C 即 Business to Customer（Consumer）。

跨境 B2C 是指分属不同关境的企业直接面向消费者个人开展在线销售产品和服务，通过电商平台达成交易、进行支付结算，并通过跨境物流送达商品、完成交易的一种国际商业活动。

3. 跨境 C2C 电子商务

C2C 电子商务是指个人与个人之间的电子商务。C2C 即 Customer（Consumer）to Customer（Consumer）。它主要通过第三方交易平台实现个人对个人的电子交易。

跨境 C2C 是指分属不同关境的个人卖方对个人买方开展在线销售产品和服务，由个人卖家通过第三方电商平台发布产品和服务售卖、产品信息、价格等内容，个人买方进行筛选，最终通过电商平台达成交易、进行支付结算，并通过跨境物流送达商品、完成交易的一种国际商业活动。

（二）按照服务类型分类

1. 信息服务平台

信息服务平台主要是为境内外会员商户提供网络营销平台，传递供应商或采购商等商家的商品或服务信息，促成双方完成交易。

代表企业：阿里巴巴国际站、环球资源网、中国制造网。

2. 在线交易平台

在线交易平台不仅提供企业、产品、服务等多方面信息展示，并且可以通过平台线上完成搜索、咨询、对比、下单、支付、物流、评价等全购物链环节。在线交易平台模式正在逐渐成为跨境电商中的主流模式。

代表企业：敦煌网、速卖通。

3. 外贸综合服务平台

综合服务平台可以为企业提供通关、物流、退税、保险、融资等一系列的服务，帮助企业完成商品进口或者出口的通关和流通环节，还可以通过融资、退税等帮助企业解决资金周转问题。

代表企业：阿里巴巴一达通。

（三）按照跨境电子商务市场盈利模式分类

1. 传统跨境大宗交易平台（大宗 B2B）模式

为境内外会员商户提供网络营销平台，传递供应商或采购商等合作伙伴的商品或服务信息，并最终帮助双方完成交易、收取会员费和营销推广费。

2. 综合门户类跨境小额批发零售平台（小宗 B2B 或 C2C）模式

独立第三方销售平台，不参与物流、支付等交易环节；收取交易佣金，此外号包括会员费、广告费等增值服务费。

3. 垂直类跨境小额批发零售平台（独立 B2C）模式

批发零售平台，同时自建 B2C 平台（含物流、支付、客服体系），将产品销往海外；销售收入构成主要的收入来源。

4. 专业第三方服务平台（代运营）模式

不直接或间接参与任何电子商务的买卖过程，而是为行业不同、模式各异的从事小额跨境电子商务的公司提供通用的解决方案,为客户提供后台的支付、物流以及客户服务、涉外法律顾问等模块服务。

【思考与习题】

1. 跨境电商的发展分为几个阶段?
2. 跨境电商的发展现状?
3. 跨境电商的发展环境?
4. 跨境电商的基本概念?
5. 跨境电商的特征?

项目二

跨境电商营销

☞ 导 入

网络推广和宣传已经成为跨境电商企业发展必不可少的一部分,是应对激烈市场竞争的一种必然产物。成功开展跨境电商业务,要采取针对网上电商特色的推广和营销方法。

第一节　如何找到目标客户

网络推广和宣传已经成为跨境电商企业发展必不可少的一部分,是应对激烈市场竞争的一种必然产物。成功开展跨境电商业务,要采取针对网上电商特色的推广和营销方法。

首先,跨境电商人员不要总是只盯着如何销售自己的产品,应从国际买家角度进行换位思考:①国际买家如何找到供应商? ②国际买家如何挑选供应商? ③如何让国际买家信任供应商? ④国际买家需要什么样的供应商?

其次,跨境电商人员要学会利用网络资源,通过在网上搜索找到海量的潜在买家,这是主动寻找客户的过程;在对网站优化和充分推广的基础上,让客户自己找上门,这些自动"上钩"的买家一般具有更加强烈的购买意愿,成交的概率更高。买卖双方的沟通可以帮助卖家及时了解客户需求,获得买家对公司和产品的信任,促成交易的最后达成,这是跨境电商的关键环节。

跨境电商人员的首要任务是"找客户","找客户"关键是"找"而不是等。无论是服装制造商还是手机配件销售商,国外客户都在"线上"。只有先知道客户在哪里,才有机会满足客户需求,才能使自己生存下来。

没有系统的方法和窍门,很难有效地找到客户或者求购信息。方法得当,善于利用网上资源,大部分的客户都可直接或者间接从网上找到。跨境电商找客户的最好办法就是搜索。

一、利用搜索引擎找客户

利用搜索引擎可以方便地查询网上信息。但是当输入关键词后,会出现成千上万个查询结果。当然,但这并不等于搜索引擎没有用,如掌握适当的技巧,很好地驾驭它,搜索引擎几乎是万能的,什么信息都可以找到。

(一)搜索引擎和搜索方式分类

1. 搜索引擎分类

在进行搜索前,要先了解搜索引擎分类和搜索方法,以便采取最便捷、有效的搜索方法。

(1)按工作方式,搜索引擎主要可分为三种,分别是全文搜索引擎(Google、Fast/AllTheWeb、Altavista、Inktomi、Teoma、WiseNu 和百度等)、目录索引类搜索引擎(Yahoo、DMOZ、LookSmart、About、搜狐、新浪和网易等)和元搜索引擎。

(2)按搜索范围,搜索引擎可分为全球搜索和中国国内搜索。国内搜索引擎主要有百度、搜狗、搜搜和 Youdao 等,其中百度占据八成的搜索市场份额(涉及跨境电商,面对国外市场客户,中国本土搜索引擎不是本书学习的目标)。

(3)全球和本土搜索引擎。全球著名的搜索引擎主要有 Google、百度、MSN、Yahoo、King、Lycos 和 Altavista 等,但差不多每个大洲和国家都有自己的本土搜索引擎。跨境电商人员寻找潜在客户,可以在目标市场地区或国家尝试使用当地的搜索引擎和当地语言进行搜索,搜索效果最直接、效果最佳。

2. Google 搜索的逻辑符号

Google 搜索有一些基本的搜索逻辑,这些搜索逻辑用符号表示。搜索的逻辑符号有许多,本书只几个常用的符号做说明。掌握这些基本技巧,可以使你的搜索更加快捷和精准。

(1)"＋"和"－"。"＋"和"－"号,是英文字符,而不是中文字符的"＋"和"－"。无需用明文的"＋"来表示逻辑"与"的操作,只要空格就可以;用减号"－"表示逻辑"非"的操作。

例如,以"外贸流程"为例,比较用"外贸流程"与"外贸流程＋外国"的搜索结果和内容差异。具体如图 2-1、图 2-2 所示。

(2) AND 和 OR。AND 和 OR 必须大写,否则会认为是普通的单词而不是搜索指令。AND 指令一般以空格代替,不明确写出;也可以用"＋"代替。

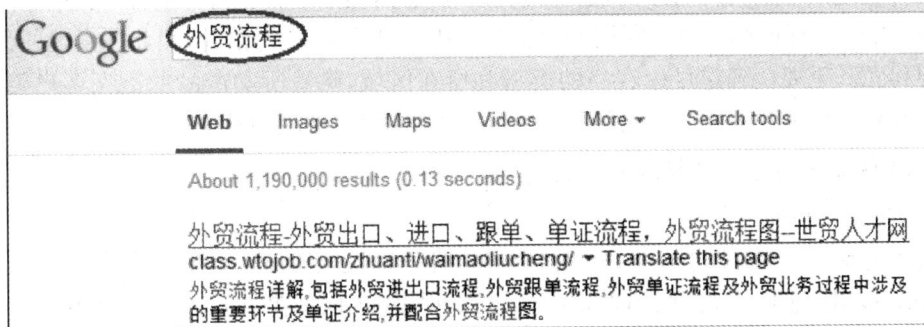

图 2-1　用"外贸流程"搜索获得的搜索结果和内容

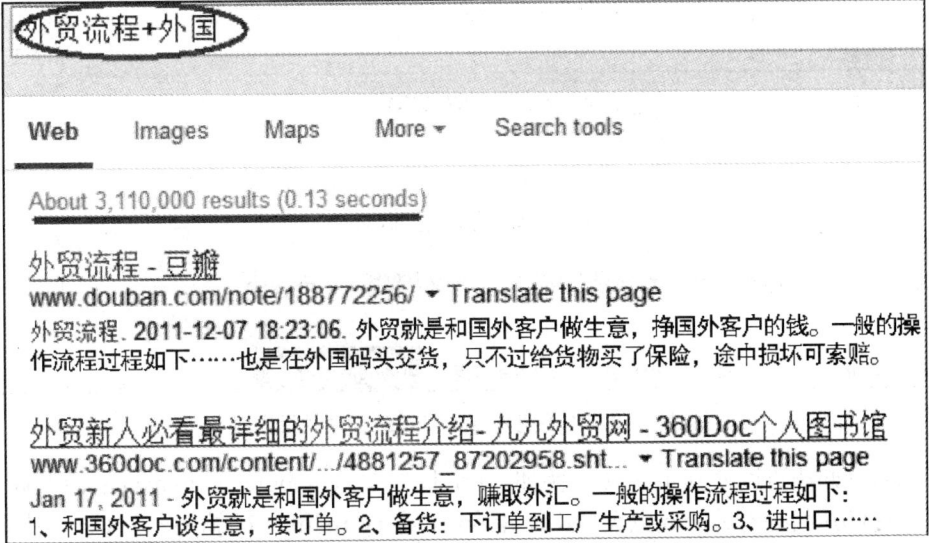

图 2-2　用"外贸流程＋外国"搜索获得的搜索结果和内容

用大写的"OR"表示逻辑"或"操作,小写的"or"在查询的时候将被忽略。这样,上述的操作实际上变成了一次"与"查询。OR 指令优先于 AND 指令。

（3）完整匹配用""。例如，"World War"表示"第二次世界大战"。

（4）在某个网站或者域名下搜索。例如，招聘 site：gov.cn，表示要在中文政府网站上搜索关于政府招聘的页面。

搜索某种类型的文件用 filetype：。例如，招聘 filetype：pdf，表示只搜索 pdf 文件。

此外，操作符与作用的关键字之间，不能有空格。

3. 搜索前准备

（1）明晰预期目标。在着手搜索前，根据市场开发的基本原则确立搜索的预期目标，利用网络资源分析目标用户，了解用户在各个购买周期关注点的变化和影响因素。目标用户分析从几个方面入手：①目标用户在哪些国家和地区？②目标用户会有哪些文化习惯？③目标用户经常浏览哪些网站？④目标用户用哪些方法寻找需要的产品和服务？

思考上述问题后，目标客户就会变得明确和具体，搜索过程才有针对性。

（2）搜索目标市场定位。利用搜索引擎寻找客户，如同大海捞针，因此搜索前的目标定位就显得尤其重要。确定目标客户的类型和所在区域，熟悉所卖产品的潜在客户类型，设法找到目标市场客户惯用的关键词进行搜索，搜索结果就会更加精准。

（二）Google 全球搜索和国别搜索

1. Google 全球搜索

世界上除了部分本土的搜索引擎如中国的百度（Baidu）、韩国的 Naver、俄罗斯 Yandex，其他任何国家和地区的人要进行搜索首先想到的就是 Google。由于 Google 撤出了中国大陆，国内用户点击 Google，就会跳转到 http://www.google.com.hk，使用起来非常不方便。具体如图 2-3 所示。

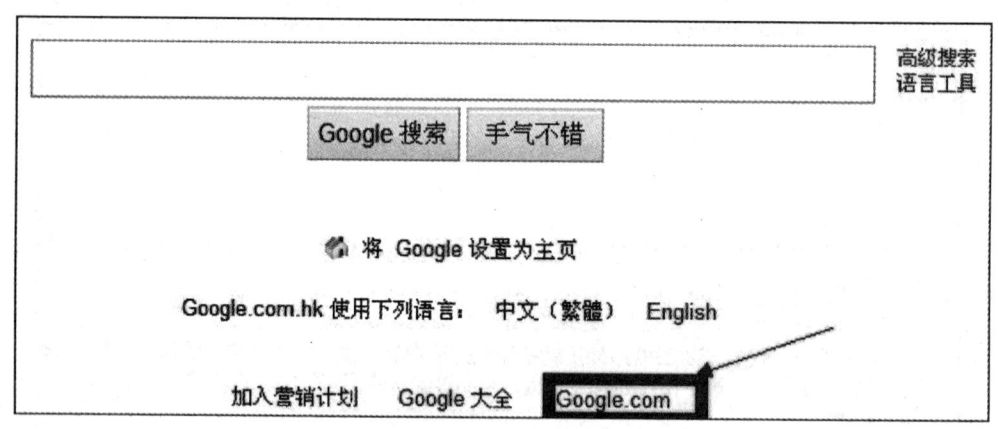

图 2-3　中国境内点击 Google 出现的页面

其实，有办法可以使其不跳转。例如，在地址栏输入 google.com/ncr，限制其跳转，这样可以直接访问 google.com 主页（NCR 即 no country redirect 的缩写）。这个办法在任何国家都适用。具体如图 2-4 所示。

利用 Google 全球或香港搜索，也可以找到目标国的潜在客户信息。以巴西寻找电子元器件（electronic compoents）买家为例，输入电子元器件供应商的英文关键词"Brasilian＋electronic components＋supplier"，找到全球各个国家的供应商，搜索结果过于宽泛。

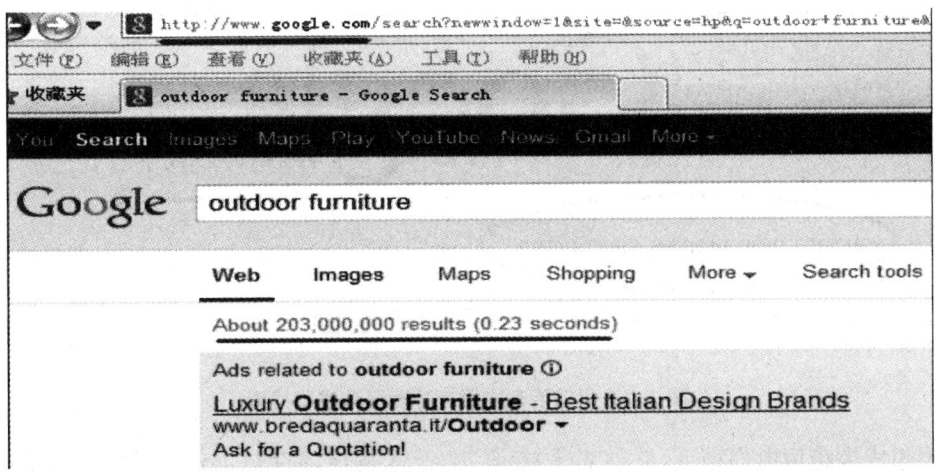

图 2-4　直接访问 Google

在全球搜索中增加 Google 的巴西国别后缀"br"，可使搜索更加精准。具体如图 2-5 所示。

图 2-5　Google 的巴西国别搜索

用目标国的官方语言进行搜索，客户信息更加精准。例如，巴西曾经是葡萄牙的殖民地，其官方语言是葡萄牙语。因此，用 Google 英文翻译将"电子元器件"和"electronic compoments"翻译成葡萄牙语，反复验证得到的最佳译文是"vender componentes eletr？nicos"或"distribuidor de componentes eletr？nicos"。具体如图 2-6 所示。

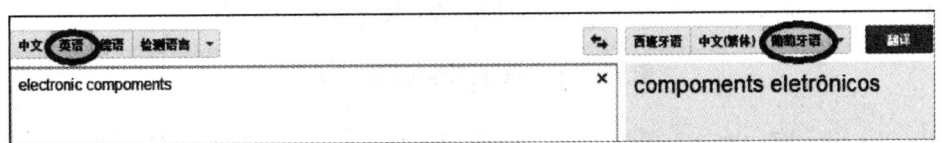

图 2-6　Google 翻译在搜索中的应用

将电子元器件经销商对应的葡萄牙语输入进行搜索，获得更加有针对性的葡萄牙语的经销商信息。具体如图 2-7 所示。

图 2-7　用巴西官方语言葡萄牙语进行搜索

要想成为跨境电商精英,就要掌握"专业"的搜索技巧,使用 Google 所在国家或者地区的国别搜索引擎对目标市场进行更加精准的搜索。

2. Google 国别搜索

要找到目标国的潜在客户,就一定要找到该国同行业商人出现的地方,实际上 Google 强大之处在于全球性的本土搜索。不同国家的 Google 搜索的结果不同,如果你在某个国家输入 google.com,就会自动跳转到该国 Google。例如,在印尼会跳转到 google.co.id,韩国则会跳转到 google.co.kr。如果想有效提升公司的宣传效果,要学会用各个国家的 Google 国别网址进行搜索。

同样,以巴西寻找电子元器件(electronic compoents)买家为例。在巴西的 Google 国别搜索引擎查找买家。具体如图 2-8 所示。

图 2-8　Google 的巴西国别搜索网址

nl, no, np, nz, qa, pa, ph, pk, p1, pr, pt, sa, se, s9, 5y, tm, tr, tm, na, za 等后缀可基本估计到其所代表的国家,在网址栏替换后缀查证该国家是否存在 Google 的国别搜索。

比照英语、葡萄牙语和用葡萄牙语在国别搜索得到的结果并进行综合分析,一定能得到西班牙电子元器件买家最为全面的信息。

3. 国家本土搜索引擎

除了谷歌全球搜索和国别搜索引擎外,一般还有区域性和国家本土搜索引擎。区域性和国家本土搜索引擎虽然影响范围小和相对封闭,极少影响到世界市场,但是客户群极强的针对性和较小的产品竞争力进入后,可迅速占领市场。

利用一些外贸专用搜索,可以很快找到想找国家的本土搜索引擎。具体如图 2-9 所示。

图 2-9 外贸搜主页截图

区域性搜索引擎则是由于民族融合、殖民文化和共同语言原因而产生,如 search,araho,emro 和 istamania 等。

(三) 跨境电商中关键词的作用与选择

1. 跨境电商中关键词的作用

在搜索引擎中检索信息都是通过输入关键词来实现的。关键词是所有搜索引擎优化的基础,选择合适的、足够的关键词,有助于精准地找到目标客户。

产品在搜索引擎和平台排名靠前。我们经常听到这样的事例:一家公司的网站在搜索引擎上排在了前 20 名,业务量随之猛增到原来的 10 倍。而另一家公司排名同样也在前 20 位,可业务量前后却一点没变化。原因很简单,前者选择了正确的关键词,而后者滥用关键词。正确选择关键词对企业网上营销的成败非常重要。

2. 关键词的设置原则

如何才能找到最适合的关键词呢?要仔细揣摩潜在客户的心理,设想客户在查询与你有关的信息时最可能使用的关键词并记录下来。不必担心列出的关键词会太多,相反你找到的关键词越多,用户覆盖面也越大,也就越有可能从中选出最佳的关键词。为此,选择关键词应遵循如下原则。

1) 选择相关的关键词

借助关键词自动分析软件,可以迅速地从你的或竞争对手的网页中提取适合的关键词,使你的工作效率成倍提高。找到许多以前不曾考虑到的关键词,可以大幅扩充我们的关键词列表。搜索引擎都有自己的关键词分析工具,谷歌因其在全球搜索市场的领导地位,其关键词工具(google adwords)在外贸中最为常用。具体如图 2-10 所示。

图 2-10　关键词工具

谷歌关键词工具的作用有：

（1）分析目标关键词，为网站优化推广的关键词定位。

（2）查询相关的关键词和长尾关键词，提升网站流量。

（3）为谷歌竞价排名查询关键词单次点击价格计算提供依据。

2）选择具体的关键词

挑选关键词时要避免拿含义宽泛的一般性词语作为主打关键词，要根据业务或产品的种类，尽可能选取具体的词汇。比如，一家销售木工机具的厂家，Carpenter Tools 就不是合适的关键词，Chain Saws 则可能是明智的选择。不妨拿 Carpenter Tools 到 Google 一试，看看两者的搜索结果如何？

选择前者，搜索结果表明你要和 8 位数的对手竞争才能获得靠前的排名；选择后者，只有 5 位数的竞争对手，你有更多机会站在其他竞争者前面。

（1）选用较长的关键词。与查询信息时尽量使用单词原形态相反，在将关键词提交网站时我们最好使用单词的较长形态，如可以用"Tshirts"尽量不要选择"Tshirt"。因为在搜索引擎支持单词多形态或断词查询的情况下，选用"Tshirts"可以保证你的网页在以"Tshirts"和"Tshirt"搜索时，都能获得被检索的机会。

（2）避免停用词/过滤词。一些常用以至没有任何检索价值的单词比如"an""the""and""of""web"和"homepage"等，搜索引擎碰到这些词时一般都会过滤掉。为节省空间，应尽量避免使用此类词，尤其在文字数量有严格限制的地方如标题、短描中等尽量避免出现这些词，把空间留给更多的关键词和其他产品相关指标，以进一步优化网站内容。

（3）适当选用主关键词和长尾关键词。长尾关键词就是网站上非目标关键词但可以带来搜索流量的相关关键词。长尾关键词派生于美国克里斯安德森的《长尾理论》。该书认为，网络时代是关注"长尾"和发挥"长尾"效益的时代。热门关键词能给你网站带来很高的流量和曝光度,长尾关键词的高转化率则给网络营销带来意想不到的效果。

阿里巴巴国际站就是长尾理论最大的拥趸。国际站吸引海量的中小企业,每个店铺发布的产品数量没有限制。产品的主关键词或者热门关键词(红海词)的竞争异常激烈;长尾关键词(蓝海词),虽然单个搜索量很少,但是长尾关键词本身具有很大拓展性,所以长尾关键词最后的搜索总量是相当可观的。具体如图 2-11 所示。

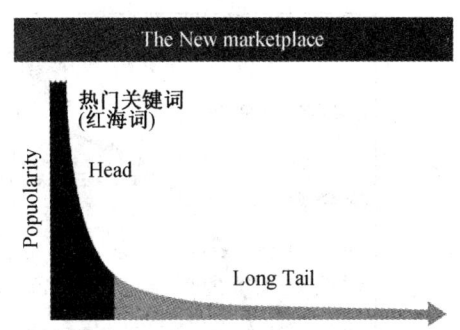

图 2-11　Products 长尾关键词(蓝海词)

长尾关键词的挖掘方法如下:

(1)产品/品牌＋怎么样/多少钱/价格。这是很常见的一类长尾词的组合方法,组合出来的长尾词搜索量一般不低。用户在网上买某商品时,他们肯定会想知道别人对这件商品的评价怎么样,也会想知道这个商品在网上的价格大概是多少,所以就可能会搜索:联想电脑怎么样、联想电脑价格等,所以我们进行长尾词挖掘的时候,采用这样的组合形式是非常符合用户搜索习惯的。

(2)利用产品参数,挖掘大量长尾词。每类商品都有不同的技术参数,我们可以利用参数进行组合,得出更多的组合词。这些海量的组合、正长尾词搜索量不是非常高,但能够获得精准流量;通过搜索长尾词找上门的客户往往有较高的购买欲,订单转化率比较高;另外,长尾关键词很容易排名靠前,竞争比较小。

3. 选择合适的关键词

1)Alibaba.com 网站的各种关键词选择功能

(1)关键词联想功能。具体如图 2-12 所示。

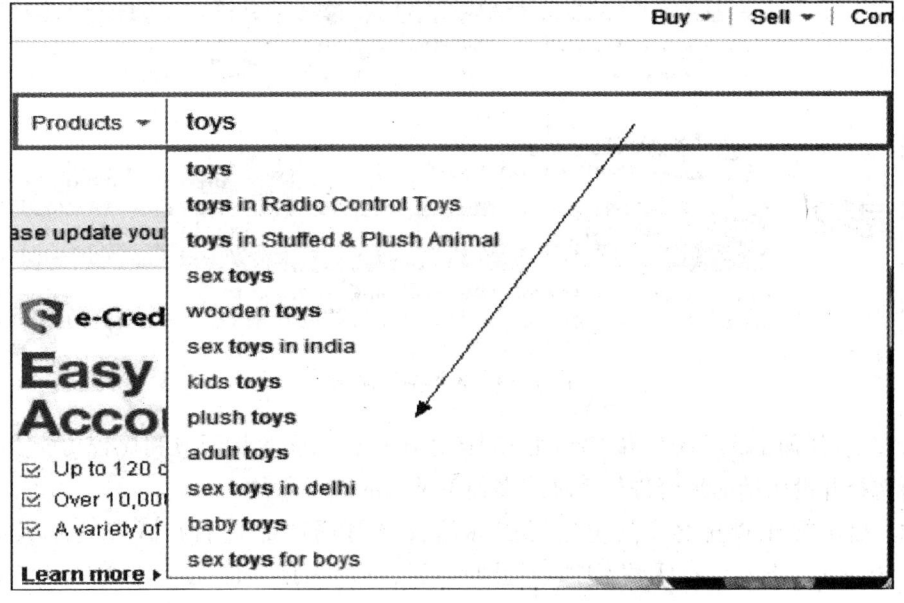

图 2-12　关键词联想功能

（2）商品词典。具体如图 2-13 所示。

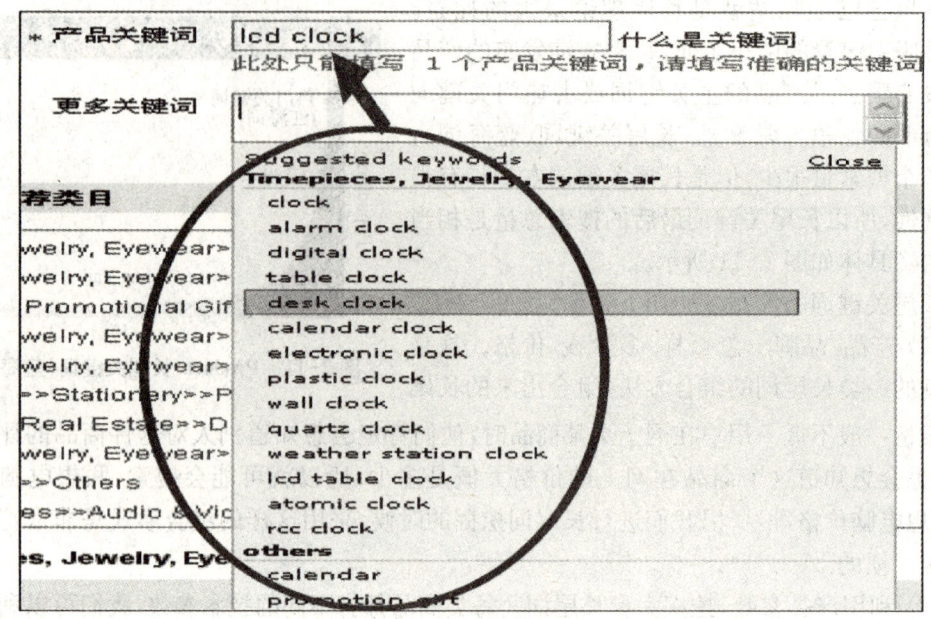

图 2-13　商品词典

（3）关键词对比法。具体如图 2-14 所示。

图 2-14　关键词对比法

事实上，任何 B2B、B2C 和 C2C 都有类似的联想功能、商品词典和比较功能。卖家可根据所选择开设店铺的平台进行一种或多种关键词的选择。

（4）福步搜比较排名。阿里巴巴国际站会员可用产品排名在线查询工具福步搜（http://www.fobso.com）用关键词查询阿里巴巴的产品排名情况，模拟海外用户搜索结果。具体如图 2-15 所示。

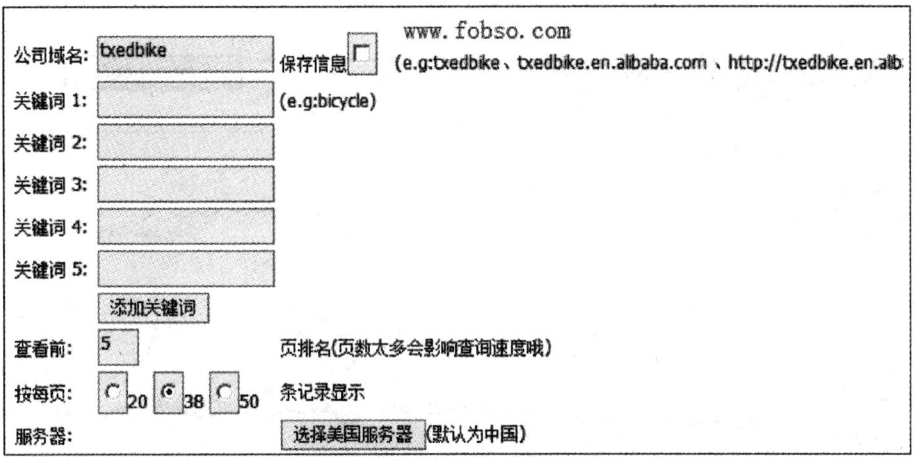

公司域名：　txedbike　　保存信息 □　　www.fobso.com
(e.g:txedbike、txedbike.en.alibaba.com 、http://txedbike.en.alib
关键词 1：　　　　　　　　　(e.g:bicycle)
关键词 2：
关键词 3：
关键词 4：
关键词 5：
添加关键词
查看前　5　　　　　页排名(页数太多会影响查询速度哦)
按每页　○ 20 ● 38 ○ 50　条记录显示
服务器：　选择美国服务器(默认为中国)

图 2-15　在线查询工具福步搜

从下列福步搜查到的产品排名结果,可以看出产品关键词的有效性。具体如图 2-16所示。

阿里巴巴国际站产品排名查询结果

go back

关键词[bicycle]有19个产品购买了固定排名服务,共找到293381条结果记录。
在前5页,每页38个产品中,共找到贵公司产品数2个。

cruiser **bicycle**/Dutch Bike 在第1页,第7个位置,总排名7　本页详情

Large supply **Bicycle**　　在第3页,第9个位置,总排名85　本页详情

图 2-16　福步搜的搜索结果

2) Google 趋势对比法

Google 趋势(http://www.google.com/trends/)可以分析所有网站的流量和欢迎程度,用图表的方式比较同类相关网站的流量。比较多个网站的时候,需要在网站域名之间加逗号。该工具也可用来比较多个关键词的曝光量和在不同国家的变化。具体如图 2-17 所示。

3) 英文关键字搜索工具

谷歌关键字(hops://adwords.google.com/select/keywordtoolexternal)是一种通过使用 Google 关键字广告或者 Google 遍布全球的内容联盟网络来推广网站付费的方式,可以

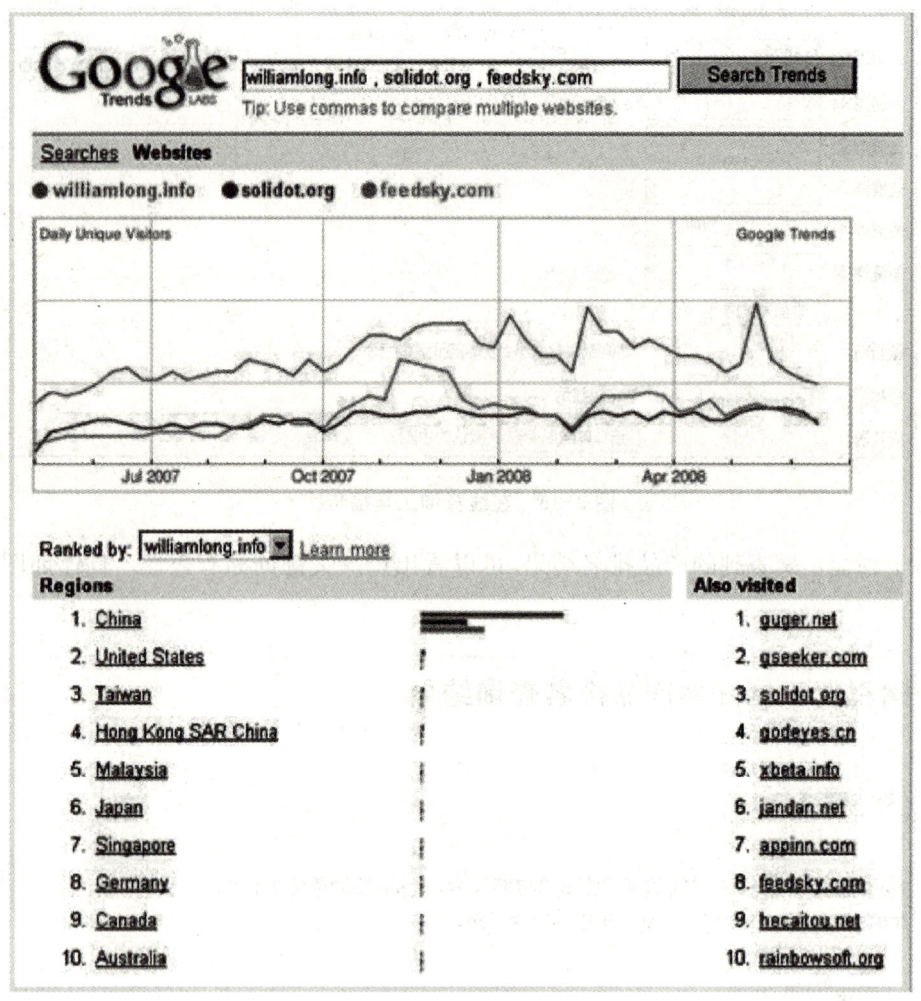

图 2-17　Google 趋势对比关键词

选择包括文字、图片及视频广告在内的多种广告形式。

4) 长尾关键词搜索工具

长尾词搜索工具(freekeywords. wordtracker. com)替代了自动搜索相关的同义词的功能。与 Google 同义词搜索相比,它会搜索出许多很奇怪生僻但可能会有人使用的词组。

(四) Google 地图找客户

1. Google 地图介绍

通常,在 Google 都是搜索内容,很少有人去尝试在谷歌 Map 上去搜索一些客户信息。但是谷歌 Map 在国外使用频率很高,很多公司都在谷歌 Map 上标出自己公司的地理位置。

我们也甚少将公司的办公地址添加到谷歌 Map 进行标记。如果一家公司谷歌地图标记,当国外客户搜索与该公司相关的关键词时,同等情况下该公司排名靠前。

2. 利用 Google 地图找客户

首先,打开谷歌地图,然后输入目标国家,后面再加上你的目标产品。

其次,点击左边红色圆圈,就可以看到该国家相关公司的地址。其中谷歌地图广告,可以忽略。

然后,点击网页,会看到你的同行,但也许会是你未来的客户。具体如图 2-18 所示。

图 2-18　利用 Google 地图找客户

(五) Google 图片找客户

在日常外贸业务中,业务员常常遭遇接到订单却苦于没有货源的"幸福的烦恼"。根据客户订单描述找到产品或者根据客人提供的产品图片找到相应的供应商和产品,已成为外贸员一项重要技能。

在这种情况下,以 Google 图片的关键词搜图和以图搜图就派上用处了。谷歌数据库中拥有很多的图片,计算机会将图片的数据进行分析,然后进行对应的配对来实现搜索结果的准确性。搜索方式如下:

进入谷歌图片(images. google. com),在搜索栏中输入目标产品的英文关键词(这样搜到的图片信息更全面和有针对性,中文互联网领域的图片数量少、匹配度低),就会出来很多图片,图片下面有网址,看看图片和公司网站的名字,判断是否为目标客户。所以搜索图片时要尽量使用英文,英文不好不要紧,Google 本身提供翻译服务。具体如图 2-19 所示。

图 2-19　谷歌图片的关键词搜图

如果图片和自己的产品类似,再判断下面的网址是不是公司的网址。点击网站/图片,找到目标公司的电子邮箱 CONTACT 或者是 EMAIL 地址。然后,逐一发送个性化的邮件。

Google 图像搜索目前支持的语法包括基本的搜索语法如""""＋""－""OR""site""filetype".这些都可以从图像搜索的"高级搜索"中,找到相关的对应选项。

1. 以图搜图

访问 images.google.com 或任意的 Google 图片搜索结果页,然后点击搜索框中的相机图标。具体如图 2-20 所示。

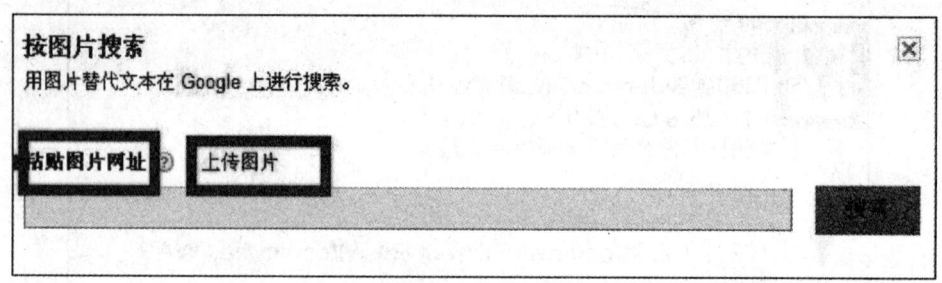

图 2-20　谷歌图片的以图搜图

上传在计算机里储存的图片,点击"搜索",就会出现类似的图片并附有公司网址。

用上传图片方式进行搜索,图片格式必须采用 jpg、gif、png、bmp、tif 或 webp 格式之一,否则无法进行搜索。

2. 用图片网址搜图片

在网络上托管的图片,可以将图片网址粘贴在搜索栏进行搜索。图片搜索跟网页搜索一样,用不同国家的 Google 和不同的语言,搜出来的结果也都大不一样。譬如用意大利Google,然后输入意大利语的关键字,搜出来的结果自然都是意大利的图片网址。

(六) 多搜索引擎、多时段搜索

1. 多搜索引擎搜索并用,发现更多商机

各个搜索引擎网站前面三页包含的信息内容和广告内容,可谓鱼龙混杂。以"paint"为

搜索关键词在不同的搜索引擎搜索,比照搜索结果发现:

用全球搜索引擎 Google,Yahoo 和 King,比照搜索结果,前三页 80％内容均不同。

用同一个全球搜索引擎 Google 在不同国家/地区进行搜索,比照搜索结果是,前三页 90％内容均不同。

用本土搜索引擎百度、Google 香港分别进行搜索,比照搜索结果,前三页 70％内容均不同。

同一搜索引擎在不同时段的搜索效果不同。

搜索引擎每天都会更新信息,具体多长时间被收录视具体的搜索网站和被搜索网站决定,但这些最新收录的信息对你的生意最有帮助,蕴含更多商机。以 children's(childrens) shoes 为例,比照下列日期和现在 Alibaba 和 Google 上搜索结果的异同并得出结论,如表 2-1所示。

表 2-1　Alibaba 和 Google 上搜索结果的异同

商务平台	日期(2013-01-05)	日期(?)
Google. com	约 191 000 000 条结果	
Alibaba. com	21 939 Prducts from 1 184 Suppliers	

简而言之,通过不同搜索引擎查找产品和客户信息是跨境电商的核心。一个搜索引擎,同样的关键词,用不同的搜索引擎搜就有不同的结果;即使同一个搜索引擎,只要你愿意多尝试些关键词,就会有意想不到的收获。通过交叉搜索,甄别有潜力的客户,大大提升随后的曝光量、询盘率和转化率。

二、利用公共电子邮箱系统、网站后缀和公司域名找客户

(一) 公共电子邮箱系统找客户

1. 公共电子邮箱系统介绍

由于电子邮件的使用简易、投递迅速、收费低廉、易于保存、全球畅通无阻,可以多次传递、一对多邮件传递和转发,使电子邮件被广泛地应用,这极大地改变了国际间商务交往方式。

外贸公司日常工作的最大特点就是全球化,与客户、代理商、总部联系的国家/地区跨越范围大,为节省沟通成本,电子邮件也就成为应用最广泛的沟通工具。其中大部分邮件都是涉及订单、报价、采购等非常重要的信息,海外企业邮箱在外贸公司中应用广泛而且其作用非常重要。因此,外向型企业或者外贸公司应该采用海外邮箱作为公司对外联系的主要方式。

1) 各个国家均有自己的公共邮箱系统

每个国家都有自己的公共电子邮箱系统,每个公司几乎都有国家公共邮箱系统下自己的企业电子邮箱。企业邮箱均收费,有准入限制,因此邮箱是企业和个人重要的身份识别因素之一。要通过公共邮箱系统寻找各国客户,首先必须了解各国公共邮箱系统的设置规则,以便最大限度地利用规则,通过互联网找到潜在客户的企业邮箱。

2) 垃圾邮箱和全球公共邮箱

中国的公共邮箱如@163.com 和@qq.com 几乎没有注册门槛,从邮箱根本无法看出发信者的来源、身份以及身份的真实性,导致垃圾邮件和骗子邮件泛滥。如果采用带上述后缀的邮箱向国外客户发送邮件或者推广信息,往往会被许多国外客户视为垃圾邮件(junk mails/seams)而被删除或被列入黑名单(blacklist)遭到拒收。

由于美国经济在世界经济中地位,其公共邮箱系统@gmail.com、@ hot-mail.com 和 @aol.com 也是国际买家的跨境电商人员常用的。因此,建议中国外贸人员使用公司邮箱或者注册上述公共邮箱作为对外商务联系的方式。

例如,要寻找印度手机的潜在买家,找到印度的公共邮箱系统 rediff.com 和@ vsnl.com,只要在 Google.com 输入@rediff.com mobile,一般都会找到许多潜在的印度手机买家——批发商、专营店和网店等。具体如图 2-21 所示。

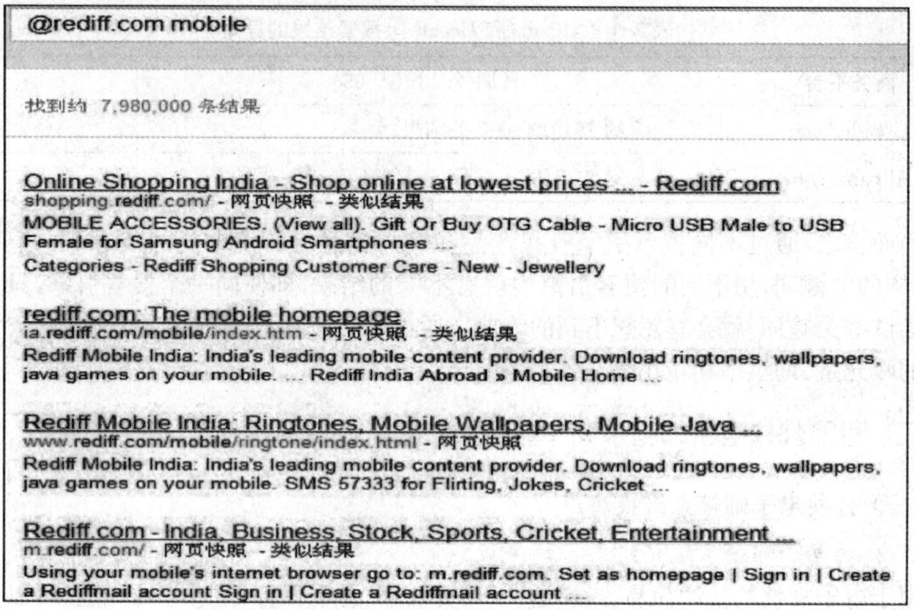

@rediff.com mobile

找到约 7,980,000 条结果

Online Shopping India - Shop online at lowest prices ... - Rediff.com
shopping.rediff.com/ - 网页快照 - 类似结果
MOBILE ACCESSORIES. (View all). Gift Or Buy OTG Cable - Micro USB Male to USB
Female for Samsung Android Smartphones
Categories - Rediff Shopping Customer Care - New - Jewellery

rediff.com: The mobile homepage
ia.rediff.com/mobile/index.htm - 网页快照 - 类似结果
Rediff Mobile India: India's leading mobile content provider. Download ringtones, wallpapers,
java games on your mobile. ... Rediff India Abroad » Mobile Home ...

Rediff Mobile India: Ringtones, Mobile Wallpapers, Mobile Java ...
www.rediff.com/mobile/ringtone/index.html - 网页快照
Rediff Mobile India: India's leading mobile content provider. Download ringtones, wallpapers,
java games on your mobile. SMS 57333 for Flirting, Jokes, Cricket ...

Rediff.com - India, Business, Stock, Sports, Cricket, Entertainment ...
m.rediff.com/ - 网页快照 - 类似结果
Using your mobile's internet browser go to: m.rediff.com. Set as homepage | Sign in | Create
a Rediffmail account Sign in | Create a Rediffmail account

图 2-21 寻找印度手机的潜在买家

一般五百强或是名牌企业都会把世界分销商写在自己的网站上,搜索他的 Distrib-utor 或输入 Dealer,就可以坐享其成。一般买家也会在一些商务网注册留下公司名称或邮箱,输入 Google 也能找到。

2. 利用公共电子邮箱系统找客户

利用各国公共邮箱系统设置规则,多种方法可以找到潜在客户。

1) 产品名+通用邮箱后缀

例如,要寻找球阀(ball valve),可以分别输入 Ball valve @gmail.com, Ball valve@ hotmail.com, Ball valve @aol.com 和 Ball valve @ yahoo.com 进行搜索,请体验和比照搜索结果。

2) 产品+各国邮箱后缀

例如,在英国寻找球阀(ball valve)的客户,采用 Google 英国的本土搜索引擎 www.

google. co. uk,输入"ball valve email',进行搜索。

3)产品名称＋关键词＋email 组合搜索方式

这些关键词可以是 importer，buyers，distributors，wholesalers 或 suppliers 任意一个分别搜索得到更多结果。

email 也可以用@代替。具体如图 2-22 所示。

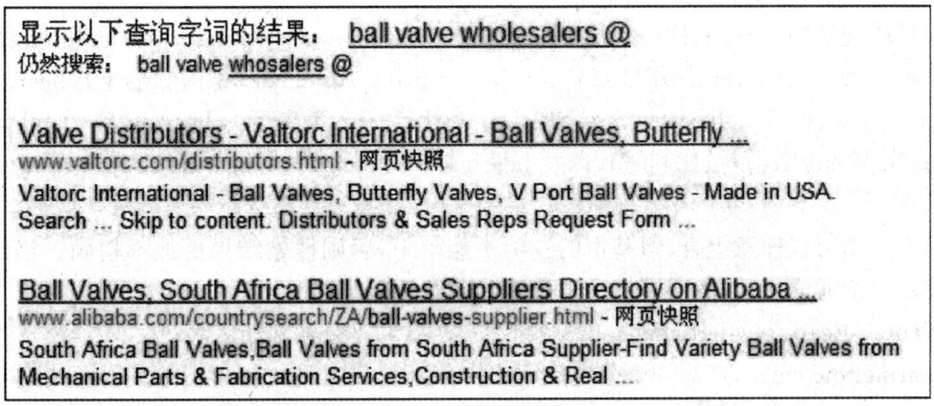

图 2-22　产品名称＋关键词＋email 组合搜索

4)产品＋地区公共邮箱后缀，或产品＋buy＋地区邮箱后缀

例如，要找英国球阀客户，输入 ball valve @ cwgsy. net，ball valve @ btinter-net. com 和 ball valve@ sltnet. lk 进行搜索。

本方法和其他所有方法可以循环使用，比如在黄页里找到客户，又可以用其他方法，把客户公司名称放到 Google 再次搜索，新的公司信息又会出现。

(二)公司网站后缀找客户

1. 公司网站后缀介绍

各个国家的公司名称都有一些常用后缀，每个国家的公司名称后缀都不一样。例如，中国公司习惯的后缀是 Co. ,和 Ltd. 。其他一些国家的公司网站后缀目录如表 2-2 所示。

表 2-2　一些国家的公司网站后缀

公司网站后缀	国家	公司网站后缀	国　家
INC；LLC	美国	SP. Z. O. O	波兰
S. R. L	意大利	TIC	土耳其
S. P. A	西班牙	S. R. O	捷克
APS	丹麦	EIRL	葡萄牙、秘鲁
P. L. C	美国	GmbH, S. P. A. , S. R. L. AG, S. A	德国、奥地利、瑞士、比利时、卢森堡
Ltad	巴西、智利	B. V, N. V	荷兰

正确判识和运用公司网站后缀,对于提高外贸开发技巧以及与客户的准确沟通大有裨益。另外,由于民族迁徙和殖民扩展等历史原因,不少语言与该国家公司后缀不存在绝对的一一对应关系,这需要利用公司网站后缀找到某些网站并根据一些交易习惯,综合考虑,切忌望文生义。例如,看到网站后缀 GmbH 可能会误认为都是德国公司,这样的错误势必会为随后交易过程误判埋下伏笔。

2. 利用公司网站后缀找客户

在具体搜索中,公司名称后缀加上 importer, purchase 或 looking for 等词组,搜索结果更加准确。例如,bearing GMBH email(德国),bearing AG email(德国和瑞士),bearing S. A. email(南欧、南美),bearing S. A. R. L. email(法国、西班牙),bearing B. V. email 或 bearing N. V email(荷兰、比利时),以及 bearing S. P. A email 或 bearing S. R. I. email(意大利)等。

以上元索可以任意组合,但基本的三项不能落下,否则搜索结果更加不精确。当然,也可以使用 2 个元索搜索,然后进行手工过滤。举几个例子:

Wanted Bearing @hotmail. com,采购词+产品词+公共邮箱后缀;

Bearing. inc email,产品词+公司后缀+email;

Inul:. de bearing email, inurl 命令+域名后缀+产品词+email。

其他命令如:①把搜索范围限定在网页标题中——intitle:;②把搜索范围限定在特定站点中——site:;③把搜索范围限定在 url 链接中—inurl:(注意:冒号为英文字符且后面不跟空格)。比如,搜德国经营 CARPET 的公司,在 Google 搜索栏中键入:site: de. Carpet. GmbH,如果再知道德语 TEPPICH(=CARPET)更好。其他国家的搜索也同样可以做到。例如,site:as 丹麦;site:inc+中东;site:srl 意大利等。site 还可以替换为,incite, url, inurl, title, filetype(例如,pdf. Carpet industry)。

对于中国出口商来说,在搜索结果中不想要 alibaba 内中国供应商信息,可以采用:site: de. Carpet gmbh—alibaba. com,过滤掉不想要的信息。

3. 有网址但无邮件地址情况下找客户的方法

有公司网址但没有客户邮件地址的情况下,点击 http://www. domaintools. comp。在"Whois Lookup"里输入不带 www. 的客户网址进行搜索,就能出现该域名的详细信息,即公司网站所有者的姓名和联系方式。具体如图 2-23 所示。

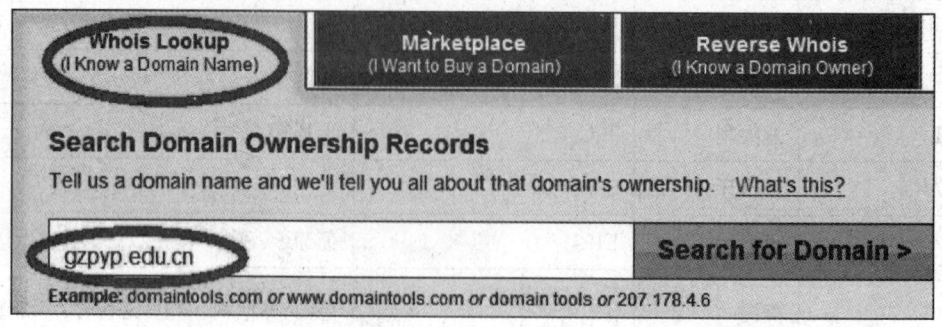

图 2-23 在"Whois Lookup"里搜索详细信息

如果运气好,在"Whois Record"就能找到联系人和电子邮件等信息,但不是任何网站搜索都能获得上述信息。

Whois是查询域名的 IP 以及所有者等信息的传输协议。简单说,Whois就是一个用来查询域名是否已经被注册,以及注册域名的详细信息的数据库(如域名所有人、域名注册商)。具体如图 2-24 所示。

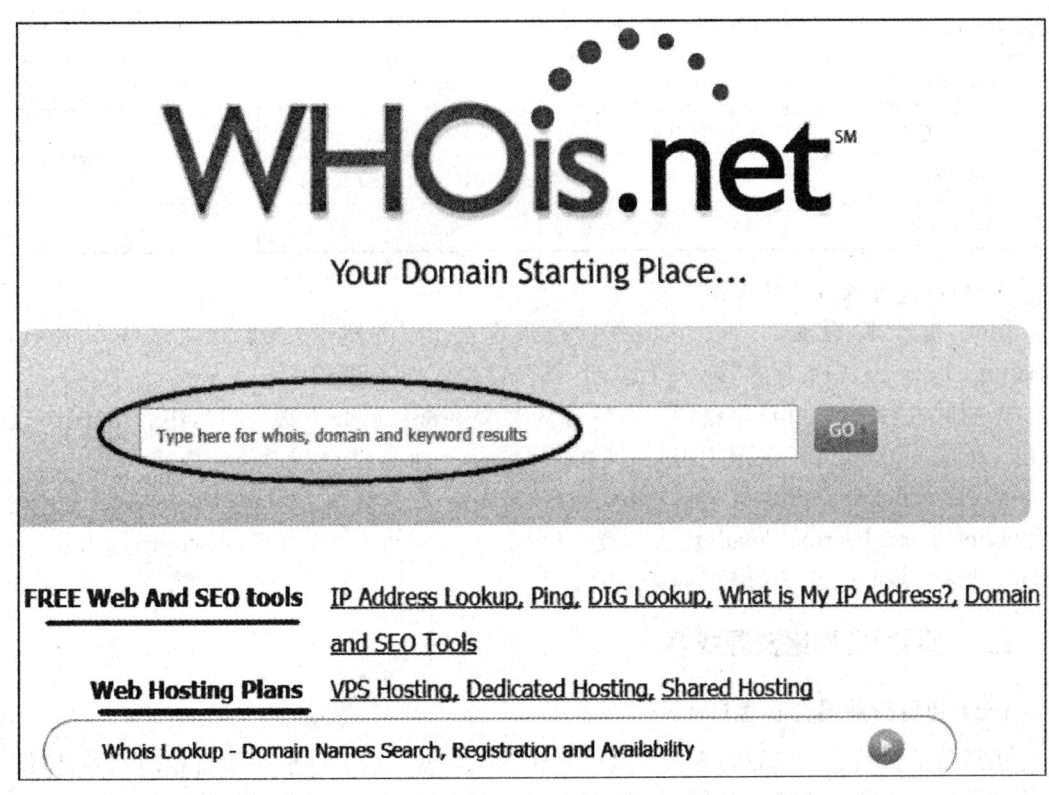

图 2-24　Whois 截图

(三) 公司域名后缀找客户

1. 公司域名后缀介绍

互联网上的域名就相当于我们现实生活中的门牌号码一样,具有唯一性。它可以在纷繁复杂的网络世界里准确无误地把指引我们到达访问的网站。互联网发展初期没有域名,只有一组类似数字 IP 地址,如 162.105.203.225。随着时间的推移,接入互联网的电脑越来越多,需要记忆的 IP 地址越来越多,记忆这些数字串变得不可能,于是域名应运而生。

要想获得全球各国/地区域名后缀,可以通过 Internet Assigned Numbers Authorty 即 IANA(http://www.iana.org)上的信息(Index by TLD Code)进行查询。

部分国家的公司域名后缀如表 2-3 所示。

表 2-3　部分国家的公司域名后缀

国　家	公司域名后缀	国　家	公司域名后缀
Australia	au	Egypt	eg
Belgium	be	Spain	es
Bulgaria	bg	Israel	Il
Brazil	br	Jamaica	jm
Canada	ca	Nigeria	ng
Switzerland	cg	Netherlands	nl
Germany	de	South Africa	za
Denmark	dk	Belarus	by

2. 利用公司域名后缀找客户

inurl,拆开来,就是 in url,它的作用是限定在 url 中搜索。URL、全称是 Uniform Resource Locator,中文译为"统一资源定位器",就是地址栏里的内容。

采用域名后缀用 inurl 命令(注意:冒号为英文字符且后面不跟空格),组合 importer、purchase 或 looking for 等采购词进行搜索。请进行下列搜索,体验搜索结果:

inurl:fr bearing email(法国),inurl:us bearing email(美国),inurl:it bearingemail(意大利),inurl:au bearing email(澳大利亚),inurl:br bearing email(巴西),inurl:cabearing email(加拿大)和 inurl:jp bearing email(日本)等。

三、利用行业网络资源找客户

(一) 利用行业展会找客户

出口营销目前最为有效的方式依然是海外行业会展。这类会展一般有专门网站,网站上往往罗列上次会展参展商名单和本次已报名参展商名单,包括参展商的联系方式、产品种类和参展商公司网站等重要的资料。国外的参展商既是卖家也是最大的进口商。

商务部的环球会展网(http://fair.mofcom.gov.cn)或者全球展会网(http://www.200269.com/)从行业、展览公司以及境内外会展搜索需要的信息。具体如图 2-25、图 2-26 所示。

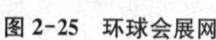

图 2-25　环球会展网

图 2-26　全球展会网

从环球会展网的 EventsEye,按照名称、主题、日期、会展举办地、主办方和关键词等迅速找到你关注的会展信息。公司在外贸达到一定的规模后,需要参加一些会展,实现如下目的:

(1) 帮助企业迅速打开市场。

(2) 帮助企业迅速了解行业市场的动态。

（3）帮助企业在较短时间内树立在行业内的影响力。如果某次展览办得很有特色,会给买家、同行、媒体、科研机构留下一定程度的印象。

国外相关行业的客户一旦参加了某个展会,就一定在平台上登记过公司信息或者进行过询价,按这个线索也能找到客户。

（二）利用行业协会/公会网站找客户

专业和行业协会网站在买家、卖家信息的真实性和完整性方面一般比综合商贸网站强,而且分类更加细致。通过行业协会/公会网站,首先得到该行业的协会会员名单、看到会员列表或相关链接,以此可以找到更详细的企业信息。国外行业协会的会员信息一般情况下公开,且免费索取。有的信息可以直接上网查,只要输入关键词就可以找到。美国的协会信息是全球最开放的,他们会把会员的基本联系信息包括多个联系人、主要业务活动等——放到网上。

部分国外行业协会网站如表 2-4 所示。

表 2-4　部分国外行业协会网站

行业	网站	介　绍
Toys	/www.toydirectory.com	提供玩具商及儿童用品商的目录专业网站,拥有超过 14 000 个注册的玩具商,为买卖双方顺利寻找合作伙伴奠定基础。
	www.toysource.com	专业的环球玩具交易市场,它主要为玩具生产商、购买者和中间商提供一个中立的、开放的市场。该网站为买卖双方提供供求信息、行业新闻、全球展会信息、美国玩具生产商目录及行业组织介绍等内容。
Gift	www.direct2store.com	礼品、家庭用品、玩具、婴儿用品和健康产品等消费品的综合性交易市场。
	www.giftaa.com	全球礼品纪念品、玩具交易市场,提供全球礼品供应商和进口商名录,同时也为供应商提供免费产品展示目录服务。
Plastic	www.plasticsnet.com	全球塑料及其制品电子交易市场。

具体查询各个国家行业信息或行业巨头,可点击 http://internationaltrader.com 或者 http://www.tgrnet.com。查询中常用的行业协会英文表达有 Association、Alliances、Bureau、Council、Institute、Society 和 Guild 等,用"行业名称＋Association(或其他关键词)"进行查找。

（三）利用 Alexa 行业品牌链接找客户

1. Alexa 介绍

Alexa(www.alexa.com)是一家专门发布网站世界排名的网站。由于它发布的内容包含综合排名、到访量排名、页面访问量排名等多个评价指标信息的科学和合理的评价参考,构成当前最为权威的网站访问量评价指标体系。具体如图 2-27 所示。

在 Alexa 网站上有世界排名分综合排名和分类排名两种。综合排名依据用户链接数(users reach)和页面浏览数(page views)3 个月累积的几何平均值得出。分类排名按照主题和语言分类。因此,我们从 Alexa 网站上可以检测一些行业网站、贸易网站的流量,据此来判断这些网站的知名度,从而可以投入合理的时间和精力去搜索新客户。

图 2-27　Alexa 网站

2. 利用 Alexa 行业品牌链接找客户

在 Alexa 的 Traffic ranking 里输入 skf. com 可以找出 skf. com 的 related link 网站,这些公司邮件找出来,是否有商机出现呢?

另外,也可以通过 Alexa 查询和 Alibaba. com 同类的网站,寻找新的商业机会。

四、利用目标国黄页网和工商企业目录找客户

黄页(Yellow Page)起源于北美洲,1880 年世界上第一本黄页电话号簿在美国问世。黄页是国际通用按企业性质和产品类别编排的工商企业电话号码簿,以刊登企业名称、地址、电话号码为主体内容,相当于一个城市或地区的工商企业的户口本,国际惯例用黄色纸张印制,故称黄页。黄页网不是传统黄页的翻版,其内容更广泛,服务功能更多样化,它有传统黄页所无法比拟的优势。

了解黄页网的基本知识,善于利用黄页网找到权威的客户信息,对外贸人员来说是开发客户的有效途径。欧洲很多企业都有在黄页上刊登自己公司信息的习惯,不过黄页网一般没有公司的电子邮件信息,这就需要将黄页上查到的客户信息、公司名称或者公司网址放到搜索引擎上搜索相关更加详细的信息,进而找到联系人和电子邮件地址等。部分国家黄页网址如表 2-5 所示。

表 2-5　部分国家黄页网址

国家	黄页网址	国家	黄页地址
澳大利亚	http://www. australiabigbook. com	阿拉伯	http://www. arabo. com
巴基斯坦	http://www. yellowpages. biz. pk	瑞典	http://www. eniro. se
印度	http://indiayellowpages. com	南非	http://capechamber. co. za
法国	http://www. kompass. com http://PagesJaunes. com	比利时	http://www. goldenpages. be
德国	http://german-business. de http://teleauskunft. de http://branchenbuch. com	西班牙	http://www. hispavista. com http://spindustry. com http://telefonica. com

（续表）

国家	典页网址
美国	http://www.superpages.com http://BellSouth.com http://switchboard.com http://infospace.com http://smartpages.com http://bigyellow.com http://yellowbook.com http://directorysource.com
英国	http://www.yell.co http://applegate.co.uk/ http://www.kellysearch.com http://business-search.uk.net

更多国家的黄页可浏览 http://www.ustop.cn/yellow-page.htm 获得。其中,http://www.europages.com(欧洲黄页);http://www.thomasglobal.com(托马斯欧洲企业名录);http://www.kompass.com 和 http://www.wlw.de 等大黄页则是业务员开发客户的首选。

五、利用商业/专业论坛找客户

很多商业论坛里活跃的都是做生意人,在论坛里活跃的人经常能找到自己的客户。一位网商分享在论坛找客户的经验:"其实在论坛里接单没什么技巧,在论坛上认识的人多了,或者知道自己的人多了,潜在客户也就多了。

(一) 利用国外商业/专业论坛找客户

每个国家都有自己的商业论坛,论坛中活跃的都是某个行业的专业人士。如果你能够找到目标国的商业论坛,加入其商业论坛或者进出口论坛,与商友就某些问题进行讨论,直接与潜在的客户进行沟通,这是找客户最有效的方法。部分国外商业论坛网址如图2-28所示。

国外商业论坛网址	Logo
http://www.exportimportforum.com	
http://www.mwtf.org.uk	
http://www.chandigarhcity.com	

（续表）

国外商业论坛网址	Logo
http://www. indiabook. com	MegriSoft's IndiaBook.com Indian Portal
http://www. mymessageboard. com	MyMessageBoard.com
http://www. ibf. com	International Business Forum

图 2-28　部分国外商业论坛网址

（二）利用国内外贸论坛结商友

国内一些专业外贸论坛也是结识商友、互通有无的好去处。国内主要外贸论坛有：福步外贸论坛 FOB Business Forum（http://bbs. fobshanghai）、Zen Cart 论坛、Everychina 外贸论坛、TOXUE 外贸论坛（http://bbs. toxue. com/）、合众外贸论坛（http://bbs. yicer. cn）、精英外贸论坛、跨国外贸论坛（http://bbs. globalimporter. net/）、eBay 外贸社区、敦煌网外贸论坛、外贸电子商务论坛和外贸岛等。

其中的福步外贸论坛，从前期单纯地论坛逐渐发展成集外贸商友（http://bbs. fobshanghai. com/）、库存（http://pifa. fobshanghai. com/）、产品展示（http: info. Fobshanghai. com/）福步搜（http://c. Fobshanghai. com/）等外贸综合平台。

六、利用专业数据库找客户

数据库营销是一个主动营销的过程，它通过对客户信息的管理实行批量化沟通。数据库营销能帮助你保留客户、提高客户的忠诚度，一些外部购买的数据库则可能是你大量客户的来源。外贸企业接触较多的一般是海关数据库和一些数据库平台等，其中，Kompass、Thomas 等就属此类数据库平台。

（一）利用海关数据找客户

寻找买家名录是容易的，通过印刷品、光盘和网络都能找到，但针对性的进口商信息、详细的交易细节，适时的商业机会却是很难找到的。卖方的报价到处都是，而买方的需求却少之又少。

1. 海关数据的作用

海关数据是指境外国家的提单或报关单数据，数据权威、准确、全面、及时、详尽。上面能够看到卖家和买家的采购记录，通过对买家和卖家公司名称的查找我们能够知道其和哪些供应商、采购商在合作，采购数量是多少，采购频率和周期如何，从而判断出询盘者是否是同行、该客户规模大小,是否有合作的可能性,这一切都能通过海关数据知道。无论依靠网络、参展还是等待卖家上门的进口商,无论进口商规模大小,只要有货物出关,中国海关必然有清清楚楚的记载。

"如何利用海关数据"包含三个议题:

(1) 如何找到海关数据。

(2) 海关数据包含哪些信息。

(3) 如何有效利用海关数据找到客户。

2. 如何找到海关数据

一般来说,海关数据是不开放的。真实的海关数据需购买才能得到,一个国家的海关数据单价大概在 3 000 元,比起在阿里巴巴和环球资源、展会上做推广价格相对便宜而且有效。目前,市场上主要提供中国、美国、英国、印度、韩国、阿根廷、智利、秘鲁、乌拉辛等国家的海关数据库。利用搜索引擎,可以找到许多专门经营海关数据的网站,如 http://www.Hgsj.com,http://www.waimaobao.org。具体如图 2-29 所示。

图 2-29 经营海关数据的网站

3. 如何有效利用海关数据找到客户

(1) 了解竞争对手的出口情况,包括竞争对手的买家的公司名称、电话、联系人、地址、成交的价格、成交时间等。

(2) 了解现有客户的忠诚度,获悉你的买家和哪些全球的供应商在交易以及详细的信息。

(3) 了解你产品在全球的总需求量,获悉全球需要你产品的买家和买家需求量。

(4) 了解某个向你询盘的全球买家的真实性,可查海关的详细进出口动态数据。

(5) 了解你的全球买家的采购周期和采购规模。

(6) 了解你的全球客户减少你的订单时,究竟是价格、质量还是其他原因。

(二) 利用物流、船公司和快递公司数据找客户

所有跨境贸易最终都必须通过国际性物流、船公司、快递公司等实现货物的运输。从上述几个途径获得的相关的国外企业的信息,甚至比海关数据还真实、有效。

(三) 利用 Kompass 和 Thomasnet 数据库平台找客户

数据库营销是一个主动营销的过程,它通过对客户信息的管理实行批量化沟通。数据库营销能帮助你保留客户、提高客户的忠诚度,一些外部购买的数据库则可能是你大量客户的来源。

Kompass 是一个庞大的、详细分类的全球企业黄页数据库,侧重于对欧美地区的企业收录。Kompass 目前用户权限分为付费注册用户以及普通注册用户,普通注册用户可以获得部分企业的信息,一般为付费注册用户检索结果中的 5%～10%,也可以在线给海外企业发送邮件。具体如图 2-30 所示。

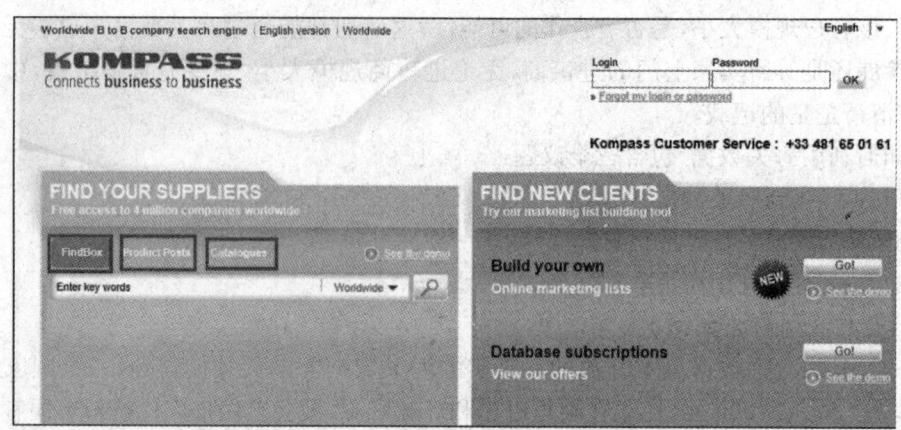

图 2-30　Kompass 英文网站主页截图

Kompass 有中文站与英文站,外贸企业利用 Kompass 寻找海外买家,一定要选择英文站,这样能让我们检索到的企业信息更接近我们的要求。

关键词的选择至关重要,输入的关键词不同,搜索到的结果也不一样。Kompass 站内搜索时选择的关键词与平时使用搜索引擎所选择的关键词有所区别。为了保证搜索结果的精确性,应尽量使用规范英式英语。按产品关键词搜索时,要输入产品服务主题词(核心词),不用输入修饰词和 Buyer、Whole sale、Manufacturer、Supplier、Factory 等词,如搜"灰日铸铁件制造商",输入"Casting Iron",而不用输入"Casting Iron Manufacturer"或"Casting Iron Producer"。

Thomasnet 是立足北美、汇聚全球供应商和采购商企业信息及产品信息的 B2B 电子商务平台,为企业提供固定价格的目录广告和行业新闻广告。卖家在如何接近并满足买家需求方面需懂得供应商发布的信息质量和信息的专业性要求,从而更加有效地找到真正客户。具体如图 2-31 所示。

图 2-31　Thomasnet 主页截图

数据库营销的核心就是找到对你有用的信息,加以充分整合、利用,帮助企业实现短期利润、长期效益。

七、利用驻各州、各国商务参赞找客户

任何一本传统的国际贸易教科书都会少不了利用使馆和中国驻外商务机构寻求目标国家客户的议题。随着互联网的发展以及国家对外贸经营门槛的降低,此途径的作用越来越小,这些机构也无法应对数量庞大的中小外贸企业。对于一些规模较大的外贸企业,也不失为一种找到某些外贸不发达国家客户的有效方法。

进入中国商务部(http://www.mofcom.gov.cn)网站,在目标国所属区域点击,然后找到该国,点击后即可进入到中华人民共和国驻该国的经济文化参赞处。具体如图2-32所示。

图2-32　中华人民共和国商务部网站

八、利用"跳板客户"找客户

每个产品和设备都不是孤立存在的,一定有该产品的上游或者下游产品,也一定会有该设备的配套设备。

就以UV喷涂线(coating machine)厂家的配套设备为例,喷涂线厂家在生产过程中一定会用到空压机(air compressor),在B2B平台注册的空压机厂家不计其数。从网络上或者其他途径找到空压机供应商的业务人员非常容易,通过产品和设备配套、信息或资源共享等双赢方式,业务人员之间合作起来比较容易,合作成功概率和可持续性也较高。于是,这些"跳板客户"的所有客户均成为目标客户。

利用商业论坛、博客甚至同乡群或者校友群找"跳板客户"是最有效、成本最低的方式。无论用哪种方式找到客户,再查询客户上下游的客户信息,他们都有可能成为你的客户。

初入职场者,不妨从校友群开始,你会发现"人脉"对于外贸也同样重要。

九、利用 MSN 和 Skype 找客户

(一) 利用 MSN 找客户

1. 利用搜索引擎找到潜在客户的 MSN 地址

例如,在谷歌输入:inurl:.com.br "hotmail.com"(inurl 可换为 site,hotmail.com 可改为 live.com 或其他 MSN 邮箱后缀)。

2. 利用竞争对手或者客户的好友找客户

登录 MSN 网页后,可以看到自己的好友,点击查看好友的页面,即能看到好友的好友,可先加竞争对手为好友,再查看竞争对手的好友为好友,一般竞争对手的好友大多是客户。通过加客户的好友,还能有机会直接跳过客户找到客户的下家,从而更易促进开发。

(二) 利用 Skype 找客户

经常有外贸人员反馈,网站建好了,产品也上传了,可就是没什么人来浏览公司网站和产品,也就是没有客源。在此,介绍用 Skype 找客户的方法。

1. Skype 介绍(略)

2. 利用 Skype 找客户

1) Skype 注册

在 Google 或百度搜索"Skype",找到 Skype,下载,直接进行注册。如图 2-33 所示。

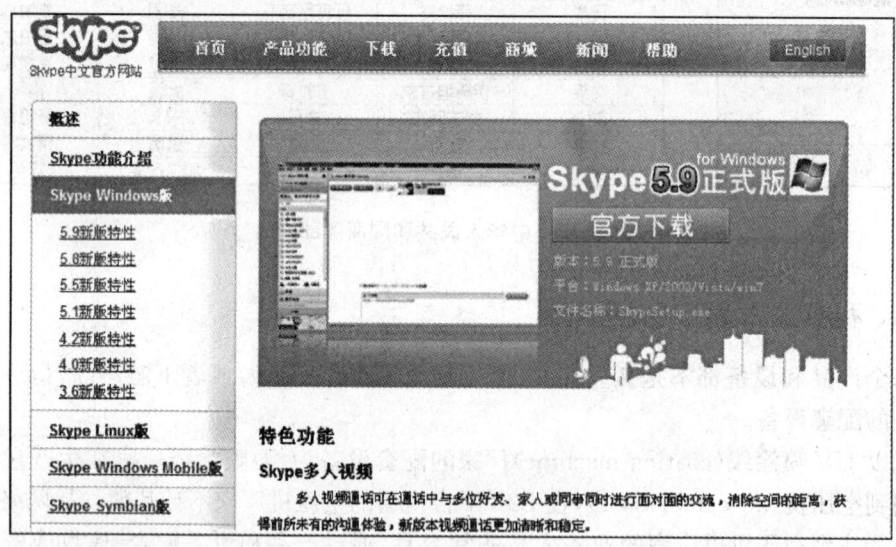

图 2-33　Skype 注册

2) 利用 Skype 找客户

用 Skype 搜索客户有一个问题,客户可能会阻止我们添加他们为好友。在添加好友的时候,沟通技巧尤为关键。

(1) 输入产品＋国家。我们要找 LEIS 产品的德国客户,就输入 LEIS GMBH,可以直接把对口公司包括名片、网址之类的信息找到;对于有网站的 Skype 客户,可以直接发邮件,如果有名字的话,对方的阅读机会就会大很多;另外也可直接给对方电话进行开发。

（2）搜客户账号。通过搜索产品了解到客户账户，通过 google 客户账户确认是否对口。然后限定一个国家搜索对方账户；这个方法对欧洲国家特别有用（Skype 在欧洲非常流行，亚洲搜索量少一批）。

（3）采购商名字搜索账号。很多 B2B 网站都有求购信息，但没有公布邮箱地址，一般只有采购商的名字，我们可以利用采购商的名字在 Skype 中寻找，试图联系上此买家。

（4）利用 Skype 拨打长途电话。Skype 还有一项对于外贸人员很重要的功能，即利用其拨打长途电话，比起其他途径便宜很多。

总而言之，网络上找客户的方法不胜枚举，在实践中不同的搜索方法结果千差万别，这就需要正确分析和过滤。而且随着网络技术的不断涌现，新的搜索方法也随之出现，组合搜索效果最好。

第二节　如何让客户找上门

本章第一节介绍了跨境电商中"主动"找客户的各种方法，这些方法是公司外贸推广的必要手段。我们更需要带着需求和购买欲望找上门的客户，这才是最有潜力的客户。

跨境电商归根到底是搜索和被搜索的效率问题，要让客户主动"搜索"你公司，应该采取如下措施。

一、建设引人注目的外贸网站

（一）建设符合国外买家浏览习惯的网站

要建立一个符合国外采购商浏览习惯的营销网站，让国外采购商更容易找到你，就要根据国外采购商的习惯进行优化和推广。

（1）让网站具备营销功能。"客户友好"的主页有利于客户在网站驻足，增加客户体验；有利于客户发送询盘，将购买欲望转化为"行动"。

（2）让网站符合搜索引擎优化要求。利用搜索引擎收录原则和优化技术进行排名，这就需要企业从网站结构、网站内容和网站链接建设网站。

（3）让网站符合国外企业的引用习惯。根据最大的目标市场总结他们关注的网站内容和喜欢的设计风格，尽量靠近这些目标国家喜欢的搜索引擎的搜索偏好，用细节开拓市场。

（4）"用心"设计网站。抓住客户心理需求，保证产品质量、促销手段真实合法，让客户从浏览中获得对企业的良好印象。

良好的外贸网站来源于高超的 SEO 和技巧。以外语和外贸专业为背景的跨境电商人员不必知道如何进行优化，但一定要知道什么样的网站才能让客人更容易找到，这样可以让公司的相关资源配合实现网站的优化。

（二）让网站或店铺"应有尽有"

一个外贸网站所提供的信息的详尽程度和质量直接影响网站的搜索以及客户在网站停留的时间。外贸网站要有竞争力，必须提供买家希望获得的全面、准确的公司、产品和服务信息。

1. 外贸网站栏目内容和买家搜索占比

外贸网站栏目内容与买家搜索占比有一些规律可循。详细如表2-6所示。

表2-6 外贸网站栏目内容与买家搜索占比

网站栏目	举 例	占比
商品的详细用途和功能	比你的竞争对手更详细	67%
工作环境信息	如果不写清楚,让一个WinXp用户买了一套苹果电脑才能使用的软件,后果如何	61%
产品附件清单	比如,手机带几块电池?有几张MINISO	61%
不同的规格、型号的信息	比如,同一款笔记本的不同颜色	58%
商品质量认证文件、标准认证	让买家买得放心	51%
商品的制造商信息	对你的商品更加可信	48%
商品的特点、特性、不同于其他商品的地方	让买家对你的商品产生差异化的兴趣	45%
清晰的、各个角度的大号图片	刺激买家的购买欲望	31%
使用流程说明	贴心考虑	27%

2. 用关键词设置的四项匹配原则完善外贸网店内容

四项匹配原则是指产品名称、产品关键词、产品简要描述和产品详细描述里要有相同的、与产品相关的词组,体现内容的一致性。具体如图2-34所示。

以Ball mill为例,加入买家有Ball mill、Grinding mill和Grinding machine三种叫法,那就分别以上述名称发布三次。具体如图2-35所示。

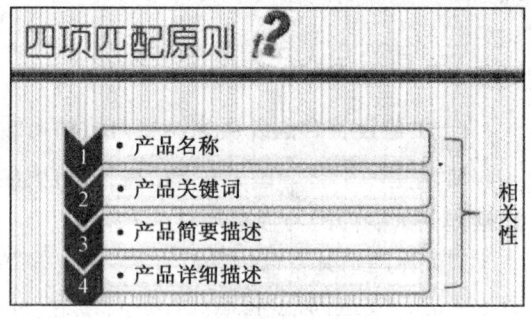

图2-34 四项匹配原则

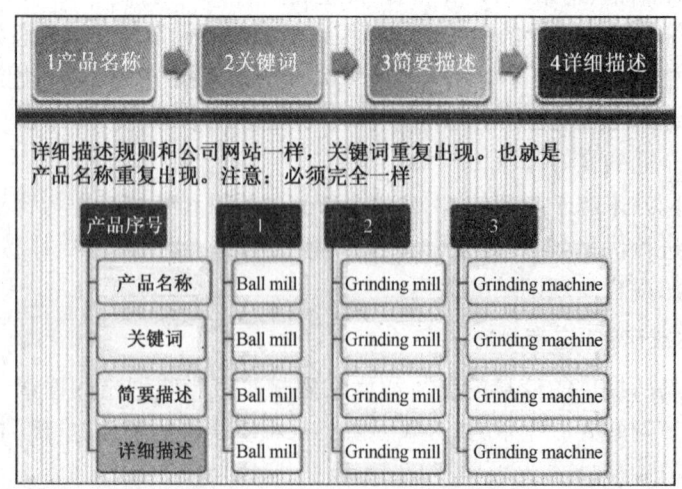

图2-35 四项匹配原则举例

按照图 2-35 中四项匹配原则对同一产品发布三次,公司的网上店铺或者产品在搜索引擎中排名就会靠前;产品关键词的四项词组匹配度越高,越容易被买家搜索到。

(三)公司网站和店铺优化

1. 公司网站和店铺优化的范围

公司网站和店铺优化的范围如图 2-36 所示。

2. "客户友好"网站的建设

以买家身份浏览自建网站或者店铺,换位思考体验网站的"客户友好"程度。为此,在自建网站或者网店建设中尽量采取如下措施。

1) 取个好名字,让客户记住你

网站就是给客户和潜在的外国客户浏览。因此,

图 2-36 公司网站和店铺优化的范围

网站一定是英文网站,按照英语(其他语言网站也一样)的发音和语义习惯给网站取个好听、响亮、个性化的店名,便于客户在众多的网站中记住和识别。

有道是"不怕生错命,就怕取错名"。像 Alibaba、MadeinChina、Baidu 等知名网站,中英文名均简洁、独特、明了且富有文化内涵;中国中小外贸企业很少关注这一点,往往采用汉语拼音或者很草率的英语名称注册,导致公司名字难记、甚至产生歧义,易于写错,无形中影响推广效果。

外语或者外贸专业的毕业生进入公司后,应该把帮助公司取个好名视为自己的一种使命或者责任,在营销中培养公司名称,甚至邮件地址和英文取名技巧的营销意识,为外贸推广做好基础性的工作。

2) 选用国外服务器,提升浏览网速

公司网站挂国内服务器,浏览网速非常慢,错过许多潜在客户。建议多花费两三千元把公司网站挂国外服务器,提高网速和管理员一次性审核概率,获得更多的买家关注。同时,不妨采用两地同步,解决国内浏览速度变慢的问题。

3) 设计好网页,让客户驻足

网站并不是越花哨越好。找专业公司设计网站布局和功能,尽量不用大图片、过多色彩、背景和 Flash 等保证较高的网速;内容之间进行人性化链接,便于客户在页面之间切换;设置邮件和报价功能,为客户随时了解信息、在"心动"时立即采取"行动"创造条件。

4) 不时搞促销,让客户"心动"

尽量开展或者参加平台的各种促销活动,用个别"爆款"产品吸引买家眼球,引入客户流量。即使这些折扣产品不盈利或者微利,但会带动其他产品销量增加,实现更多利润。

5) 客服常在线,客户间"互动"

在众多跨境电商营销手段中,客户采用邮件、传真、电话、在线聊天和视频进行沟通。因所蕴含的客户需求程度不同,在邮件、电话和传真、在线聊天和视频工具的选择中,能够用视频就不用在线聊天工具,可以在线沟通就不用电话和传真,用电话和传真就不用电子邮件,以便直接、迅速地相应客户需求。数据证明,在线沟通和视频交往的客户,其商品买卖成交率远远高于邮件交流者。

6) 网页常更新,让客户耳目新

店铺后台的 hot products 数据统计表明,应多放一些受欢迎的产品,尽量撤下不受欢迎的产品,一般要求一个月更换 15% 左右的产品,这是提升曝光量和排名的有效手段之一。时刻把公司所有产品最好面貌展示在客户面前,随时有新信息展示给客户,激发买家的购买欲望。

另外,在参加广交会或者其他相关行业展会前一个月左右是网页更新的关键时期,以配合公司的展会推广。供应商应该同步做好页面和公司网站内容的更新,用邮件方式通知潜在客户公司的参展信息,邀请客户前来看展;便于客户提前选择产品,适时作出参展安排,鼓励客户"行动"。

二、将网络社区打造成有效的国际营销平台

外贸业务员有三个关键营销目标,即获得新客户、促进销售增长和建立忠诚度,从而避免不断地重新开发新客户。跨境电商的目标客户在国外,如果希望公司实现上述三个目标,就要重视国际网络社区和推广技巧。

(一) 网络社区的概念

网络社区是一个基于互联网的虚拟国度,就是社区网络化、信息化。它包括 BBS/论坛、贴吧、公告栏、群组讨论、在线聊天、交友、个人空间、无线增值服务等形式在内的网上交流空间,同一主题的网络社区集中了具有共同兴趣的访问者。

如果公司有提升网站流量的预算,最好的办法就是不花一分钱获得公司想要的流量——在国外网络社区论坛上发布帖子,让客户直接点击你公司的网站,让客户在他们喜欢的搜索引擎中找到你公司的信息。

(二) 主流的全球网络社区

主流的全球网络社区有 Facebook、Myspace、Twitter、Pinterest、Instagram、VK、Kaboodle、Delicious、StumbleUp、LinkedIn、Reddit、Youtube 和 Our Community 等。在不同国家和地区,各个网络社区的地位和优势不同,外贸人员应该根据公司定位和目标选择对应的社区营销策略。

(三) 如何利用 Facebook 进行社区营销

如果网络社区是一个基于互联网的虚拟的国度,Facebook 是仅次于印度的全球第三大人口大国,社交网站已经逐步成为国外网民的网络门户和流量入口。该社区由马克·扎克伯格 2002 年在旧金山创立,现在每天全球超过 5.5 亿用户操着 75 种不同的语言在 Facebook 上浏览、评价、分享,这彻底改变了互联网时代全球社交联系方式。

1. Facebook 账号的注册

目前,由于特殊国情和相关政策限制,国内商家通常无法正常登录 Facebook 成为会员。但是,借助某些免费的软件(如 www. ipfree. cn 或者 firefox. com),有 Google 邮箱(gmail. com)或者在 http://appengine. google. com 申请一个 Google App Engine 的账号就可以越过防火墙在中国境内成功注册,让公司全球范围的网络社区营销成为可能。具体如图 2-37 所示。

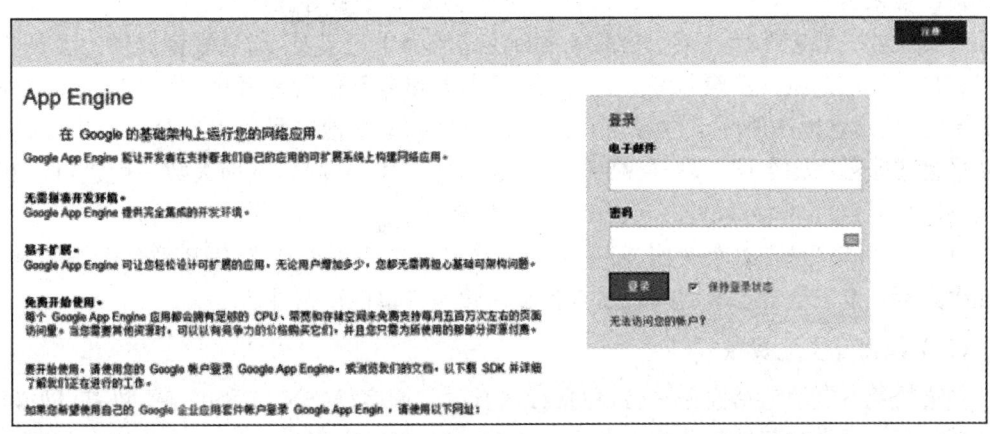

图 2-37　Google App Engine 主页截图

2. Facebook 营销三步骤

第一步,在 Facebook 上建立一个企业主页,发布引人注目的内容,可以建立粉丝群,吸引海外客户,将新客户带往企业的官网。

第二步,凭借先进的广告定位选项,企业可以更有效地向合适的受众推广。比起传统行销通路,带来更有效的转换。

第三步,发布吸引人的内容并与粉丝交流,从而建立良好的关系,促进口碑传播,随时随地接触粉丝。

有人说"观察互联网的现在必须了解 Google,认识互联网的未来必须分析 Facebook"。Facebook 的用户基数庞大,如何将他们转化为潜在用户还需要页面上和营销方式上的创新。外贸人员应该多学习关注度高的 Facebook 页面,学习国外的成功案例,随时留意 Facebook 上新推广技巧。

3. 国际网络社区推广的条件

目前,供选择的国际网络社区很多,但在具体选择推广平台时需要考虑如下因素:

(1) 产品是否适合在社交网络平台上推广。

(2) 产品目标群体的基本特性是否与网站用户相符。

(3) 目标地区的客户所在区域是否可以登录 Facebook 网站。

(4) 外贸企业是否有足够的经历、财力维护这个推广渠道。

三、开发免费账号

除了为数不多的主流国际商务平台,全球各个地区和国家充斥着成千上万的行业、协会、商会和专业商务平台。无论你选择哪个行业的外贸,世界任何角落都有潜在买家存在,但关键是你要找到他们或者让他们能够找到你。国际商务平台免费账号开发的目标就是让更多的客户找到你。

(一)开发免费账号的原因

据统计,目前全球超过 65% 的买家通过互联网寻找供应商,在网络营销中 70% 以上的买家借助搜索引擎寻找产品,28%以上的买家借助 B2B 平台寻找产品。

外贸企业一般会选择一至两个商务平台注册成为付费会员,通过平台提供的会员资源开发客户和发送询盘并获得订单。但是,出于成本和多元化营销考虑,公司都会要求外贸业务员定时、定量地注册一定数量平台的免费账号或者其他账号以发布公司和产品信息。免费平台或账号因知名度不高,网络关注度低,但客户集中度高,利用大数法则也可以获得询盘、客户和订单。

有效开发和管理在线免费账户,使公司和产品在搜索引擎或者 B2B 平台中排名靠前,增加曝光量和点击率,做大询盘基数,为询盘转化为订单创造条件。

(二) 如何开发免费账号

网络的免费资源包括商务平台、免费社区、论坛、博客、MSN、RSS 订阅、维基、网摘等。各种国际商务平台和其他免费网络资源一般有付费和免费两种会员,但主要依靠付费会员和广告两种途径获得生存、盈利和发展。平台提供给免费会员的资源较少或者没有,但可利用免费会员注册吸引更多的潜在客户,继而发展成为付费会员。

利用平台或者目标国的免费账户定期发布公司、产品和供求信息,或在网络社区发帖推广,潜在客户搜索到感兴趣的信息,就会自己主动回复询盘甚至直接找到你。获得免费资源的方法很多,主要有如下方法:

(1) 客户和朋友介绍。

(2) 利用搜索引擎搜索。例如,用关键词"free B2B""global free B2B",等相关关键词进行搜索。具体如图 3-38 所示。

图 2-38　用"global free B2B",搜索获得的结果

（3）国内外知名网络社区和外贸论坛寻找。一些专业论坛聚集着大量的买家和卖家，通过论坛交朋友，分享和交换客户资源，也是获得客户的一个有效方法。

（三）免费账号的注册和管理

免费资源的充分利用能让客户找上门来，但"等"客户也要得法。定期查看和更新免费注册平台，及时查询客户利用免费平台的程序发送邮件而没有直接转到设置的邮箱，第一时间回复，这样，询盘转化率必然提高。

1. 完善注册资料，提高注册效率

免费网站注册，一般都需要适当篇幅的公司和产品介绍、图片，以及主题和相应的关键词，这样提高被买家搜到的概率，减低被屏蔽概率。

2. 抓住客户心态，明确传递公司定位

进入注册页面进行注册，会员性质一般是买家/卖家/买卖家，最好选择卖家。出于成本因素考虑，国外买家心理上一般倾向直接和生产商打交道，这样能保证更大的利润空间。因此，在注册填写的信息中要给客户留下工厂或者生产商的印象，至少是有工厂支持的贸易公司，这样客户主动联系你的概率就会增大。

3. 公司专用邮箱和电话注册

以公司邮箱和电话进行注册。如用外贸业务员私人邮箱和电话注册，该业务员一旦离职，公司资源就会流失。采用国外的邮箱如 Gmail、Yahoo 和 Hotmail 注册；国内免费如126.com、163.com、qq.com、sina.com 等注册门槛过低，反垃圾软件往往把带上述后缀的邮件统统视为垃圾邮件而拒收或者屏蔽，公司推广邮件无法达到国外客户手中，即使收到也容易被视为垃圾邮件而被删除。

4. 建立资源档案，定期登录和更新信息

多个跨境电商业务员和众多网站资源，要求对资源进行搜集、整理和汇总，建立资源档案，通过业务员分市场、分客户和分任务等手段，做到所有注册平台得到分时、分期或定期登录和更新，登录后获得的最新结果适时反馈到资源库档案中。

四、申请付费账号

虽然免费的平台能够为公司提供一定的曝光量、询盘甚至订单，但毕竟客户来源不稳定，无效客户多，询盘转化为订单的比率偏低，不能成为企业生存和发展的主要资源。大多数工厂或者外贸公司都会选择购买一个或者多个国际商务平台的付费账号作为跨境电商推广和营销的重点，只把免费平台资源作为市场开发的辅助手段。

（一）主要的国际商务平台介绍

国内主流的国际商务平台如表2-7所示。

表2-7　国内主流的国际商务平台

名称和Logo	模式	特　　点
Alibaba.com Global trade starts here.™	B2B	世界上排名第一的国际贸易和中国本土贸易网络交易市场，专注于为来自中国和全世界的中小企业买家和卖家提供高效、可信赖的贸易平台

（续表）

名称和 Logo	模式	特　点
global sources Reliable exporters: find them and meet them	B2B	最贵的中国 B2B,定位高端买家,卖家审核很严格,客户群以大企业为主,大单相对多。主要靠线下展会、杂志、光盘宣传,优势行业是电子类和礼品类
MadeInChina.com Sourcing from China starts here!	B2B	汇集中国企业产品,面向全球采购商,将中国制造的产品介绍给全球采购商;联手国际认证机构 SGS,推出供应商认证,提高企业真实度
GlobalMarket Certified Manufacturers Online	B2B	定位服务中国每个行业中最优秀的 500 家出口型制造商,打造"GMC 制造商联盟"认证,以群体模式参与国际竞争,缩窄服务范围,提升服务效率,做深度营销服务,力求在最短时间内为"中国制造"赢得国际口碑
EC21 Global B2B Marketplace	B2B	韩国外贸协会创建,覆盖面广,买家分布均匀在美国、中国、印度和英国等国家
ecplaza Global More Trade Chances for You	B2B	韩系外贸 B2B 电子商务平台,韩国外经贸下属平台,重点是韩国产品在中国的销售。一对一发送买家询盘,无虚假和群发成分,询盘转化率高
TRADEKEY® Your Key To Global Trade	B2B	来自中东,服务全球的外贸 B2B 电子商平台,利用 Google 的 SEO 技术,买家群体绝大部分来自北美国家和欧洲国家
iOffer 销售和交换的平台	B2B	小单为主,基于谈判的交易系统,在线提问、协商、成交并可以在线付款
ECVV.com® Challenge Your Trading	B2B	全球首家按"服务"效果付费的 B2B 外贸网站。ECVV 只对在供应商自主筛选后的有效询盘收费,每条有效询盘收费 30 元
ebay	C2C	为个人用户和企业用户提供国际化的网络交易平台,全球最大,交易最安全、客户最信赖的网上贸易平台
amazon Try Prime	B2C	亚马逊公司是美国最大的一家网络电子商务公司,网络上最早开始经营电子商务的公司之一。其初只经营网络的书籍销售业务,现在则扩大到经营 DVD、音乐光碟、电脑、软件、电视游戏、电子产品、衣服、家具等更加广泛的产品

（续表）

名称和 Logo	模式	特　点
AliExpress by Alibaba.com	C2C	依托阿里巴巴,成为阿里巴巴新利润增长点,俗称"国际淘宝",跟进 eBay 和敦煌网模式,定位国外小单和零售,提供信息、产品、物流和支付一体化服务
DHgate.com Fast Trading Marketplace	B2B C2C	国际小额批发兼零售平台,集信息、支付和物流一体化服务。敦煌网号称第三代 B2B 平台,定位"中小商家的快速外贸平台",除提供交易信息,还通过介入交易环节,获取动态贸易认证,在平台上实现跨境贸易物流和支付流程一体化服务

国际商务平台多如牛毛,各有其目标客户群和市场定位。公司应该根据自身的产品特点、公司规模和产品选择一个或者多个平台进行营销和推广。

（二）国际商务平台付费账号的盈利思路

既然外贸企业无法靠"免费的"账号生存和发展,每个公司都会选择一到两个付费的外贸 B2B 账号进行重点推广,辅之以大量的免费注册。企业应该根据自己的公司规模、目标市场、产品特性和推广预算等选择合适的平台和服务。

第三节　如何将询盘转化为订单

有些公司在网络上到国内外商务平台上大量注册,购买了主流收费平台的会员服务,认真地上传和发布产品信息,客服时刻在线守候,每天来自世界四面八方的询盘不算少,但这些询盘转化为订单的却少得可怜。要扭转"询盘多,订单少"的局面,外贸业务员应该从跨境电商的基本销售理念、销售策略和具体销售技巧三个方面提高公司整体的跨境电商营销水平。

一、跨境电商的基本营销理念

没有理论的实践是盲目的,跨境电商也需要有正确的营销理念进行指导。因此,有必要提供跨境电商相关的一些营销理念,让大家在实践中明确自己的方向。在此谨介绍大数法则、销售漏斗原理、二八法则和长尾理论,以及消费心理学中的 AIDA 法则等相关的网上营销理念。

（一）大数法则

作为国际贸易的新趋势,跨境电商具有开放性、全球性、无交易时限和成本低等特性,企业大量涌入和海量的卖家信息导致跨境电商的竞争逐渐剧烈。

大数法则也称大数法则（law of large numbers）,原本是一个数学与统计学的概念,指数量越多,则其平均就越趋近期望值。所有的销售均遵循大数法则。成功营销的关键之一是拥有更多的客户——准客户数量多,成交的机会越多,签单客户肯定多,业绩也越好。

大数法则与《老子·道德经》"合抱之木,生于毫末;九层之台,起于垒土;千里之行,始于足下"不谋而合。每个外贸业务新人,首先要努力开发大量的客户,尽管这个阶段往往成交量不高甚至很小,但随着自己的努力和客户资源的积累,当成交量趋于之前努力的相应量时,就离成功不远了。

成功的外贸营销的关键,首先是拥有更多的客户,准客户数量多,签单客户肯定多;其次是提高客单价,即单个客户的成交额。

本章第一、二节如何找到客户和如何让客户找上门的推广技巧是电子商务时代提升公司和产品曝光量的必由之路,是大数法则的具体应用。

(二)销售漏斗原理

1. 销售漏斗的原理

销售漏斗(也叫销售管线)原理是科学反映机会状态以及销售效率的一个重要的销售管理模型。具体如图 2-39 所示。

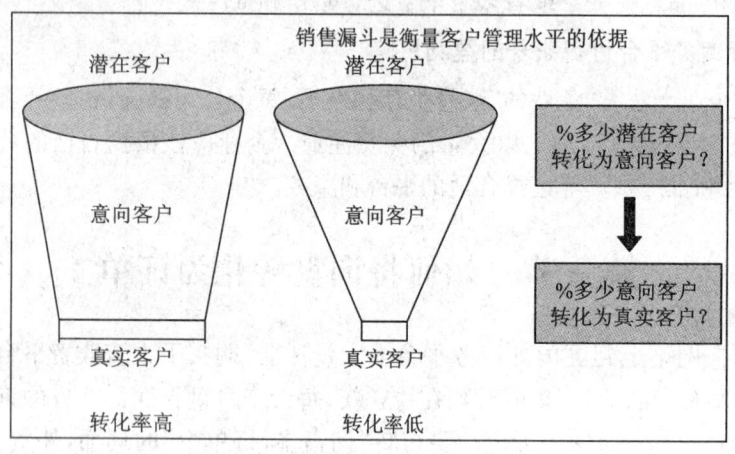

图 2-39　销售漏斗原理模型图

销售漏斗原理通过直观图示指出公司的客户资源从潜在客户阶段,发展到意向客户阶段、谈判阶段和成交阶段的比例关系,或者说是转换率。销售漏斗(sales pipeline or sales funnel)顶部是有购买需求的潜在用户,上部是将本企业产品列入候选清单的潜在用户,中部是将本企业产品列入优选清单的潜在用户(如两个品牌中选一个),下部是已经基本确定购买本企业产品,但有些手续还没有落实的潜在用户,漏斗底部就是我们所期望成交的用户。

2. 跨境电商销售漏斗

跨境电商营销也遵循销售漏斗原理。外贸业务员将重心放在主动或被动地以不同途径和手段吸引潜在客户访问、点击甚至直接询盘,以意向性客户的多寡作为本阶段的目标。具体如图 2-40 所示。

3. "谈判过程"的核心在于"跟进"

客人走进你商店并不等于就会购物。足够大的曝光量和足够高的曝光率是订单的物质基础,但是通过邮件、视频、电话、寄样甚至邀请看厂等销售和谈判技巧留住客户,最后实

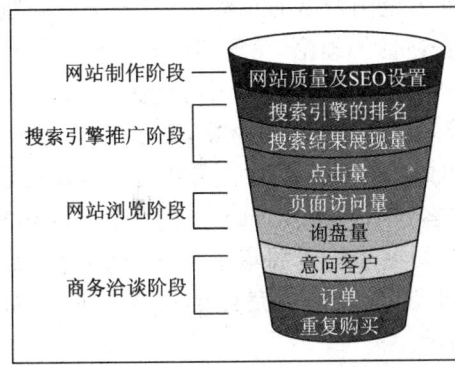

网站制作阶段 —— 网站质量及SEO设置　▼ 高质量的网站及适当的SEO设置是获得排名的基础

搜索引擎推广阶段　搜索引擎的排名　▼ 获得更多、更专、更靠前的关键词排名
　　　　　　　　搜索结果展现量　▼ 在搜索引擎结果页中获得更多关注
　　　　　　　　点击量　　　　▼ 从而获得潜在客户的点击,进入您的外贸网站
网站浏览阶段　　页面访问量　　▼ 设计精美、信息丰富的企业网站让客户了解更多的信息
　　　　　　　　询盘量　　　　▼ 与您直接联系,了解进一步的信息或报价
　　　　　　　　意向客户　　　▼ 通过基本沟通,锁定为意向客户,保持跟进
商务洽谈阶段　　订单　　　　　▼ 达成交易
　　　　　　　　重复购买　　　▶ 合作愉快,成为优质客户

图 2-40　跨境电商销售漏斗示意图

现签单和付款。具体如图 2-41 所示。

事实上,潜在的客户总是要在三番五次的接触后才会真正下单。请看下面来自英国销售协会的权威调查结果:

2% of sales are made on the 1st contact.

3% of sales are made on the 2nd contact.

5% of sales are made on the 3rd contact.

10% of sales are made on the 4th contact.

80% of sales are made on the 5th-12th contact.

（来源:The Importance Of Follow-Up, http://www.emailtools.co.uk/metrics/followup.htm)

漏斗原理

曝光量
点击量
反馈量
一次回复率
二次回复率
寄样/验厂
定单

曝光量是基础,再把每个环节做深

Copyringt alibaba 2008

图 2-41　谈判过程漏斗示意图

其他途径的调查（http://www.sellingly.com/)也得到类似的结果。具体如图 2-42 所示。

Stop losing deals by forgetting to follow-up.

80% of all sales happen between the 5th and 12th contact, but most sales reps only follow-up twice.

图 2-42　其他途径调查的类似结果

遗憾的是,现实中大多数外贸业务员在两次联系潜在客户无果后就会放弃——这意味着他们"主动"舍弃了 95% 的潜在订单!

(三) 二八法则与长尾理论

1. 二八法则

意大利经济学家 Vilfredo pareto 通过对意大利人财富和收益研究,发现大部分财富流向小部分人,而这一部分人口占总人口的比例与其占全国财富的总额,具有不平衡的数量关系,即20%的人口占有80%的财富。根据这个普适性的理论,在现实商业世界也得到印证:20%的企业垄断着80%的行业收入,20%的客户带来80%的公司财富,20%的产品贡献80%的收益。据此,很多公司制定了针对大客户的关键客户管理(key account management)制度,使公司更多的资源集中在这20%的关键客户上,并取得了非常完美的结果。具体如图2-43所示。

对于企业来说,20%的员工带来80%的公司业绩贡献。你要做的就是努力使自己成为公司20%的幸运儿(lucky fews)。对于外贸业务员来说,利用各种技巧识别出20%的高潜力客户,将自己80%的时间花在这20%的客户身上,业绩势必会显著提高。具体如图2-44所示。

图 2-43　营销中的二八法则

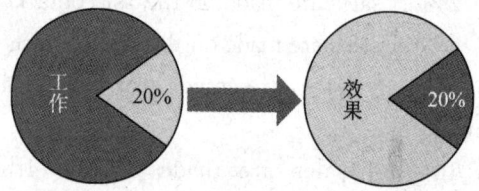

图 2-44　业务员工作时间与效果的二八法则

2. 长尾理论

长尾理论(The Long Tail)是在网络时代美国人克里斯·安德森提出的商业模式和市场营销行为的创新理论。长尾理论认为,只要存储和流通的渠道足够大,需求不旺或销量不佳的产品共同占据的市场份额就可以和那些数量不多的热卖品所占据的市场份额相匹配甚至更大。具体如图2-45所示。

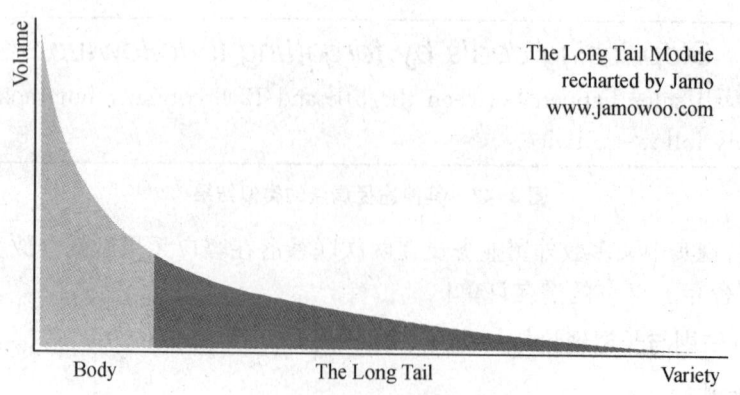

图 2-45　主体和长尾巴对总量之间的关系

长尾市场也称为"利基市场",英文"Niche"为"细分市场"的意思。长尾理论说明,无论公司大小,只要确定自己的市场细分,企业集中力量于某个特定的目标市场,或严格针对一个细分市场,或重点经营一个产品和服务,也能够创造出产品和服务优势,并获得利润。

长尾产品具有热度低、种类多、总额高、消费者忠诚度高的特点:

(1) 热度低。长尾产品的询问度和点击度不高,甚至无人问津,但在特定的人群中依然占有市场。

(2) 种类多。处于主体部分的曲线,种类只占很少一部分,而长尾部分的产品可以用"海量"来描述。

(3) 总额高。虽然单件长尾产品购买量不高,热度不足,但因种类丰富,所有长尾产品所创造的总收益(长尾部分面积)并不小。对于小微企业或者 B2C 和 C2C 店主来说具有深刻意义。

(4) 消费者忠诚度高。对于 B2C 和 C2C 店来说,消费者会主动搜索产品,如优质的产品和服务使消费者获得满意度,客户忠诚度很高。

3. 二八法则 VS 长尾理论

长尾理论在新商业环境下颠覆了传统的"二八法则"。长尾理论与二八法则孰优孰劣?

微软奉行的是传统企业的经营方式:以用户为现金流来源,并将其发挥到极致,即一家独大、建立标准,直到自然垄断;Google 选择了完全不同的战略:以中小企业为现金流来源,建立一个由众多合作网站共同维系的广告体系。这是"二八原则"和"长尾理论"的长时间、拉锯式的交锋。

"长尾理论"像是弱者法则,而"二八法则"则是强者法则,但是它们并不矛盾。一家公司或品牌再强大,也存在最薄弱的环节,这就是长尾的机会。"长尾理论"给互联网从业者指明方向,为长尾市场提供温床。以互联网为工具成功开发传统行业"长尾"的企业在不断的"模式"创新还是简单的"要素组合"中,都有可能走出一条新路。

(四)AIDA 营销法则

AIDA 是国际营销专家海英兹·戈德曼总结的推销模式,具体含义是指一个成功的推销员必须把顾客的注意力吸引或转变到产品上,使顾客对推销员所推销的产品产生兴趣,这样顾客欲望也随之产生,尔后再促使其采取购买行为,达成交易。

AIDA 是描述因市场营销和广告宣传诱发客户的一系列行动的首字母。这四个英文单词的首字母分别代表:Attention,即引起注意;Interest,即诱发兴趣;Desire,即刺激欲望;Action,即促成购买。具体如图 2-46 所示。

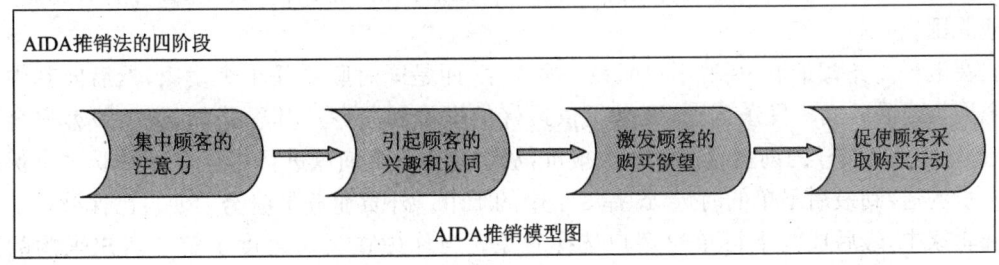

图 2-46　消费心理学中 AIDA 原理

这种促销方法根据消费心理学中消费者心理的转化过程,制定渐进式成交模式,设计引导环节,抓住并牵引客户注意力,由浅入深地导入自己的产品,最终促成消费者购买行为。这个模式也适用于跨境电商的营销过程。

二、跨境电商营销策略

(一) 换位思考策略

外贸业务员对大数法则和销售漏斗原理的应用,应体现在外贸业务员随时能够站在客户角度进行换位思考(you-attitude)。很多外贸业务人员在与客户交往过程中,由于缺乏对采购商心理的认识程度,没有换位思考,该做的事没做,不该做的事却忙得忘乎所以;该说的话没说清楚,不该说的话,却说了一大堆。具体如图 2-47 所示。

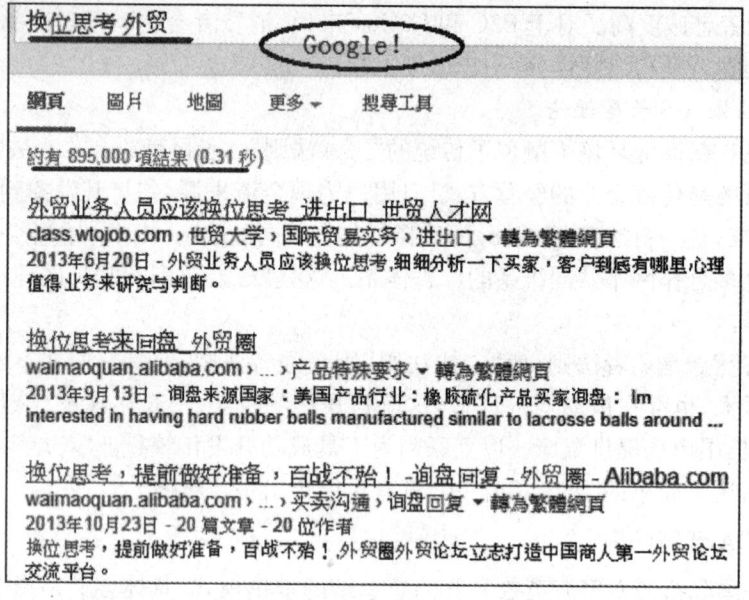

图 2-47　从 Google 搜索看外贸人员对换位思考的关注

许多销售人员总是困惑,顾客为什么会离开我们? 因为他们没有得到想要的产品,这又往往与价格没有太大的关系。25%的顾客离开是因为"很差的服务";20%的离开是因为没有人去关心他们(以上就有 65%的顾客离开是因为你做得不好,而不是价格);15%的离开是因为他们发现了更便宜的价格;15%的离开是因为他们发现了更好的产品;5%离开是其他原因。

在电子商务背景下,买家不只联系一个卖家,而是同时联系几十个卖家,然后向其中十几个同类产品的卖家发送询盘,要求提供最好的报价和服务。其思路如下:一般客户会选10 个卖家发出同样的询盘,得到 10 个报价,从中选择 5 个询盘进行回复,5 个中选 3 个保持进一步沟通,到最后下单的时候,选择 3 个中的 1 个。外贸业务员应努力使自己保持在 3 个候选卖家中,最后成为下订单时客户选择对象。当你站在买家角度了解了客户采购的需求、动机和采购决策过程,获得买家的订单就不再是问题了。

（二）外贸业务员作息时间安排

由于国际区域的差异，不同国家形成不同的作息时间。作为公司的一名外贸业务员，一般情况下当然是遵守公司的作息时间。在遵守国内朝九晚五的例行作息时间前提下，与管理层达成共识，采取灵活的对策，以目标国时差为标准，兼顾与工厂生产和质检等部门的沟通，适当调整作息时间，实现"以客户需求为中心"的在线工作。

一般来说，若能配合对方的时间，和客户的接触时间自然就会多点，沟通也可以加深，对于业务自然是好事。外贸新手如对国外的作息时间和中国时间的换算没有把握，不妨将国际时间日期网放在电脑桌面，随时查询和验证自己的判断。具体如图 2-48 所示。

图 2-48　国际时间日期网主页截图

（三）节假日营销策略

1. 国内外的"假日经济"

每逢节日，商家们一定会使出浑身解数来吸引顾客眼球，提高销售额。国内最典型的当属淘宝带来的"双十一"（Singles' Day），国际上最有名的是"黑色星期五"（Black Friday）。

这里所说的黑色星期五与那个不吉利的宗教迷信数字毫无关系，而是指 11 月份第四个星期五——感恩节（Thanksgiving）第二天（这一天非联邦法定假日，不过很多机构放假）。这天各大商场竞相打折，赔本买卖，据说因为亏损就用黑墨水记账而得名。这一天所卖的东西非常便宜（破门价 Door-buster），而且限时限量，一些想省钱的美国人就起早摸黑排长龙等着"血拼"，商店也在清晨两三点开门纳客。具体如图 2-49、图 2-50 所示。

图 2-49　美国 Black Friday 抢购人流

图 2-50　中国"双十一"快递公司爆仓场景

2. 利用国内外节假日进行外贸营销

从事跨国网络营销的店主们也应该学会利用节日来开展有针对性的外贸销售。从事跨国贸易的一大优势就是买家遍布世界各地,不同的国家又拥有不同的风俗和节日,这无疑是一个巨大的潜在商机。

对于一个专业的外贸卖家来说,如何从不同国家的不同节日中把握商机便成为一大重要课题。利用好本国和客户国的节假日,适当地给予一个问候,发送几句温暖的祝福,寄上一张凸显个性的贺年卡,不断地让客户记住你,拉近与客户的心理距离,也是跨境电商营销的一种好方法。

通常情况下,每个公司都会以节假日为工作任务节点,提前对自己的采购业务作出适当的计划并作出初步的安排。跨境电商人员如能够借助客户的"假日心理"在节前和节后及时出现,与对方达成交易意向的可能性就会明显提高。

3. 节假日外贸营销策略

1) 改变网店店铺设计,增添节日气氛

在节日期间,卖家可以根据不同的节日对网店进行不同的设计从而在视觉上激发买家的购买欲。以美国举例,最为重要的是新年、情人节、复活节、独立日、万圣节、感恩节和圣诞节等。情人节可以选择粉红的基调凸显浪漫的氛围,万圣节则可以把网店装修得搞怪,甚至还可以在页面上设置一点恶作剧的链接以增强节日的氛围。

2) 产品介绍中加入节日关键字

由于国外过节都有赠送小礼物的习惯,因此每逢过节前后都会形成一个购置礼品的小高峰。网络销售相比传统店铺销售更具价格优势,因此越来越多的海外买家开始通过网络购物来采购节日礼品。在节日期间,外贸卖家可以适当地在产品介绍中增加相关的节日名称等关键字,使原本与该节日并没有很大关联的产品也搭上了"送礼顺风车"。

3) 适当购买相关产品的推荐位,吸引流量

在网络营销平台上购买几个相关产品的推荐位可在产品搜索上具备排名优势。一旦能够成功吸引流量,加上具备节日特色的网店设计和节日商品就能吸引住买家的眼球。要

想在竞争中占据优势,节日前期必然要有一定的广告投入,否则"舍不得孩子套不住狼"。

4)制定促销方案,吸引买家购买

为了迎合节日气氛,外贸卖家可以通过适当优惠减价,赠送贺卡或小礼品,免费提供产品包装等来进行产品促销,看似利润减少但实则增加了买家的好感。外国节日众多,如果能给海外买家留下一个好的印象无疑就是多留住了一个回头客,外贸网店一旦聚集了人气和不错的口碑就能在众多卖家中脱颖而出。

5)把握节日高峰,完善支付和售后服务

欧洲与美国和中国等世界其他地区最大的区别就在于购物高峰一般出现在节日前夕,到了节日很多实体商店都关门大吉。外贸买家可以抓住节日前夕这个机会,方便卖家临时添置需求品,在自己的外贸网店上设立一个节日周,这样就能使一些粗心的买家弥补错过时间点的遗憾,选择应景又满意的产品。

(四)邮件发送时机选择

发送邮件的时机选择包含日期选择和时间选择。

1. 发送邮件的日期选择

开发客户最便捷的方法莫过于拿到客户电子邮件地址,然后给他们发广告信。一般来说星期一至星期四的下午至晚上是发广告信的黄金时段(周六和周日最好不要进行邮件跟进,特别是主动的业务开发邮件),这期间是客户正常工作日,他会马上看到邮件,而大大增加了广告信被阅读和回复的概率。

2. 发送邮件的时间选择

由于欧美公司员工均有上班召开短会、制订当天工作计划的习惯,因此通常会在上班后半小时左右处理当日的邮件。大多数人都有从上到下浏览、挑拣出最重要或最感兴趣的邮件优先阅读和处理的习惯。作为营销者,设法使客户在第一时间阅读到你的邮件,你的推广就成功一半了。根据一般的邮件阅读行为和两地时差,让你的邮件出现在客户邮箱邮件列表的上端,被第一时间打开进行阅读的概率最高。

(五)买家购买欲望甄别和分类管理

跨境电商业务中,询盘的成本很低,询盘量是比传统贸易高得多,但垃圾询盘或者无效询盘也不少。鉴于此,业务员可以从客户的联系方式、查询内容和买家资料三个方面综合分析,有效甄别客户购买动机的强烈程度,进而采取有所取舍的客户跟进策略。

1. 从买家主动联系方式判断客户购买欲望

客户与你联系的方式有多种,但我们可以从客户主动联系你的方式初步分析客户购买需求和意愿的强烈程度,从而制定恰当的沟通和谈判策略。具体如表2-8所示。

表2-8　从买家主动联系方式判断客户购买欲望

买家查询方式	发生时间	所需费用	买家迫切程度	等级
TEL电话	数秒	极高	高	A
视频	数秒	极高	高	A
FAX传真	数分钟	高	高	B

(续表)

买家查询方式	发生时间	所需费用	买家迫切程度	等级
POST 信件	2~21 天	低	低	C
E-MAIL 邮件	数秒	极低	一般（具体分析）	C

反过来说，在与买家用电子邮件沟通到一定阶段，应该适时采用高等级联系方式提升买家信心，促成订单的尽快达成。针对这一点，业务员应大胆利用每个平台所提供的在线的即时聊天工具或者视频聊天工具，给予买家充分的便利，同时也抓住各种机会与买家直接沟通，提升订单的转化率。

2. 从客户询盘内容判断客户真实意愿

客户查询你的内容不外乎公司情况和产品。公司情况一般包括公司名称、地址、联系人、品名、电话、传真、EMAIL、创始年份、总资产和年销售额等；产品情况主要包括规格、型号、原料、成分、最小订单量价格、包装、样本、样品和国际认证等。

一般说来，沟通的内容会从概况逐渐深入和具体，从而判断客户的成交意愿。反过来，如果一个客户上来就给你一个诱人的大订单，只要报价而不问其他具体条件，业务员就得当心他的用意了。

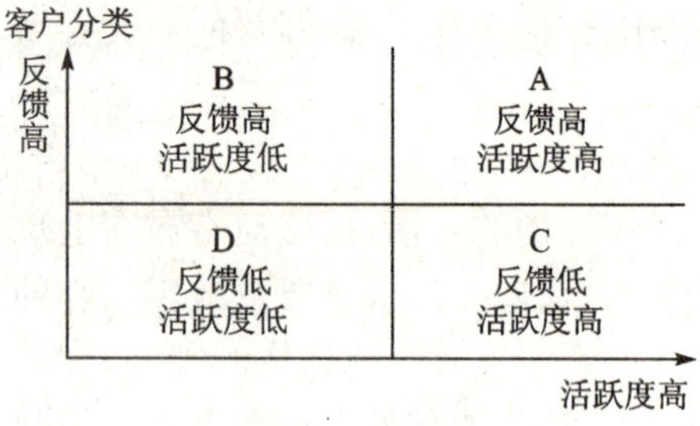

图 2-51　客户的级别和询盘质量的判断

3. 根据资料对买家分类管理

在收到客户询价后，业务员应借助网络和各种资源和手段，了解客户的实力、资信和交易历史纪录，判别该公司可能购买的产品和交易规模等。

生产、销售和营销部门中一个或多个部门根据联系方式、询问内容和买家背景资料几个要素的综合情况，判断客户的级别和询盘质量，具体如图2-51所示。

在此基础上，将客户分为热门客户、有价值客户、有潜在价值客户和垃圾客户四类，并采取不同的推广策略。

对于积极回复邮件的客户、回复收条的客户重点跟进，提高客户分类级别。业务员可以直接发送一些接近的款式报价，直接打电话询问。一旦有机会，就要主动联系（比如节假日问候、新产品介绍、业务喜讯、展会通知等），或者找一些对方关心的话题（如与英国人聊某场足球，与美国人聊某场 NBA 比赛或者对方所钟爱球员的表现），努力做到"臭味相投"。

跟进邮件偶尔会给外贸业务员带来惊喜，但是，应该用平常心来对待日常工作中的每一封邮件，不断地积累是成功的基石。如何让没有成交的客户成交？如何让客户记得你的产品？这些都凝聚在每一封邮件中，多点耐心和坚持，离成功就更近一步。

一般用 Foxmail 或者 Outlook 等邮件管理系统收发邮件，这样可以给广告信设置收条；店铺后台的站内信系统也具有类似功能。很多客人都会很友善地把收条发还给你，这样做的目的也在于知道你的广告信被客户看到的概率有多高及其阅读和再回复的时间，初步判断该客户是否是目标客户。

三、电子邮件营销技巧

电子邮件目前是外贸中最基本的联系方式。没有电子邮箱,外贸交易寸步难行。因此我们要高度重视邮件的营销策略和技巧。

(一) 公司电子邮箱的意义和作用

公司建立网站后,通常就会同时拥有网站下的电子信箱;如果公司购买了诸如 Alibaba 国际站或者其他平台的收费服务,可以得到带公司信箱后缀的电子信箱。这两种信箱给客户一种正规、有实力的印象,是跨境电商人员的首选。同时申请一个稳定的 hotmail 或者 gmail 的免费电子信箱,采用以网站邮箱为主、hotmail 和 gmail 邮箱为辅的电子邮件推广策略。

利用好电子邮件,能发挥出远远超过"联系方式"的简单功效。首先,电子邮件通讯成本很低,在市场开发阶段不像传统的电话或传真容易引起客户反感。其次,电子邮件容易获得,其格式和措辞比较轻松,比公司传真更容易接近与陌生客户间的距离。电子邮箱本身也能提供信息。假如你收到一封客户邮件,其邮箱为 a@aa. com,那么,aa. com 可能是某个提供免费电子信箱的服务网站,但更可能是客户自己的网站。如果是后者,访问 http:// www. aa. com,直接查看客户的背景信息。反过来,除了 aa. com 这个后缀名之外,国外贸易商很喜欢用 info buy, sales 等作前缀名,因此,当你看到一个客户的网站 aa. com,上面并没有提供具体联系邮件(只有在线留言这种很不可靠的方式)的话,不妨尝试发邮件给 info @aa. com 或 sales@aa. com 等,猜中的概率不会低。此外,电子邮件既然格式不限,适当用一些缩略语或网络常见符号,能轻松气氛,沟通感情。最后,发邮件者有充裕的时间再思考营销技巧以及邮件的内容等。

(二) 电子邮件营销策略

1. 标题足以吸引人

邮件进入收件箱后,邮件标题会显示在邮件列表中发件人的后面。有些收件箱的邮件列表里会显示发件人、邮件标题和少量邮件内容(内容开始的部分),有的只显示发件人及邮件标题。因此邮件标题成为邮件营销中最为重要的部分,它可能是目标客户是否决定打开邮件的唯一因素。一个好的邮件标题是成功的一半。如果你的邮件标题足够吸引人,至少接受者会打开邮件;如果你的邮件标题非常糟糕,那么用户甚至不会去看一眼你的邮件内容。具体如图 2-51 所示。

邮件的标题不能吸引读者打开邮件的话,再好的邮件内容也只能直接进入垃圾箱了。基于这个原因,完善邮件标题非常关键,具体要求如下。

1) 告知内容而不是销售产品

最好的标题是告诉订阅者邮件的内容是什么,而最差的标题则试图通过邮件来销售产品。不要让你的标题读起来像是广告。标题中的商业味越重,邮件被打开的可能性就越小。

2) 换位思考,把自己当成顾客,而不是营销者

你的邮件读者只对一件事感兴趣:邮件能为他们提供什么? 如果你希望他们花时间来

图 2-51　阿里巴巴国际站店铺后台邮件列表

读你的邮件,那就要想想他们为什么要读。然后给他们写邮件,就好像你是在向他们解释阅读原因一样。那样你的标题就会更好。

3) 在标题中使用公司的名称

将公司名称放进发件人行和标题行中能增加打开率。在标题中加入公司名称能使打开率从 30% 增加到 60%,远远超过了不加入名称的标题。

标题和内容决不可毫不相干,两者相辅相成,邮件内容应该是邮件标题的详细阐述。客户打开邮件,发现标题与内容相去甚远,这将是灾难性的。好标题吸引客户打开邮件,最终希望客户阅读你的内容,因此需要你诚实地书写邮件内容。如果采用欺骗的方法,客户即便打开了邮件,也无法达到邮件营销的目的。

2. 内容简洁明了,适应国外移动办公趋势

客户每天会收到海量的邮件和回复,要想获得客户对你邮件的重视,必须坚持 KISS 原则(keep it short and simple),用最简单的语言和最简洁的句子,解答客户最为关心的内容。

另外,移动办公正在逐渐成为趋势,买家在 Blackberry 或 Iphone 上收发邮件,许多平台也适时开发软件,支持买家在手机端处理订单。因此,间接扼要的邮件更能顺应现代移动办公快节奏、小页面的主要特征。

3. 署名规范,方便客户

无论用 Outlook Express、Foxmail 邮件还是平台内邮件系统收发邮件,一定要提前设计好公司统一、齐全的署名档即固定的邮件落款,以显示公司的规范并给客户信赖感。

大多数的邮件系统均可有个性化的署名设计功能。当你邮件发送时,会自动附上署名。具体如图 2-52 所示。

中规中矩的署名　　　　　Logo署名　　　　　全信息署名

图 2-52　个性化署名设计功能

除了表示公司运作的规范和统一外,署名档主要从客户视角出发,给客户留下较深印象,发挥推广公司网站作用。更为重要的,这种规范符合 AIDA 营销理念,让客户的服务和产品"心动"的瞬间提供"行动"的便利条件。

4. 适当利用邮件优先级

适当利用邮件优先级,让你的邮件更加显眼。

(三) 回避垃圾邮件过滤敏感词

外贸开发最担心的就是邮件无法送达,无法送达的最主要原因大多是邮件被对方服务器视为垃圾邮件(spams),而一般业务员往往忽略了这个因素对客户开发和来往邮件的严重影响。

1. 垃圾邮件的定义

根据国际电子邮件协会的判定规则,垃圾邮件涉及三种情形:未经收件人允许的、在一定时间内发送频率过快、内容重复度过高;对方未订阅但发件人发送附件;邮件中含有垃圾邮件高频词。

2. 垃圾邮件过滤敏感词

跨境电商中与销售相关的 spam 高频词有:Free、Discount、Opportunity、WinWinner、Cheap、Deal、Debt、Income、Insurance、Loan、Money、Mortgage、Price、Rate、Profit、Save、Merchant、Stock、Act Now、All New、Call Now、Subscribe Now、Million、Dollars、Compare、Check、Lash、Bonus、Credit、Loans、BuyDirect、Get Paid、Order Now、Specializing、Specialized、Offer、Please Read、Dorit Defete、Special Promotion、Satisfaction Guaranteed、You've Been Selected 等,不胜枚举。当邮件内容包含了这些词语或者系统分析以后达到屏蔽标准,则对方无法收到该邮件或者会被判断为垃圾邮件。

3. 如何获得最新的垃圾邮件过滤敏感词

不时浏览网站 Bloomtools.com 或者查阅附件,可以随时跟进获得最新的垃圾邮件过滤敏感词。具体如图 2-53 所示。

(四) 电子邮件营销技巧

1. 第一封推广邮件的撰写

推广邮件是公司最常用、最重要的邮件。第一封推广邮件效果的好坏,直接影响着公司询盘数量和质量,因此每个业务员都高度重视推广邮件的写法。

1) 找对目标是推广邮件的前提

要让推广邮件成功率高,首先要找对有潜力的目标客户。如果没有找对,再出彩的推

图 2-53　可获得最新的垃圾邮件过滤敏感词的网站

广邮件也没有效果。因此,在撰写推广邮件之前,必须通过客户公司网站、搜索引擎、海关数据了解公司实力、网络活跃度、上下游客户、B2B 上的询价记录、所属行业目录等,研究其采购习惯、周期、数量和供应商等。

除此之外,利用外贸工具 Whois 也可查询到公司网站域名信息、了解公司的注册时间、注册地点以及网站的反链接数量等情况。具体如图 2-54 所示。

图 2-54　外贸工具 Whois

2) 优质的推广邮件是客户回复的保证

公司推广邮件内容不外乎公司、产品和交易条件信息,但不能、也不可能在一封邮件中塞入全部内容,而是在基本原则指导下采取具体的对策。

开发信应言之有物,凸显公司与产品的优势,提高吸引力。开发信不宜太过详细,其目的是引起客户的注意和兴趣,诱导客户回复邮件,在互动中发现对方的问题和疑问并给予答复。因此,推广信应有收有放,有所保留,起到"欲知情况如何请联系详谈"的效果。下面是一封推广信的实例:

Dear Mr. Jones:

We understand from your information posted on Alihaha. com that you are in the market for textiles. We would like to take this opportunity to introduce our company and products, with the hope that we may work with Bright Ideas Imports in the future.

We, a joint venture specializing in the manufacture and export of textiles, have enclosed our catalog, which introduces our company in detail and covers the main products. we supply at present. You may also visit our Website at. Http：//××××××××××.alibaba.com which includes our latest product line.

Should any of these items be of interest to you，please let us know. We will be happy to give you a quotation upon receipt of your detailed requirements.

We look forward to receiving your enquiries soon.

阅读上述推广信，找出其中提到的公司和产品信息并分别标示出来。

公司推广信一般包括如下内容：

（1）公司情况介绍一般涉及的内容：独特卖点，员工情况，质量控制程序，公司新闻，工厂规模，贸易服务，设备，参展情况，代理商及代表处，质量和安全标准，委托加工服务，研究与开发能力，其他主要客户，特殊生产能力等。

（2）产品信息一般涉及的内容：独特卖点，完整的产品规格，清晰的彩色照片，特点、功能及好处，产品应用，颜色、尺寸及材料，款式及选择等。

（3）产品交易信息一般涉及内容：最低起订量，运输和包装方式，交货方式，付款条件，价格，保险，以及其他具体条件等。

虽然网络上有大量推广信范文，但只能借鉴，切记抄袭，应根据公司规模、国别甚至季节不同略作调整，体现个性，并在文中述及信息来源和双方公司名称，暗示对方该信息是专门为他们而写，不是群发的邮件。

2. 第一封客户来信的回复

客户来信的目的很多，本书归结为泛泛而问、建立业务关系、咨询特定产品和直接询盘四种。

（1）泛泛而问的来信。

泛泛而问的来信，客户泛泛而问，真实购买意图一般不大。除非其正好需要你现在的产品或你挑选的主打产品，回复时加大关注力度，否则不必花过多工夫。或者，隔月定期发送一次推广信，试探其购买意愿。类似的邮件回复如下：

Dear Sir/Madam：

Thanks for your inquiry at Made-in-China.com.

We are professional supplier for plush toys at competitive price, located in Nanjing city, Jiangsu Province. Here is the attachment with some pictures of our products that may suit your requirements, for more please check our website, and select the prod ucts that you're interested in.

We have great interest in developing business with you, should you have any in quiries or comments, we would be glad to talk in details through MSN：×××/mails or any way you like.

（附件内容可挑选一些公司主打产品）

（2）建立业务关系的来信。

Dear Mr. Jones：

We have received your letter of 9th April showing your interest m our complete product information.

Our product lines mainly include high quality textile products. To give you a gener al idea of the various kinds of textiles now available for export, We have enclosed a cata logue and a price list. You may also visit our online company introduction at Http：//××××××××××.alihaha.com which includes our latest product line.

We look forward to your specific enquiries and hope to have the opportunity to work together with you in the future.

该信称呼有具体指向,开头明确说明来信目的以及卖家信息来源;邮件中介绍了公司所属行业,并提供产品目录和价目表;同时,邮件提供的公司在阿里巴巴国际站的网址进一步增强了来信的真实性和建立业务关系的强烈意愿。

（3）咨询特定产品的来信。

从邮件的标题、称呼和内容中对于产品型号、规格等指标的详细和专业询问等信息,我们可以认定此类客户潜力最大,需要给予及时且完整的回复。例如:

Subject：Interest in mobile air conditioning units Pre-air models MT32 and MT26

Dear Sir：

Allow me to introduce myself. My name is Tony Eden and I own and run an air conditioning company, specialising in the sale and rental of mobile air conditioning units.

I would be very interested in receiving information and prices for your MT32 and MT26 models after seeing them on the Alibaba website and your own. Could you please tell me what your smallest and average volume of sales would be.

It is my intention to bolster my rental fleet and also add a larger variety of products to the sale side.

I do hope We can do business and I look forward to hearing from you soon.

Kind Regards

Tony Eden

Vaporco Air Conditioning

请推敲邮件,找出其中公司和产品的具体信息并用下划线标示出来。

对特定产品咨询的回复,应该按照客户所提出的疑问逐一解答,并在此基础上引导客户作进一步的沟通甚至下订单。例如:

Dear Mr. Jones：

Thank you for your inquiry of 16 March. We are pleased to hear that you are inter ested in our product "toaster".

We have enclosed the photo and detailed information of the product for your reference：

Product：toaster

Specification：xxxxx

Package：1 pcs/box

Price：10usd/pcs

Payment：L/C

For purchase quantities over 1 000 pcs of individual items we would allow you a discount of 1%. Payment is to be made by irrevocable L/C at sight.

We look forward to receiving your first order.

（4）直接询盘的来信。

I am interested in drop-shipping this product in south Africa and would be most grateful if you could email me pictures of this product to Vicky. hillen@gmail.com.

I look forward to doing business with you.

这是一封敦煌网平台内的询盘信。该邮件单刀直入,简洁明了,明确提出需要卖家提供的资料并提供邮件地址。这样的买家意愿非常明显,需要及时跟进。

无论买家出于什么动机,你都要完整而迅速地回复买家查询,恪守"大数法则",遵守"宁可错杀一千,绝不放过一个"的销售铁律。你回邮件,也许还有一些潜在的生意机会;你不回邮件,则没有机会。

3. 回复询盘后客户无应答的处理

回复询盘后,大多数买家就不再响应,你的邮件犹如石沉大海。没有回复的原因很多,归结起来有三种:客户没有收到邮件;客户对产品不感兴趣、懒得回复;客户将你的公司和产品放入供应商目录,待有需求时再联系。

鉴于有第一次客人主动来信的基础,应该采取循序渐进、有计划的跟进策略:

Day 1：After phone call, send a "nice chatting with you" email

Day 5：White paper download/e-newsletter(leave voicemail to announce)

Day 12：Recent customer success story(related company) + article of interest

Day 30：Case study

Day 25：Report/webinar/seminar offer

Day 60：Email "touching base" note

Day 75：Article of interest + case study

Day 90：Prospect calls you = qualified lead

(来源:The Importance Of Follow-Up, http://www.emailtools.co.uk/metrics/ followup.htm)

4. 买家没有任何反馈的应对技巧

外贸业务员最常见的困惑就是客户不回信,开发信如石沉大海。如何应付?

Dear Joe：

Having no news from you for several days, I'd like to know your comments on our quotations/ samples dated xxxx. Any comments by returns will be highly appreciated. It will be our great pleasure if we could cooperate with you in near future.

Thanks for your kind attention. Looking forward to your prompt response.

Best regards

首先,我们要排除技术故障,弄清楚客户是否收到了我们的邮件。最简单的方法,是在发送邮件的时候,请求阅读回执。在用 Outlook Express 和 foxmail 软件发送邮件的时候,"工具"菜单中都有"请求阅读回执"一项,说明顺利发通,否则就有可能是故障。客户无回复僵局可能是客户不相信你、市场周期不对、客户出差、已联系其他供应商、你邮件表达不清或者不是产品的目标客户原因等造成。

其次,我们还可以使用 http://verify-email. org/邮件地址验证软件,轻松查处客户邮箱是否有效。很多时候联系不上客户,或者邮件发了很多也没有回应,其实是客户根本没有收到你的邮件。具体如图 2-55 所示。

经过验证,针对故意不回复邮件的客户采取如下步骤:

(1)保持联系,多发几封邮件,细致、负责地跟踪联系曾向你查询过的客户并处理新来

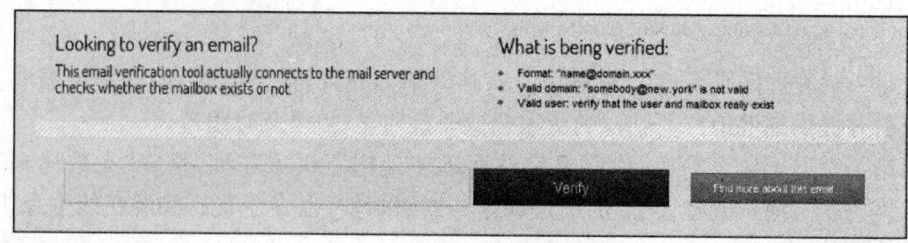

Looking to verify an email?
This email verification tool actually connects to the mail server and
checks whether the mailbox exists or not.

What is being verified:
- Format: "name@domain.xxx"
- Valid domain: "somebody@new.york" is not valid
- Valid user: verify that the user and mailbox really exist

Verify   Find more about this email

图 2-55　邮件地址验证

的查询。但不可太频繁,即便最渴望争取到的客户,密度也不多于每周一封并注意一定不要重复内容。也可以采用"通报企业动态""交流行业信息""介绍新款产品""通告价格调整"等形式,给客户一种"即使暂时不合作,我方也乐意提供行业资讯给您参考"的态度。多数的国际贸易商当然愿意了解更多的行业相关信息,这样做就把多次发邮件引起反感的风险降至最低。

(2)以保持接触为目的的邮件,尽量淡化"催促订单"的感觉,突出"信息交流"的意思,态度不温不火,不卑不亢。假如客户一直没有动静,则不妨刺激一下以寻找突破口,寻找机会给客户交易报一个超低的成本价。但是,不要真以这个超低价格与客户交易,可以在客户回应以后,解释说这是某批订单的超额生产余量造成的低价等。低价的目的仅仅是打开僵局,了解客户沉默的真正原因。同时,以此作为突破的做法,也可以直截了当问客户,一直没有回复是否对产品不感兴趣等。

(3)屡次发邮件不理睬的,可以在邮件中加上一句"如我方邮件打扰了您深表歉意,请回复空白邮件,我们将不再发给您"。如果客户真的空白信拒绝了,说明暂时无望合作,不必白费力气。只要不拒绝,就仍可继续联系。

总之,对付沉默客户的原则:一是确保不是技术故障;二是保持无重复内容的联系;三是适当寻找突破口,找出客户沉默的原因。这些措施都用了,相信再顽固的客户都会被你的执著所融化的。

5. 买家要求寄样的回复

外贸样品分为客户询价打样和客户来样两种,客户来样在此不作讨论。对于打样,除了打样材料和人工成本外,空运或者快递寄样还需要不菲的样品运费,有时寄样可能是样品成本的两三倍。例如:

Dear Gustavo Bachir:

We are glad to offer you 500 g of each grade, 3 kg total weight for 6 sample silicas in a total sum of USD 155 to be prepaid to our account.

Could you tell me your DHL account NO.? We will send you samples by DHL freight collect.

We will send details of your courier like tracking number upon dispatch and trust you shall be able to find out our technical advantages to be worth of the price difference to those of Grace and Ineos.

寄样对于任何公司都是比较棘手的问题:拒绝寄样担心失去潜在客户,寄样又怕竹篮打水一场空。单独打样成本昂贵,有些公司的样品价值不菲或对方要量较大时,更难下决定;即使从现有成品生产线挑选样品,长期索取样品但无生意达成,久而久之对企业也形成

一笔不小的开支。因此,对于客户要求寄样的要求,采取如下的递进策略:

第一步,要求对方预付样品费和快递费。提出让对方支付样品费,试探对方需求诚意,对新客户尤其要坚持寄样收费,有诚意的客户,一般都会理解。如果对方爽快答应,说明这是一个需"重点"开发的客户;在对方不愿意的情况下,可让其承诺在第一份订单货款中扣除样品费。

此策略除了成本上的考量,更重要的是把一些无诚意下订单而专门以索取样品为业的公司从客户中排除,使企业精力放在有效的客户身上。

第二步,要求对方承担运费,特别是快件运费。对于样品成本不高的产品,在谈判无果的情况下可同意免费提供样品,但客户需支付样品运费。我方要求快递运费到付并不是一件坏事,我方提供样品说明我们做生意的诚意,而对方承担样品运费则说明客人有做生意的诚意。如对方真想做生意,一定会答应这个要求,若对方坚持费用全部由我方支付的话,就要考虑对方的诚意和信誉,或将其纳入放弃的客户群体。

第三步,要求对方提供传真或邮件地址和公司地址,而不仅仅是提供一个电话,以便有据可查。

第四步,价值不菲或数量较大,在第一步和第二步谈判未果时,退一步要求对方付部分样品费以弥补打样成本。当然,长期客户另当别论。

第五步,寄送样品前发送样品图像给客户审阅并得到反馈意见,避免客户收到样品后提出拒付或者不采购的理由。

寄样后,电邮快递底单给客户,加深客户对公司印象。定期与其联系,及时确认对方收讫以及对样品质量、外观或结构的不同要求,催促下单。对公司寄样客户,建立详细的跟踪档案,利用各种沟通工具加强跟进力度。

6. 客户要求直接报价的回复技巧

对于客户要求直接报价的情形,外贸新手感到非常为难:不报价又担心失去客户,报价后客户一般就杳无音讯。

客户要求直接报价的回复技巧如下:

(1) 避开报价的问题,首先询问对方的用途和试用环境等,以便向客户提出最好的方案。

(2) 如对方答复,询问对方需求的数量以及对于产品质量的要求(规格、环保、安全标准等)。

(3) 如对方不回复,可以预知对方对产品不感兴趣;判断对方对行业、产品知识的认识是否专业,判断对方是真实客户还是骗子。真实客户与骗子的基本区别是:客户可能挑剔质量和价格;而骗子一般对于行业、产品不熟悉,一般提出诱人的大单,过于关注付款。

7. 客户认为报价过高的应对技巧

作为供应商,对方压价是司空见惯的,应该给予合理的答复。例如:

Dear Mr. Jones:

We confirm having received your telex No. LT/531 of May 17, asking us to make a 10% reduction in our price for Men's Shirts. Much to our regret, we are unable to comply with your request because we have given you the lowest possible price. We can as sure you that the price quoted reflects the high quality of the products.

We still hope to have the opportunity to work with you and any further enquiry will receive our prompt attention.

首先,没有任何一个客户收到你的报价后会说你的价格是"合理"的。他们一般的理由不外乎如下几种情况:

This price is unrealistic and is 15% higher than the market price.

Due to the weak demand, the market price is tending downward in the last 3 months.

Your price is much higher than those Vietnam-made.

Your quality is inferior to those made in A factory.

This price is unacceptable with regard to the size of the order.

As one of your long-term customers, we are worth of a bit lower prices for that.

其次,作为供应商,也会有认为自己报价"公道"的理由可能是:

This price is high but highly competitive.

The rising costs(labor and materials) forced us into increase of the price.

No profit at this price considering our quality and price.

The rising demand in excess of the supply pushes the market price.

This price is quite reasonable taking quality into consideration.

This price is reasonable taking our relationship into consideration.

市场上同类产品中,很少是因为价格太高而无法销售,大多数是因为产品定位和营销策略错位造成。与客户的来往沟通中,通过推广、网站和电子邮件等传递出对公司、产品、服务和诚信的自信,"与众不同"的产品自然要有一个匹配的价格。

8. 无法提供买方指定产品的回复技巧

客户的需求千变万化,任何一个公司生产或者供应的产品总是有限的。卖家没有相近或不同型号和功能产品的可能性普遍存在。例如:

Dear Mr. Jones:

Thank you for your enquiry of 12 March Cate 9 cable.

We appreciate your efforts in marketing our products and regret very much that we are unable to supply the desired goods due to excessive demand.

We would, however, like to take this opportunity to offer the following material as a close substitute:

Cate 5, US $ _ per meter FOB Shanghai, including your commission 2%.

Please visit our catalog at http://www.××××××××.com more information on this item. If you find the product acceptable, please email us as soon as possible.

也许你就是客户在中国唯一认识的商家,客户更加倾向于一个信任的商家介绍新的商家。为了与客户建立长期信任的伙伴关系,对于没有买家需求的产品,你可以帮助他寻找和推荐卖家,从而建立信任关系,为今后的交易打下基础;详细了解客户需求,向客户推荐公司的其他类似的替代品。只要客户找上门,就不能让他空手而归,这是营销的基本准则。

9. 邀请客户参展或拜访工厂(公司)技巧

跨境电商最大的瓶颈就是客户对卖家的了解局限于线上完成,如能够把线上犹豫不决的客户引导到线下接触,增加双方的信任度,则达成交易的可能性明显增大。邀请对方参加在本国或者目标国的展会就是最为有效的方法。例如:

LETTER OF INVITATION

Dear Sirs/Madam:

We hereby sincerely invite you and your company representatives to visit our booth at 110th China Imp AND- Exp Fair, Phase1, from Oct 15th to 19th 2011.

We're one of the manufacturers specialized in sanitarywares, concluding one- two piece toilet, wash basin, cabinet basin, pedestal basin, bidet, urinal, counter basin, decorated ceramics and so on. Our new models offer superb design and their new features give them distinct advantages.

Over similar products from other Manufacturers.

It would be a great pleasure to meet you at the exhibition. Please visit our website at http://seagullgroup.cn/ for further details.

We expect to establish long-term business relations with your company in future.

Remarks: Venue: Pazhou International Pavilion, Guangzhou, China Booth Numher: G-K105 G-K-106.

据调查,客户光顾曾经在展前发过邀请函的公司展位远比光临其他公司展位的概率大,可见展前做好宣传十分重要。即使对方暂时未参加展会,但可从侧面向客户展示公司的实力和专业,加深客户对公司实力和产品的印象。

另外,网络上结识的客户因为未知原因成交意愿低、活跃度不高时,发函邀请参展并顺便拜访公司(工厂),这样既可尽地主之谊,又可传递公司的真实性,供货、能力、管理水平和服务理念。如果客户如约来参展、拜访公司展台,而且欣然前去公司(工厂),那么这个客户离签约不远了。例如:

Dear Mr. Patel:

It gives me great pleasure to invite you to attend the 110th China Import and Ex port Fair, Phase 2, Oct 23rd to 28th for textiles, to be held in Pazhou International Pa vilion Canton, where you may find us at Booth 123 and a gift as a pleasant surprise.

We would also like you to visit our factory to See how our line of quality products are made and extend our hospitality as the host.

We look forward to seeing you at the venue.

总之,询盘转化为订单是外贸业务员销售理念、策略和销售技巧落实的结果、是业务员的坚持和汗水的结晶。真正好的外贸开发,首先,要保证对方能够收到信件,送达正确的人手中;其次,根据对方的公司、行业或者真实需求和需求程度、采购偏好、性格差异等,找到合适的切入点。

10. 利用实时交流工具有效沟通

主流的商务平台都有实时交流工具。利用实时交流工具前来联系的买家购买欲望最强,需要重点关注;充分利用实时交流工具在线,不但可以吸引更多询盘,而且交流更加直接有效。

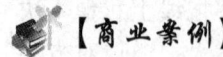

【商业案例】

深圳网易盛世科技:由传统外贸向跨境电商的华丽转身

深圳网易盛世科技 2006 年开始涉足传统外贸,主营报警器、车载摄像头、倒车雷达、GPS 定位导航等安防和汽配产品。2008 年金融危机时,公司业务严重下滑,由于电商市场火热,于是开通了淘宝店铺;后又决定转型跨境电商,2010 年下半年入驻敦煌网,1 个月后关闭了淘宝店铺。深圳网易盛世科技电商信息如表 2-9 所示。

表 2-9　深圳网易盛世科技电商信息

深圳网易盛世科技电商信息	
主营产品	报警器、网络摄像机等安防产品
目标市场销售比例	北美,西欧 50%,巴西 50%,澳洲 10%
入驻平台销售比例	敦煌网 70%,速卖通 30%
月销售额	50 万美元
毛利率	20%~30%
面临问题	外贸电商人才缺失,新兴市场物流问题
未来规划	将电商部门独立成立子公司,建立针对单一国家的 B2C,进军高端产品市场
发展历程	2006 年开展传统外贸,2008 年涉足淘宝,2010 年下半年入驻敦煌网,开启外贸电商之路,1 个月后关闭淘宝店铺

李春辉表示,受金融危机影响,国际采购形势转变是促成公司转型的重要原因。在经济形势不景气的情况下,采购商减少了单次采购的数量,不再像以往一样一次采购几百上千单,而更倾向于采用小批量、高频次的采购方式,而跨境电商恰恰可以满足这种采购形式。

"金融危机越来越严重的时候,采购商都不愿意把钱压在库存上,而希望资金周转速度更快,效率更高。为了求快,他们甚至不惜采用空运。"李春辉表示。

在电商化转型初期,上游供应商并不认同网易盛世的思路,很多时候也不太支持。"2 年前,我们和供应商谈判时,他们觉得这样的形式很不现实,往往不屑一顾。"李春辉表示。

但近 2 年,随着网易盛世采购量的持续增加,他们的转型慢慢得到了上游供应商的认同和支持。"现在他们经常会向我们打听市场上哪些产品卖得好。能够接触到终端消费者,是我们最大的优势。现在顾客的反馈经由我们传达给厂家,厂家再对产品作出调整。"

网易盛世从传统外贸转型到跨境电商,实现了华丽转身,他们获得的最大实惠是利润率的提升,目前他们的利润率已经从 5% 上升到了接近 30%,远远超过了行业平均水平。

网易盛世成功的诀窍是注重细节,他们认为细节上的服务往往是留住客户的最关键的要素。除了个人买家之外,还会有很多国外电商平台上的卖家在网易盛世的店铺进货,有时候这些客户会让他们直接将商品寄给国外的终端消费者。对于这部分客户的订单,网易盛世会挑出来单独处理。

在处理这些订单时,首先,他们会以卖家的名义给收件人写一封感谢信夹在包裹中,然后再附带上一份小礼物。其次,网易盛世不会在这部分包裹的内外包装上标注关于自己公司的任何标志和信息,以防止消费者发现商品并非来自本国的电商平台上的卖家。他们的这些做法,赢得了海外电商平台卖家的信任,很多海外卖家与他们建立了稳固的合作关系。

曾经有一位俄罗斯的工程师在自己的工作之余,在网易盛世的敦煌店铺购买报警器,然后拿到俄罗斯当地去销售。双方持续合作了1年,后来这位工程师决定改行去做按摩椅生意。

由于在此前的合作中双方建立了良好的信任关系,这位俄罗斯工程师希望网易盛世能够帮助他在中国采购相关的按摩椅产品。对于网易盛世来说,这笔交易可以说是费时费力,并且几乎没有什么利润。但出于不愿意失去一个老客户的考虑,网易盛世还是决定帮助这位客户,采购他所需要的产品。

经过1个多月的努力,网易盛世从1688.com、淘宝、eBay、实体店等多渠道,终于凑齐了客户要的全部产品,统一打包快递发送到俄罗斯。网易盛世的用心付出,再次给客户留下了非常好的印象。2012年,网络摄像机在俄罗斯热卖,这位工程师又从网易盛世大量采购产品。目前双方已经合作了3年多。

因为对服务细节的追求,网易盛世的客户忠诚度非常高。目前,网易盛世电商平台上仅占整体25%的老客户却提供了70%的营业额。

现在,跨境电商对网易盛世营业额的贡献率越来越高,网易盛世的电子商务团队人数,也由2012年春节前的7人发展到了现在的19人,而此时公司传统的外贸部门也只有十几个人。李春辉表示,公司对跨境电商业务的发展很有信心。未来,公司无论是从人员还是资金上,都会持续加大对电商业务的投入。除了入驻第三方跨境电商平台外,网易盛世还计划,针对重要市场的单一的国家建立垂直B2C网站。

此外,网易盛世跨境电商业务板块,目前来自巴西、俄罗斯、印度等新兴市场的订单数量持续快速增长。从销售数据上看,2013年以来,来自巴西的订单的月增长幅度达到20%,巴西市场的销售额已能占到电商整体销售额的30%。未来,网易盛世将考虑在巴西、俄罗斯等重要的市场设置海外分支机构,有步骤地推进本土化经营。

同时,网易盛世计划下一步将跨境电商业务分拆成独立的公司来运作。"传统外贸与电商的差别太大,理念完全不同。比如说,做传统业务的时候,是先收到货款再发货。如果产品有问题,也都是老客户,好商量,下次补发质量好的货就可以了。而电商渠道大部分都是新客户,零售用户对购物体验的要求也更高。所以分开来做,比较好些。"李春辉表示。

网易盛世转型跨境电商后,公司获得新生。目前长期占据着敦煌网安防品类排名第一的位置,店铺的重复购买率接近30%,电商月销售达到50万美元。

【思考与习题】

1. 寻找目标客户的方法有哪些?
2. 如何将潜在客户变为客户?
3. 简述跨境电商的基本营销理念。
4. 简述跨境电商的营销策略。

项目三

跨境电商支付

☞ 导 入

　　如今,电子商务已经突破国界,有逐渐实现全球化、国际化的趋势,由此产生的跨境电子商务和跨境第三方支付等新业务也站在了发展的节点上。因为跨境第三方支付连通并关系着整个跨境电商行业的未来,可以说跨境第三方支付每发展一小步,就代表着电商国际化发展的一大步,因此我们有必要对其进行深入的研究。

第一节　跨境支付概况

如今,电子商务已经突破国界,有全球化、国际化的趋势,跨境电商和跨境第三方支付等新业务也处于发展的节点上。因为跨境第三方支付连通并关系着整个跨境电商行业的未来,可以说跨境第三方支付每发展一小步,就代表着电商国际化发展的一大步,因此我们有必要对其进行深入的研究。2002—2012 年中国跨境第三方支付交易规模如图3-1 所示。

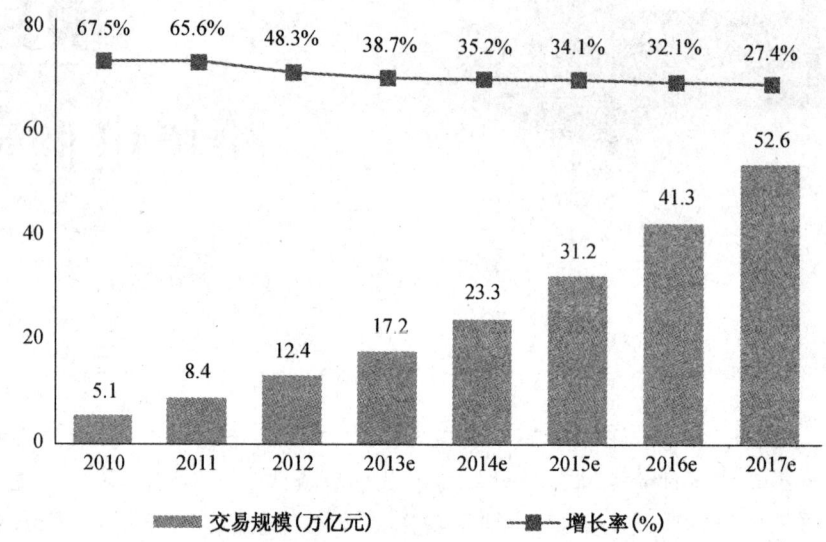

注释:(1) 中国第三方支付市场交易规模统计了非金融支付机构企业互联网支付业、银行卡收单、移动支付、电话支付、预付卡发行与受理等业务的交易规模的总和。

(2) 艾瑞根据最新掌握的市场情况,对历史数据进行修正。

来源:综合企业及专家访谈,根据艾瑞统计模型核算。

© 2014.2 iResearch Inc.　　　　　　　　　　www.iresearch.com.cn

图 3-1　2002—2012 年中国跨境第三方支付交易规模

一、跨境电商与跨境第三方支付发展现状

(一)跨境电商发展现状

跨境电商是一种新型贸易方式,通过电子化、网络化操作改变传统国际贸易方式,使不同地区和国家的买卖双方能够通过互联网以及相关信息平台更方便、快捷地达成交易。

1. 跨境电商业务类型

跨境电商的主要交易形式是企业与消费者之间的 B2C 交易,除了跨境电子商务具有国际性的特点之外,其交易流程、基本原则和国内电子商务没有太大区别。

目前,跨境电子商务的业务类型主要有以下两种。

(1) 境内消费者通过境外的网站购买需要的服务和产品。这种业务是由支付机构代用

户集中向境外的商户购汇结算。这种由支付机构为境内用户提供的代付服务,一般被称为境外收单业务。

(2)境内的商户经由互联网为境外消费者提供服务和产品。境内的卖家利用国际性的电子商务信息平台与境外的买家进行商业沟通,并达成交易;一般由支付机构代境内卖家收汇,并且按照境内商户的结算币种,集中向其代理结汇并支付人民币,或者支付外汇。交易过程中的物流环节,一般由国际性快递公司来完成。这种由支付机构向境内卖家提供的代收服务,一般被称为外卡支付业务。

2. 业务规模

因为近些年国外市场需求的萎缩,传统的"集装箱"式大额外贸交易受到了不小的冲击,而这时以小额外贸交易为代表的跨境电商却风生水起。与此同时,随着我国物流配送环节的不断成熟和完善、人民币的不断升值,以及跨境网购用户的逐渐增加,境内用户的境外网购交易额也在不断攀升。

电子商务通过互联网将商务活动与信息技术完美结合在了一起,让商户与消费者之间进行更便捷、快速地沟通,从而实现内外部资源的高效整合,提高了交易效率,也降低了商业成本。如今跨境电商的发展,在很大程度上缩减了传统国际贸易业务流程中很多复杂的费用支出和中间环节,再加上跨境支付工具的不断发展和完善,让跨境交易变得更加方便、快捷。

(二)跨境第三方支付发展现状

在跨境电子商务和国内非金融机构支付业务发展浪潮的推动下,市场对跨境支付业务的需求越来越强烈,因此一些发展较为成熟、规模较大的跨境支付机构也就有了更好的拓展空间。跨境收入外汇资金主要去向及跨境支付外汇资金主要来源如图 3-2 所示。

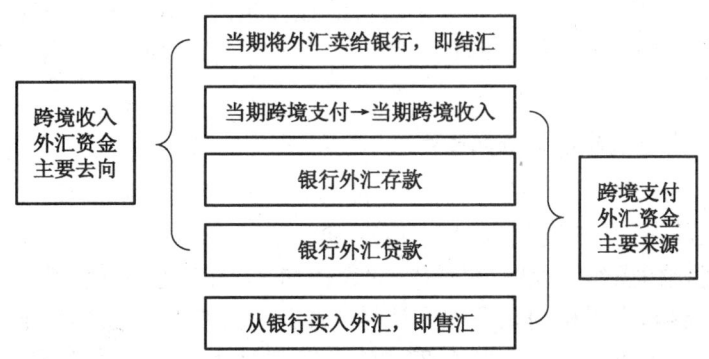

图 3-2　跨境收入外汇资金主要去向及跨境支付外汇资金主要来源

2009 年,深圳的财付通与浙江的支付宝两家第三方支付企业获得国家外汇管理局的批准,可以开办境外收单业务。事实上,一些支付机构通过在境外设立分公司的方式也已变相拓展了外卡支付业务。

这些年,美国的 PayPal 等境外支付公司垄断着我国大部分的跨境第三方支付市场,这个市场的规模每年都达数百亿美元,不可谓不大。2012 年,支付宝的跨境支付总额大概是 9 亿美元左右,这个数额只有我国跨境电商总交易额的 5%,而且支付宝已经是中国跨境第三方支付企业中所占份额最多的了。

也就是说,绝大多数的跨境电商企业只能在境外开立账户,收取货款,再通过个人分拆结汇等方式让资金流回国内。境外支付公司对中国外贸企业的管理非常严苛,而且收费比较高,在发生纠纷时会更支持境外持卡人,这对中国的外贸企业是很不利的。因此,发展我国自有支付公司的跨境支付业务是非常有必要的。支付业务发展的每一小步,将影响我国跨境电商走向国际化、全球化的一大步。

二、跨境电商与跨境第三方支付给外汇管理带来的挑战

(一) 跨境电子商务与传统国际贸易的区别

跨境电子商务作为一种新兴业务,它依托于互联网技术而存在,在物流方式、交易流程、结算方式等方面都与传统国际贸易存在很大不同。

1. 交易的虚拟性与无纸化

跨境电子商务让传统的国际贸易流程实现了数字化、电子化,无论是订购,还是支付环节都可以经由互联网完成,甚至数字化产品的交付都可以在网上完成操作。交易过程中,运输单据、交易合同以及各种票据都是以电子形式存在。

2. 直接面对消费者,物流一般以快递为主

虽然信息流动在互联网上可以实现高度的快捷化,不过货物的实体流动仍然摆脱不了国界的限制。进出口货物时需要通关,这个关卡对跨境电子商务而言是难以逾越的。在传统的跨境贸易中,一般都是商家与商家之间的 B2B 交易,而跨境电子商务则大多是商家与消费者之间的 B2C 交易。

因为跨境电子商务的 B2C 交易是直接面对消费者,具有单价低、落地点分散、单件包裹出境频率高等特点,所以这些需要是一般报关难以满足的。在实际的交易流程中,物流配送一般通过平邮或快递方式出入境,但只能获得物流公司的运输单据,而海关报关单等单证却无法提前取得。

(二) 第三方支付机构参与结算过程

在跨境电子商务中,境内外的买卖双方都没有在现实中见过面,而由此产生的信用缺失问题就需要通过第三方支付机构的参与来解决。

第三方支付机构操作流程图(见图 3-3)大体如下:买家先把支付款项(人民币或者外币)支付给支付机构,支付机构在买方确认付款或经过一定时间默认付款后,通过合作银行代为购汇或结汇支付给卖方。相对于传统国际贸易中买卖双方直接通过银行进行结算的方式而言,跨境电子商务的结算需要第三方支付机构的参与,这正是两者之间的明显差异。

(三) 跨境支付给外汇管理带来的新挑战

现在的贸易外汇管理体系基本上是以传统国际贸易的业务为基础建立起来的,也就是说并不完全适用于跨境电商,所以对外汇管理系统而言,如何更好地实现跨境支付也是一个不小的挑战。

1. 虚拟化、无纸化的交易单证审核变得困难

在跨境电子商务中,交易信息的传递都是以电子形式进行的,通过网络修改电子单证

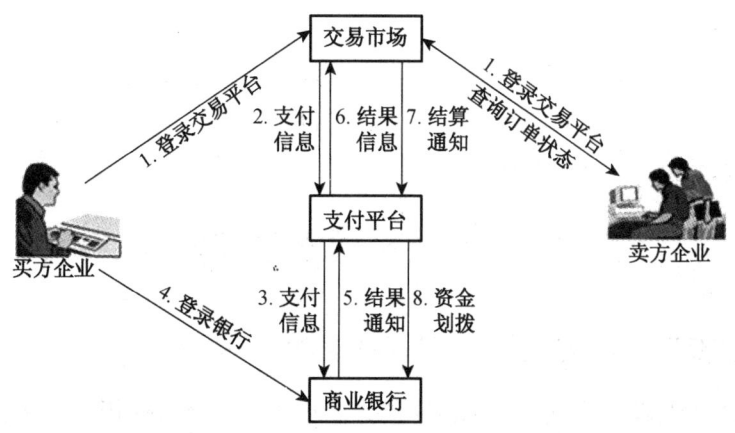

图 3-3　第三方支付机构操作流程图

很容易,而且任何痕迹和线索都不会留下来,这样一来就让传统的单证审核彻底失去了存在的基础。另外,某些虚拟的交易产品,如网络游戏物品等,具有虚拟特性,因此很难把握交易的真实性。

除了真实的货物交易外,跨境电子商务中的服务贸易也发展迅猛。根据现行规定,在获得相关主管部门的批件或资质证明的基础上,只有信息服务、计算机、无形资产等服务贸易项才能办理售付汇业务。然而,若是像传统服务贸易一样,向银行出示纸质单证,那么跨境电子商务的优势也就被削弱了,而资金流、信息流、物流相结合的便捷性和高效性也就无从体现了。

2. 缺乏与资金流相匹配的报关信息

在货物贸易外汇改革之后,贸易外汇监测系统将全面启动,通过核对企业的每一笔进出口交易与外汇收支数据,从而对企业的物流与资金流总体匹配情况定期进行评估和比对。可是,对跨境电子商务而言,其物流配送都是通过快递来进行,这样就难以获得海关报关单等合法凭证。而对外汇监管部门而言,因为缺乏与资金流相匹配的货物流数据,工作难度也增加不少。

3. 银行难以直接开展真实性审核

在境外收单业务中,支付机构直接掌握客户的支付指令,然后再将指令传达给银行。银行根据支付机构的指令,把资金从客户的账户转移到人民币备付金账户,然后通过银行购汇将资金转入外汇备付金账户。最后才是把资金从外汇备付金账户转入目标账户中。即使整个支付过程都是在同一家银行的系统中完成的,银行也很难掌握这些交易环节的所有因果关系,所以也很难就跨境电商交易的真实性进行审核。

(四) 支付机构急需获得明确的相关外汇业务资格

1. 代理结售汇资格和主体问题

在支付机构的跨境外汇支付业务中,结售汇是非常重要的一项。但是,因为支付机构是非金融机构,依照现在的政策,并没有开展结售汇业务以及代理结售汇的资格,所以跨境第三方支付业务若想持续发展,就必须解决其中的资格问题。

另外,第三方支付机构若获得资格,允许进行结售汇或代理结售汇业务,那么办理业务时是以第三方支付机构的名义,还是以客户名的名义进行,这也是一个需要明确的问题。

2. 国际收支申报的问题

根据现行规定，国际收支要一笔一笔申报。可是，第三方支付机构与电子商户之间一般是间隔一定的周期进行一次资金结算。如果允许支付机构集中办理收付汇，那么在一次支付包含多笔交易资金的情况下需要明确，是按照一笔申报，还是按实际交易数一笔笔申报。

第二节　跨境支付发展

一、跨境电商与第三方支付外汇管理思路分析

跨境电商与跨境第三方支付呈现出来的异于传统跨境交易的新特点，确实会给外汇管理带来很多困难和挑战。然而，跨境电商和跨境支付的发展又是势在必行的，因此对于创新管理理念和管理模式的探索也将刻不容缓。

第三方跨境支付的发展，是电子商务国际化发展的主要环节，它在促进跨境电商持续健康发展的同时，也可有效防范跨境资金流动风险。第三方跨境支付发展思路如下。

1. 在控制风险的同时，让跨境贸易更加便利

跨境电商与跨境第三方支支付不仅通过网上交易和支付为进出口企业提供更多便利，同时还能够构建起第三方支付机构的信用体系，这在很大程度上会降低我国企业踏入国外新市场的信用风险，对我国的国际贸易会起到很好的推动作用。但是，从金融风险上来讲，跨境第三方支付从很多方面都突破了我国对外汇资金跨境流动的严格监管系统，因此会产生资金流动的新风险。对此，外汇监管部门应该在做好调查研究的基础上，在促发展与控风险之间找到一个平衡点，从而制定出可操作的、具有针对性的监管措施，为跨境第三方支付行业的健康发展保驾护航。

2. 可以先试点运营，再进行推广

在促进支付机构健康发展的基础上，为了更好地控制风险，可以先进行试点运营，然后再逐步推广，这不失为一个合理的选择。

对于一些风险控制能力较强、规模较大的支付机构，可以将其作为试点，允许开展跨境外汇互联网支付业务，为用户提供结售汇和代理收结汇服务。在此过程中，外汇管理部门应该辅助试点企业的工作，促使其建立更完善的内控制度，并且积累工作经验，为以后的试点推广计划打下良好的基础。

3. 将跨境电子商务外汇收支纳入经常项目外汇管理范畴

跨境电子商务是把传统的国际贸易流程电子化，交易的内容不外乎仍然是商品和服务这两项。因此，传统国际贸易管理的基本原则在这里也同样适用，跨境电子商务外汇收支也应该被纳入经常项目外汇管理范畴，从而遵循"真实性、便利性和均衡管理"原则，使交易变得合法化、透明化。

4. 通过订单流、资金流、物流的"三流合一"模式，建立全面的监管系统

跨境电子商务和跨境第三方支付管理横跨了税务、外汇管理、工商、商务、海关等许多部门的业务。针对跨境外汇资金流动的特点，外汇管理部门在制定相关监管措施的同时，既不能忽略管理中的实际工作，也要注意协调相关部门，以确保跨境电子商务和第三方支

付行业的平稳、健康发展。

在具体操作方面，相关部门应该联合在一起，制订出一套合适的可信的标准，构建一个完善的信用监管公共服务平台。当跨境电商企业将订单、支付和物流等数据上传至平台时，该平台可以对其订单流、资金流和物流"三流合一"的各项数据进行核对、认证，以确保交易的合法性、真实性。

二、第三方支付外汇管理实践探索

2014年2月18日，中国人民银行上海总部正式宣布了一个消息：在上海自贸区，将启动支付机构跨境人民币支付业务试点。同时，快钱、银联支付、通联等5家支付机构将与合作银行实现对接签约。

这个举措意味着，以后国内消费者经由第三方支付机构，就能直接用人民币进行"海淘"了，而国内的企业也可以直接用人民币开展跨境业务；更重要的是，这也同时意味着，跨境支付领域向未来的国际化道路迈出了一大步。

（一）国内消费者不用再兑换外币也能"海淘"

如今全球最大的电子商务市场就在中国，是中国消费者支撑起了这个巨大市场，通过这个试点政策的实施，国内消费者不用再兑换外币也能"海淘"，而国外电商也将感受到中国消费者的购买力了。

2014年2月18日，消息宣布的当天，银联电子支付工作人员还在签约现场"表演"了如何通过跨境电商购买国外的红酒。通过现场演示，我们可以看到，通过银联支付完成跨境人民币支付后，消费者不必再支付除货款与运费之外的其他手续费，操作更便利，也不用再汇兑。

虽然通过PayPal等国外第三方支付机构进行跨境购物时，也能够通过人民币完成支付，但是用国内第三方支付机构进行跨境人民币支付有着其难以比拟的其他优势。对此，银联电子支付总经理孙战平这样说道："用PayPal'海淘'时，虽然中国消费者花出去的是人民币，商户实际收到的钱却是外币，期间汇率可能会发生比较大的波动。现在允许第三方支付机构跨境人民币支付后，从消费者到结算组织到银行再到商户，都是以人民币结算和计价。这样就规避了汇率变动带来的风险。"

第三方支付机构跨境人民币支付虽然已经打开了一个口子，但现在开展该项服务的网站还不太多，这项试点业务的普及还有很长的路要走。对此，孙战平认为："银联已经与多家海外航空公司、酒店洽谈，但要支持人民币跨境支付，国外企业还需要开设人民币账户，得到监管机构的认可等，这些都需要时间。"

（二）省时省钱，为跨境交易加速

中国台湾地区的关贸网络总经理连鲲菁表示，90%的贸易流程能移到线上，节省一半以上的贸易时间，对很多本地出口企业来说，开通人民币跨境支付是一大福音。

中国台湾地区的关贸网络目前为8 500家供货商提供服务，商品数据库拥有46万种商品。与快钱合作开展跨境人民币支付业务之后，作为外管局核备结售汇的依据，关贸网络跨境电商平台将向快钱提供完整的交易电子文件。买方通过快钱支付机制付款之后，每天归集进行跨境人民币外汇支付，然后再经由关贸网络以网络交易代收代付，转入台湾地区卖方账号中,这个支付过程以前需要 10 天左右完成,现在只需要 3 天就可以完成了。而且,对于水果之类的快销品,整个贸易时间将会更短,所以不得不说是"一大福音"。

快钱 CEO 关国光指出,这项举措让贸易信息都有了电子凭证,在加快贸易速度的同时,也让监管部门更容易实现监管,一举实现了多赢。

连鲲菁表示,在未来,除快消品之外,工业产品也有可能纳入网上贸易的范畴。受到这项举措的影响,台湾地区与大陆之间的贸易空间也将获得发展提升。

2014 年 2 月 18 日,中国人民银行支付司副司长周金黄表示,中国人民银行将会支持上海自贸区,制定出更多符合实体经济需求的支付产品。

(三)为银行提出新的机遇和挑战

虽然第三方支付机构开展人民币跨境支付业务试点已经获得中国人民银行的批准,但是在这一业务的背后依然能看到银行的影子,银行在其中起着重要的支持作用。对银行而言,支持第三方支付机构开展跨境人民币支付,是机遇,也是挑战。

对此,中国银行上海分行行长潘岳汉说:"对商业银行来说,支持第三方机构进行跨境人民币支付,也为自身业务创新留下了空间。例如,跨境资金对投资与兑换需求将会增加,包括理财产品、债券产品和避险产品等,都有很大的创新空间。"

至于互联网金融对传统银行业务造成的冲击,潘岳汉指出:"网络化只是手段,对于银行来说,现在最重要的是回归银行本位,以更好地服务客户、服务实体经济。"

第三节   跨境支付战争

2013 年年初外汇管理局下发《支付机构跨境电子商务外汇支付业务试点指导意见》后,支付宝、银联电子支付、通联、汇付天下、快钱、钱宝科技、东方电子支付等 17 家第三方支付机构相继获得了进行跨境电子商务外汇支付业务试点的通知,我国支付机构的跨境电商外汇支付业务正式开始了破冰之旅,这必将会对跨境电子商务、货物进出口贸易和个人涉外消费产生深远的影响。

环迅支付、快钱等数家支付机构对外透露,已经获准进行跨境电子商务外汇支付业务试点的首批 17 家第三方支付企业的试点业务主要限定在货物贸易、酒店住宿、留学教育和航空机票等领域。并且不同的支付机构限定的经营范围也不完全一致,如东方电子支付、易极付、钱宝科技公司等第三方支付公司的业务范围仅限于货物贸易,而汇付天下、快钱等则获准在出国教育、货物进出口贸易等多领域开展跨境支付业务。

快钱支付机构的相关负责人说:"2013 年 9 月我们就得到主管部门的通知,成为首批跨境电商外汇支付业务试点成员,业务范围涉及允许试点的各方面内容。"

针对不同的支付业务类型,国家规定了不同的单笔交易金额上限。目前国家规定,试点的支付机构在为客户集中办理结售汇、收付汇业务和货物贸易时单笔交易金额上限是等值 1 万美元,留学教育、酒店和航空机票方面单笔交易金额则限定在 5 万美元。

跨境电子商务外汇支付业务试点的推行,意味着第三方支付机构的跨境支付业务进入了实质性推进的阶段。从此,当产生跨境支付交易时,国内外商户无需再到银行购汇和结算业务,获准试点的支付机构可以帮助商户集中批量地办理跨境结算,从而减少了买卖双方的交易成本。

当前在国内电商支付领域,财付通、支付宝、汇付天下等公司正在激烈地厮杀,行业竞争已进入白热化阶段。所以,跨境电商外汇支付必将成为各家竞相争夺的"蓝海"。

阿里巴巴集团一位内部人士表示,国内第三方支付公司由国内业务拓展到跨境业务是支付行业发展的大势所趋,对于具有国际资源而在国内市场竞争中相对弱势的支付公司来讲,更是业务升级和实现跨越式发展的大好机会。另外,对于正在全力拓展海外业务的大型外贸公司,也会促使它们延伸开拓支付领域。

"跨境电商外汇支付业务的推出与国家大力发展跨境电商密切相关,过去外贸企业在海关报关、出口退税、支付结算等环节手续繁琐,制约了跨境电商的快速发展。"万擎咨询CEO鲁振旺分析道。

跨境电子商务的货物出口一般采用邮寄、航空小包、快递等物流配送方式,报关主体是邮政或快递公司,这一部分出口没有纳入海关货物贸易统计,阻碍了支付企业的发展,也给行业监管带来了困难。

对此,2013 年 8 月国务院专门下发了《关于实施支持跨境电子商务零售出口有关政策的意见》,要求商务部等根据电子商务出口的不同类型的经营主体,建立与之相适应的新型海关检验监管模式,鼓励支付机构和银行为跨境电子商务提供支付服务、实施适应跨境电子商务发展的税收政策,并在重庆、郑州、上海、杭州、宁波 5 个城市试点跨境贸易电子商务通关服务。

另外,更有吸引力的是跨境支付业务的佣金率。跨境电商外汇支付业务的佣金率通常要远远高于国内业务,一般在 3%～4%,而近年来国内第三方支付市场价格战频发,电商业务的佣金率不断压低,现在普遍低于 1%。

跨境电商外汇支付业务的超高利润,正吸引着越来越多的支付公司参与到海外市场的争夺中。相关报告显示,在消费者网络购物的旺盛需求和跨境电商积极开拓全球市场的双重推动下,美国、英国、德国、中国、巴西、澳大利亚等国家之间的跨境电子商务交易规模在2018 年将增长到 3 070 亿美元,交易商品中最活跃的品类主要有鞋类、服装、配饰、健康美容产品以及电子消费品。

另据支付宝关于"海淘"用户的调研数据显示,2012 年国内网购消费规模同比增长64.7%,而我国消费者境外网购的增长速度却高达 117%。

国内电商平台、支付公司都在全力把握这次机会,在激烈的行业竞争中银联、支付宝等支付大佬更具竞争优势。例如,支付宝及阿里巴巴很早就开始对海外业务进行整合,与国际卡组织、国外银行和高校、酒店等都有较为成熟的合作模式。根据统计,截至 2013 年 6月,支付宝服务的境外购物网站已经有上千家,覆盖了 32 个国家和地区,开通了美元、英镑、瑞士法郎、欧元、韩元等 15 种货币结算。同时有 310 多家海外大学可以通过支付宝缴纳学费,有 10 家境外银行支持支付宝快捷支付,与支付宝合作的海外酒店、航空公司和在线旅游平台也已经超过了 30 家。

2013 年 8 月,银联与知名金融服务公司汇元通集团达成合作,在迈阿密大学、麻省理工学院、波士顿大学、康奈尔大学等 300 余所高校,开通了支持通过银联卡跨境网上缴纳学费的业务,这项业务正在推广到欧洲地区。银联主要通过在境外发行学生卡、设立留学生助学金、推出跨境网上缴费服务等方式推广网络业务,截至 2013 年 8 月,银联卡受理的网络业务已经覆盖了全球 140 多个国家和地区。

快钱支付公司主要通过与海外航空公司和购物平台合作开展跨境支付业务,快钱支持通过 American Express、VISA、MasterCard、JCB 等国际卡支付,在全球范围覆盖超过 10 亿张信用卡,能够有力地帮助跨境电商开拓海外市场。目前快钱拥有覆盖较为广泛的支付媒介和银行合作业务,截至 2012 年年底,快钱已拥有 198 万商业合作伙伴,注册用户为 1.92 亿。支付风险管理方面,快钱与知名供应商 CyberSource 合作,力图设立风险"防火墙",降低支付风险。

这些年财付通公司先后与美国运通合作,支持客户在美国梅西百货、亚马逊等近百家境外购物平台上直接消费。当前,财付通已经与包括草莓网、莎莎网等平台在内的百余家境外商户建立了合作关系,覆盖了全球 20 多个国家和地区。

第三方支付公司参与国际竞争,一方面要面对国内价格战、行业不规范的困扰;另一方面也将面临国际支付巨头的挑战。虽然很早以前国内支付企业就已经曲线进入了跨境支付市场,但我国有国际影响力的支付服务企业还很少,目前在跨境电商外汇支付市场上 PayPal 等海外支付机构处于主导地位,很多境外网购平台目前只支持 PayPal。"海淘"在跨境支付中潜藏着很多风险。

中央财经大学教授贺强认为,事实上我国跨境电子商务的支付业务,很长一段时间以来都是被未取得国内支付业务许可证的海外支付机构垄断着,为洗钱创造了机会。所以,应该加快推进我国支付行业创新,着力创建一批具有国际竞争力的中国跨境电商支付企业。

随着跨境电商外汇支付业务试点的推进,第三方支付公司有希望成为新的人民币兑换外币的结汇工具,然而其背后也存在着换汇风险,这可能需要对现有的人民币汇率管理制度作出调整。

浙江大学经济学院教授金雪军表示,根据现在的外汇管理制度,国内资本项目还没有完全开放,无法实现人民币的完全自由兑换。而在进出口贸易中,企业需要提供一系列详细的票据、信用单据等作为贸易凭证。

实际上很多跨境电商的交易很难提供明确的票据,资金结汇难度比较大,因而产生了大型外贸公司代办进出口订单的业务模式,所以虽然"海淘"具有广阔的前景,但支付公司初期的跨境电子商务支付业务的规模预期比较有限。

跨境电商外汇支付业务的"破冰",使第三方支付平台获得了进入国际"竞技场"的入场券,但鲁振旺表示,目前国内跨境电商支付公司的主要业务还是限定于做境外客户在华旅游、购物、贸易等业务结算,主要满足中国跨境电商的外汇支付需求,暂时缺乏走向全球的实力。

另外,目前跨境电商外汇支付业务在电商平台与物流、网购平台对接、海关检验、报关等方面,还面临物流、资金流和信用环境等诸多挑战,需要支付公司、网购平台、银行等相关利益主体加强沟通,探索更加系统化的合作模式。

虽然国际化的道路困难重重,但中国支付机构在全球开拓跨境电子商务外汇支付业务的大幕已然开启,未来必定会产生很多具有国际竞争力的中国本土支付企业。对中国的跨境电商而言,将会有更多由本土支付公司提供的安全便捷的跨境支付方案供选择。借助本土支付公司的全球客户资源,中国跨境电商能够更好地开拓全球市场。

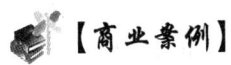 **【商业案例】**

PayPal:全球领先的在线支付平台

目前海外的在线支付的方式主要有以下3种:支票、信用卡收款、PayPal。PayPal是美国eBay公司旗下的全资子公司,成立于1998年12月。PayPal以现有的银行系统和信用卡系统为基础,通过信息技术和网络安全技术,帮助个人和企业用户通过电子邮件,实现安全便捷的在线付款和收款。PayPal账户可以有效地防止网络欺诈,是当前安全性最高的网络电子账户。另外,PayPal账户集成了众多账户管理功能,可以帮助用户从容地管理交易详情。目前PayPal的个人和企业用户总数超过2亿,遍布全球190个国家,在跨境电商中有超过85%的买家和90%的卖家选择使用PayPal进行在线支付,PayPal已成为全球领先的在线支付平台,具体如表3-1所示。

表3-1 PayPal的优势

PayPal的优势	买 家	卖 家
安全	信息安全保障;交易过程中无需提供银行账户信息	财务信息安全;全球一流的商用加密数据保护技术
快速	能够立即向有电子邮件地址的任何人进行付款	全球任何区域的买家付款,立刻汇入用户PayPal账户
便捷	注册快捷,可以同全球190个国家的卖家进行交易	可以使用各种工具管理交易提升效率

PayPal在赢得全球众多用户的同时,也获得竞争对手的高度认可。2010年4月27日,阿里巴巴与PayPal正式牵手,PayPal成为阿里巴巴的海外支付平台。

2010年4月27日凌晨5点30分,PayPal成为AliExpress(全球速卖通)平台新的在线支付渠道,并开始上线运行,从此阿里巴巴平台的卖家和买家可以使用PayPal进行支付和交易了。两家公司从竞争到合作只在一瞬间,从此携手迈向各自的全球扩张目标。

全球速卖通AliExpress是专业的小额外贸批发网站,被跨境电商们称作"海外淘宝"。它帮助跨境电商直接面对从中国采购个性化、小批量订单的国外零售商。自2009年9月10日从阿里巴巴国际网站独立出来试运行以来,AliExpress的中小企业客户可以根据自身的需要定制订单,AliExpress向客户提供小额订单的即时在线交易服务和反网络欺诈的托管服务。

PayPal的上线,拓宽了AliExpress商家的收付款方式的选择空间,同时也方便了全球使用PayPal的AliExpress买家,从此他们可使用自己首选的币种和支付方式,安全便捷地向AliExpress卖家进行支付。在在线支付领域,PayPal处于全球领先地位,拥有超过8 400万的常用账户和约800万企业用户,遍布全球190个市场,支付业务涵盖24种货币。

PayPal与阿里巴巴的合作,能够让全球的客户,享受到PayPal服务所提供的安全便捷的服务,为AliExpress平台自身原有的第三方支付担保服务,提供了有效的补充。

阿里巴巴此次与PayPal达成合作,与此前宣布计划投资1亿美元,打造一个全球平台有重要的关系。阿里巴巴旗下的支付宝在国内发展得如火如荼,而在海外市场,PayPal有着全球领先的活跃度。通过与PayPal合作,阿里巴巴可以更好地服务全球客户,也可以更快地打造全球平台。

PayPal在阿里巴巴之下的新平台上线运行,是阿里巴巴首次跟网络平台竞争对手eBay展开合作。在此之前,在中国在线拍卖领域双方曾有过惨烈的厮杀,后来eBay将相关业务并入中国香港TOM集团旗下的一家合资企业中,基本退出了中国的在线拍卖市场。现在,在第三方支付领域,阿里巴巴和eBay分别拥有支付宝和 PayPal,他们由最初的对手变成了现在的盟友。

虽然 PayPal 在中国的用户数比支付宝要少很多,但经过多年的开拓经营,PayPal 在外国尤其是美国市场取得了辉煌的业绩,现在已经发展成为国外电子商务主流的第三方支付平台。

与阿里巴巴的合作是 PayPal 全球扩张的一部分,未来 PayPal 将会在包括网络用户数量最多的中国和其他海外市场,进行更广泛的国际化努力。在全球市场上,PayPal 对 eBay 营业收入的贡献率在逐步提高,eBay 公司也已经与中国银联股份有限公司展开了合作,今后将会有更多的中国消费者通过 PayPal 购买外国电商的商品。

在 PayPal 积极地进行全球扩张的同时,PayPal 的国际化优势也赢得了众多中国品牌商家的认可,正有越来越多的中国品牌开始与 PayPal 牵手,把自己的品牌推向全球市场。

2012 年 2 月 16 日,PayPal 宣布与中国领先的在线旅行服务提供商——艺龙旅行网达成合作,PayPal 开始作为新的在线支付选择登录艺龙旅行网的英文网站,帮助艺龙开拓海外市场和提升海外用户在机票预订过程中的支付体验。通过这次合作,艺龙承诺的"7×24"小时实时优质服务,将惠及 PayPal 遍布全球 190 个市场的 1.06 亿用户,他们从此可以通过 PayPal 账户,在艺龙旅行网上安全便捷地在线预订和购买国际和中国国内的机票。配合 PayPal 支付方式在英文网站的成功上线,艺龙旅行网推出了"PayPal 预订机票,手续费直减 3%"的优惠政策。

日益风靡的在线旅行服务,在推动中国旅游市场持续高速发展的过程中,正在发挥着越来越关键的作用。根据艾瑞咨询统计的数据显示,2011 年中国在线旅行预订市场达到了 1 672.9 亿元的交易规模,与 2010 年的 1 037.4 亿元的交易规模相比增长了 61.3%。以后几年,中国在线旅行预订市场的增长率保持在 45% 左右。另外,据国家旅游局的统计显示,2010 年我国已成为第四大出境旅游消费国和全球第三大入境旅游接待国,近年来我国涉外旅游的市场规模正在快速增长。

在线旅游服务业的快速发展,带来了更加激烈的行业竞争。为了应对行业竞争,众多在线旅行服务提供商都在积极寻找更具特色的多元化发展方向,打造自己的核心竞争优势。艺龙与 PayPal 的合作,一方面为频繁需要出行的海外商务人士和旅行者在线预订和购买国际和中国国内的机票,提供了安全便捷的支付方式;另一方面也增加了艺龙在拓展海外用户市场中的优势,使艺龙能够赢得更多消费者的青睐,从而在激烈的海外市场竞争中夺得先机。

艺龙旅行网 CEO 崔广福表示:"除了覆盖全球的丰富航线选择和量身定制的飞行计划,艺龙旅行网致力于以放心预订、安全支付、快捷出行的在线预订体验,为不同需求的客户提供差异化的优质服务,因此我们始终坚持全方位评估并选择最值得信赖的合作伙伴。艺龙相信,PayPal 广阔的全球用户资源及在全球 190 个市场的丰富支付经验将帮助我们进一步拓宽客户群,并为我们搭建更加完善的、覆盖全球的服务网络提供持续有力的支持。"

"作为国内在线旅行预订领域的翘楚,艺龙旅行网丰富多样的旅行产品组合与 PayPal 数以千万计活跃用户对出行的需求不谋而合。作为被全球用户高度认可和信赖的在线支付方式,PayPal 携手艺龙网使得广大用户能够以更快捷、更安全的支付方式,享受艺龙引以为豪的在线预订服务。"PayPal 中国区总经理田毓中表示,"艺龙旅行网始终关注用户需求的服务理念及积极创新的业务模式与 PayPal 帮助中国商户走出国门、开拓全球市场的愿景相得益彰。凭借 PayPal 在全球市场的影响力和广阔的用户覆盖范围,我们相信双方的合作必将为艺龙带来服务品质的更大提升和海外用户业务的更高增长,同时我们也期待在不远的将来与艺龙共同拓展更广阔的合作空间。"

通过上面两个例子我们不难想象,PayPal 在中国的跨境电商支付领域已经占领了大部分市场,而它在欧美地区的普及率更是极高,几乎可以说是全球在线支付的代名词。而它在支付领域的优势,从以下几个方面可见一斑:

(1) PayPal 的业务领域可以覆盖国外 85% 的买家,所以更容易拓展海外市场。

(2) 针对 1 万美元以下的小额交易,使用 PayPal 成本更低,比西联和 TT 要划算得多。

（3）因为国外很多买家都已非常习惯使用 PayPal，所以使用 PayPal 可以加强买家对商家的信任度。

（4）PayPal 比起银行汇款要省时、省力得多，而且能够做到即时到账。

（5）PayPal 具有丰富的防欺诈经验和完善的安全保障体系，风险损失率仅为 0.27%，不到使用传统交易方式的 1/6。

（6）支持多种付款方式，包括国际信用卡。

（7）不产生任何开户费及年费，只有在交易时才需支付费用。

【思考与习题】

1. 简述跨境第三方支付发展现状。

2. 跨境支付给外汇管理带来哪些新挑战？

3. 简述跨境支付发展的思路。

4. 跨境支付领域存在的哪些竞争？

项目四

跨境电商供应链管理

对跨境电商而言,供应链管理有着至关重要的意义。供应链物流关系到跨境电商商品的实体流动,对跨境电商的发展起着至关重要的作用。

第一节　完善供应链一体化服务

一、供应链管理及供应链管理的内容

对跨境电商而言,供应链管理有着至关重要的意义。那么,所谓供应链管理到底指什么? 供应链管理翻译成英文是 Supply Chain Management,也可以简称为 SCM,它是指一套完整的管理方法,目的是在满足一定的客户服务水平的前提下,最大限度地降低成本,同时将制造商、仓库、供应商、配送中心和渠道商等有效地组织在一起,进而完成产品制造、分销、转运、销售等商业活动。简单来说,供应链管理包括了五项基本内容,即计划、采购、制造、配送、退货,如图 4-1 所示。下面我们将对这五项基本内容进行详细分析。

（1）计划。它是供应链管理的策略性内容。也就是说,想要实现对所有资源的管理,以满足顾客对商品的需求,就必须制订一个切实、高效的策略和计划。成功的计划是在为客户提供高价值、高质量的商品或服务的同时,尽量降低运行的成本,同时让整个系统运转更加顺畅、高效。而要实现这些目标,一系列有效的监控方法也是计划中必不可少的内容。

（2）采购。它需要你先选择一个合适的供应商,来为你提供需要的货品或服务,并且完成定价、配送、付款等,然后一起建立一套管理和监控这些流程的方法,以完成付款、提货、核实货单、转送货物等。

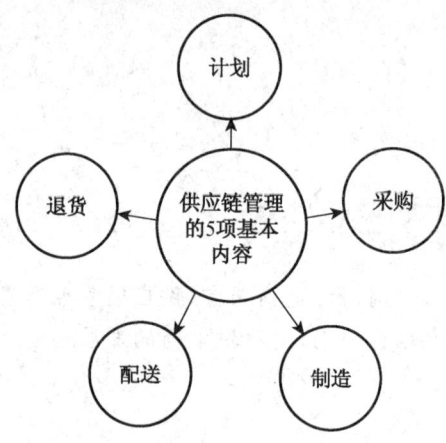

图 4-1　供应链管理的 5 项基本内容

（3）制造。它是整个供应链中需要测量内容最多的部分,具体包括安排生产、测试产品质量、打包和准备送货等项目。在这些活动过程中,工人的生产效率、质量水平、产品产量等都可能成为测量的内容。

（4）配送。在电子商务领域,这项内容通常被称为"物流",是指接收订单收据、建立货品计价系统、接收付款、通过物流公司的仓库网络运送货物、由送货员提货并且送到客户手中的过程。

（5）退货。它指的是供应链管理中出现问题时的处理、应对内容,目的是在产品出现问题时为客户提供支持或服务,以及帮客户收回多余产品、次品。

如今跨境电商业务的快速发展,在给外贸企业带来发展机遇的同时,也对其提出了更多的要求和挑战。想要在跨境电商领域站稳脚跟,绝不再是销售商品那样简单,企业还需要为消费者或客户提供高质量的服务,从而提升消费者或客户在购买过程中的满意度和幸福感。

就像现代营销学之父菲利普·科特勒所说的:"顾客就是上帝,若没有他们,企业就难以生存。因此,企业所制订的所有计划都要以挽留顾客、满足顾客为出发点。"跨境电商企业想要在该领域里获得长足的发展,赢得顾客的心,也必须遵守这个原则,以敏捷、灵活、高效的服务来满足顾客的需求。在跨境电商领域快速发展的当今形势下,对整个供应链进行整合和管理,提高整体服务质量,也就成为该领域的必然发展趋势。

二、供应链管理方法

下面我们来看看两种在具体实践中已经得以实现和运用的供应链管理方法。

(一) 快速反应

快速反应(quick response,简称 QR),具体到跨境电商领域,就是指在小批量、多品种的买方市场中,储备了各种有用的或者应急的"要素",而不是简单地储备"产品"。这样一来,无论顾客提出什么要求,企业都能够做到快速反应,迅速提取所需的"要素",并且及时进行有效"组装",为顾客提供所需的商品或服务。这一供应链管理方法在美国得以应用的案例,就是美国纺织服装业的发展。

(二) 有效客户反应

有效客户反应(ECR)是指物流企业在面对多品种、小批量的客户需求,不再是储存产品,而是储存各种生产要素、当客户提出需求时、及时提取生产要素进行组装,从而提供所需产品或服务。

快速反应(QR)和有效客户反应(ECR)这两种供应链管理方法可以说是各有侧重点,具有一定的差异性,同时也有一些共同之处。

(三) 快速反应(QR)和有效客户反应(ECR)存在的差异

在跨境电商领域,ECR 比较适用于那些更新换代比较慢的行业,比如杂货业,好处是可以提高效率,降低供应链各环节的成本。QR 在一般商品行业和纺织行业比较适用,优点是能够实现快速补货,而且方便对顾客的需求作出快速反应。

以杂货业与纺织服装行业为例,它们的产品特点有很大的差异:纺织服装业经营的产品款式变化非常快,而每一种类型或款式在市场上流行的时间又比较短,所以在一段时间内其订购数量的多少对是否盈利会产生很大的影响;杂货业则不同,它所经营的产品一般都是功能型产品,每一种类或者款式的产品在市场中存活的时间比较长,因此可以进行长期销售,短时间内的订购数量多少对企业的影响比较小。

这些差异的具体分析如下:

(1) 侧重点不同。QR 侧重于迅速响应顾客要求,缩短交货提前期,快速满足客户需求;ECR 侧重于让供应链运行更有效,消除或减少供应链的浪费。

(2) 管理方法不同。QR 更依赖于信息技术去实现商品的快速补发,另外可以通过联合产品保证新产品迅速上市;ECR 更注重有效的商品管理、有效促滚动。

(3) 适用行业不同。QR 适用的行业一般特点是:单位价值较高,可替代性差,购买频率低,季节性强;ECR 适用的行业特点是:产品单位价值较低,可替代性强,购买频率高,毛利少,库存周转率高。

(四) 快速反应(QR)与有效客户反应(ECR)之间的共同特征

在跨境电商领域,两者都是通过合作来实现物流的高效率,具体可以从以下三个方面表现出来:

（1）要求跨境电商的伙伴们之间形成共享商业信息的共识。

（2）商品供应方都有意向商品零售业迈进，为此都要求合作方提高物流服务的质量。

（3）合作伙伴之间的订货、发货业务全部通过 EDI 来实现，这样订货数据或出货数据都能实现无纸化高效传送了。

三、供应链管理的优势

通过以上对供应链管理的内容和方法的分析，我们对供应链管理有了一个基本的认识，那么相对于传统的物流管理，供应链管理又有哪些优势呢？

简单来说，在货物流、成本、计划、组织间关系、信息流、风险、存活管理方式等方面，供应链管理与传统的物流管理都存在着很大差异。相比之下，供应链管理比传统的物流管理在很多方面都具有明显的优势。

1. 存货管理与供货物流方面

在供应链管理中，存货管理是通过协调各个供应链成员之间的供应关系，来降低存货成本；而传统的物流管理则显得较为被动，需要根据供应链成员的主动权问题来实现存货管理，其结果往往是将存货向前推或向后延。

其实，传统的物流管理只是转移了存货，把存货问题推给了供应商，以减少自己在渠道中的存货投资。若想解决这个问题，需要实现生产计划信息的共享，如生产计划、预期需求、订单等信息；若是能够减少存货过程中的不确定性，也能实现较好的存货管理。

2. 成本方面

为了优化供应链，供应链管理需以减少产品最终成本为出发点的。所谓最终成本是指产品从生产到送至客户手中的总成本，其中包括采购价格、物流成本、存货成本等。

相比之下，传统的物流管理只能在公司内部实现内部的成本控制，对成本的总体控制性较差，很难统筹或兼顾商业全局。

3. 风险与计划

在供应链管理中，供应链成员之间需要共同协调和沟通，制订供应链计划，同时商业风险也是由大家共同承担；而在传统的物流管理中，风险与计划都只能在公司内部完成和承担。

4. 组织间关系方面

在供应链管理中，供应链成员之间达成合作的基础是对最终成本和所获利润的精确控制，因此组织间的关系更和谐、稳定；在传统的物流管理中，商业关系中的各个成员之间没有沟通，没有合作，只能从自身出发降低成本、预计利润，可发挥和控制的空间很小。

从以上几点我们可以看出，供应链管理比传统的物流管理具有更大的活力和发展空间，也能够帮助供应链成员更好地控制成本，获得利润。不过，虽然有诸多益处，但是要成功实施供应链管理并不是一件容易的事情。最大的难题就是，各供应链成员之间需要开诚布公地合作，实现信息和资源的共享。想一想，对利润点、追求目标不同的各家企业而言，做到这一点是多么困难的事情。而且在商业领域，企业之间在合作的同时，可能更是竞争对手，想要实现信息共享难上加难。

因此，想要让供应链管理得以成功，就必须在各节点企业保证以下方面达成合作共识：

供应链管理的政策和程序、最终客户的服务需求水平、在供应链中存货的位置及每个存货点的存货量等。只有做到这些,才能实现供应链管理的一体化服务,给顾客带来更好的消费体验。

第二节　供应链管理:强化品牌

一、跨境电商平台企业的标杆——大龙网

在广交会上,有越来越多的外贸型企业指出,跨境电商平台正逐步成为它们展开竞争的主要战场。这表示跨境电商产业在风头正劲、发展迅猛的同时,也正在步入激烈的竞争阶段。

据不完全统计,我国通过各类跨境电商平台步入跨境电商领域的外贸企业已经有20多万家,而跨境电商平台企业也已超过5 000家。在这些庞大的数据背后,实际上展开的将是一条"机遇与挑战并存"的诱惑之路。

中国的跨境电商平台企业,想要创造出一个强大的"中国品牌",就必须着力于供应链管理的竞争,因为这种跨越产品管理、人才管理、资金管理等方方面面的一体化管理模式将是跨境电商平台的必经之路。

大龙网作为国内跨境电商企业,在跨境电商供应链管理方面成功打造出了一条新模式,给整个行业树立了一个供应链条模式新标杆。

(一)大龙网的运营模式

客观来说,虽然中国目前已经产生了大量的跨境电商平台,但是能够建立起完整的成熟的供应链的企业还是少数,其中大龙网就算一个。大龙网所提出的"全球网商供应链"理念就是让交易链条中的每一个环节都能够默契地融合在一起,形成一个有机整体,这实际上就是对贸易平台传统经营方式的一种突破和创新。业内人士也评价道:"能够有序且有效的整合物流、资金、商品等全面的交易资源,形成完善的供应链,这成为跨境电商成功的关键,大龙网的新理念无疑具备了这样的实力。"

对大龙网的运行模式进行深入了解后,我们可以看到,大龙网对自己的定位是"全球供应链合伙人""跨境电商供应链合伙人",而业务重点则是帮助全球跨境电商企业做在线跨境采购和销售。它所提供的服务涉及供应链管理、商业关系维护、云库房全球仓储递送服务、运营技术开发与管理、跨境交易及结算实施服务等多项业务,可以为合作伙伴提供优质、快捷的供应链服务,如图4-2所示。

(二)大龙网的供应链合伙人定位

关于供应链合伙人定位,大龙网是通过对内和对外两个板块来实现这一理念的,如

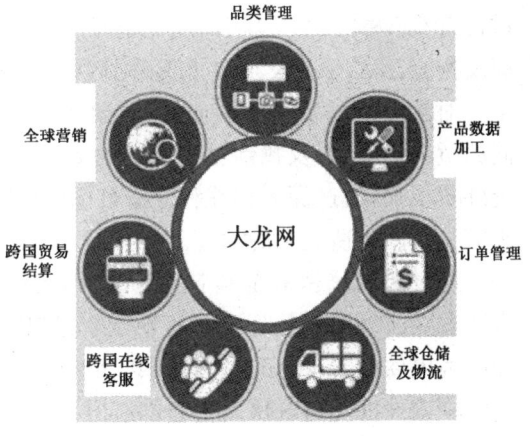

图4-2　大龙网提供跨境电商全程服务

图4-3所示。

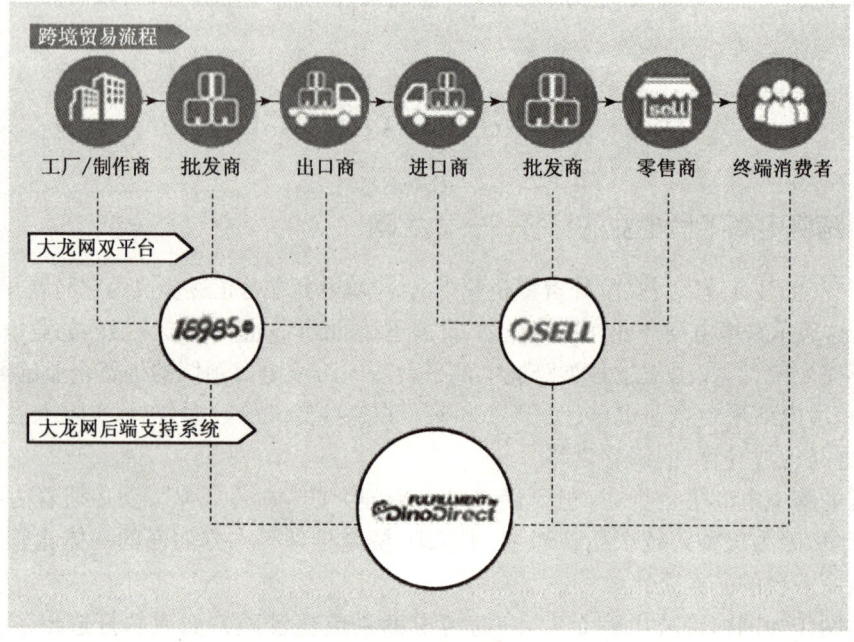

图 4-3　大龙网跨境贸易流程

对内：作为一家国际性公司，大龙网除了在新加坡设有公司总部外，在中国杭州、深圳、上海、广州、大连等城市都建有子公司。从战略布局上看，"内陆总指挥＋沿海作战部＋海外推广部"的模式已经基本形成，借此它可以有效覆盖中国最具代表性的生产基地，如长三角、珠三角等。与此同时，一些重要的外贸窗口如美洲、欧洲、东南亚、俄罗斯等地区和国家也可以覆盖。在内部经营上，大龙网将中国中小企业的优质产品进行了系统的整合，也逐步形成了独特的供应商方面的优势。目前，大龙网上的产品几乎涵盖了所有的商品品类，商品种类超过 2 000 万种。

对外：大龙网建立了全球经纪人体系，能够全球经纪人实现一对一服务，而且大龙网通过自有多语种"7×24"客服中心服务于为全球批发商和各零售终端，通过提供本土化服务、仓储及物流、商品采购及质检、应用程序接口（API）对接等服务项目为用户和合作伙伴服务。

对众多跨境贸易商家而言，只要实现与大龙网的对接，就有可能成功应对各个国家不同的贸易形式，以及找到更受青睐的商品。大龙网相关负责人表示，大龙网将彻底改变传统外贸模式，通过深入跟踪和分析目标市场的消费、季节、文化等特点来建立一条沟通海外买家与中国制造之间的通道。

通过布局严密的全程服务，大龙网已经打造出了相当完善的跨境电商服务链条，而这意味着在前景广阔的跨境电商领域它已经占得一定的先机。有业内专家说"得供应链者，得跨境电商的未来"，大龙网的供应链布局之路正是号准了跨境电商的脉搏，可以预见未来它与国内外供应链合伙人一起创造出更好的发展前景。

如今跨境电商行业已经有了这样的共识：发展跨境电商业务，供应链必须要先行！供应链也是服务贸易中重要的组成部分,做好供应链管理,对中国制造的未来也许会产生不可估量的巨大作用。

在中国经济领域,服务业大概占43%的比例,而在世界经济体系中,服务业所占的比例高达70%。从这两个数据中我们不难看出服务业对经济的巨大贡献,而中国跨境电商未来的发展也将取决于供应链服务水平。

如今,除案例中提到的大龙网之外,国内外其他的外贸电商巨头也纷纷将目光放到了供应链整合和物流强化方面。例如,出口易在英国、德国等地建物流仓,阿里巴巴通过收购深圳一达通公司实现海外布局,中国制造网跑到美国开设海外仓,等等,这些都在告诉我们一个事实——中国电商在供应链环节所下的血本是越来越大了。

二、供应链管理方面需要注意的问题

在供应链管理方面,我们总结了以下几个需要注意的方面,如图4-4所示。

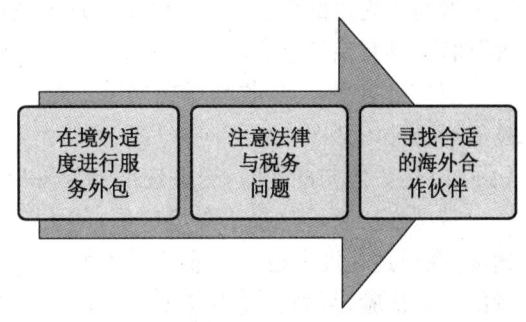

(一) 在境外适度进行服务外包

做企业并不是将所有业务都揽在自己手里才好,比如在欧洲本土的业务,最好选择与本土的企业进行业务合作,而不是自己组建部门招聘员工。因为像欧洲社会体系已经高度成熟的国家,分工非常明确,雇佣人力成本

图4-4　跨境电商供应链管理应注意的3个方面

也较高,无论是招聘还是解雇员工都需要付出高昂的成本,所以最好还是借助当地的力量来实现企业布局比较好。需要注意的是,企业在欧洲本土如果像在中国大陆一般随便解聘员工,甚至可能会受到法律的严厉制裁,因此还是慎重为好。

(二) 注意法律与税务问题

还以欧洲市场为例,在欧洲,银行及税务部门会严格监管各种商业活动,所以中国企业应该做到合法合理纳税、避税,不可存侥幸心理,不可急功近利,否则会影响企业的长远发展,甚至造成巨大损失。

2012年西班牙就曾发生过一场名为"皇帝行动"的打黑活动,牵涉其中的华人公司被罚没现金1 000多万欧元,给华人贸易圈带来了惨重的损失,可谓是一个相当惨痛的教训。发生这样的事情,多是因为华人对当地法律、法规不了解。如果还按照中国人固有的思路来办事,难免会引起冲突。

因此,跨境电商企业在开拓和整合海外供应链的时候,特别是组建海外建仓业务时,要特别注意当地的税务问题和法律、法规。

(三) 寻找合适的海外合作伙伴

目前,着手在跨境供应链整合方面发力较大的都是一些民营企业,它们与国企的财大气粗相比,在资金方面还是比较匮乏的。因此,中国跨境电商企业在寻找发展之路的过程中,往往会选择与境外的当地著名品牌进行合作,而这样做也确实会让企业的发展少走弯路。

在海外,如何与商业协会组织及政府部门打好交道,如何融入当地的主流社会,如何更快地熟悉当地经商环境等,这些方面都是中国企业的短板,而且在短时间内往往很难弥补。因此,找到一个口碑好、实力强的海外合作伙伴,对中国的跨境电商企业而言是非常重要的。若双方合作得好,的确是一个事半功倍的选择。

第三节　供应链管理:提升效率

前面提到的大龙网,在供应链管理方面成功打造出的一个新模式。作为电子商务企业巨头的亚马逊在供应链管理方面也成效卓著,而且在这方面有着自己独到的经验和方法。亚马逊利用先进的信息技术,有效提升了供应链效率。这对于想要成功走出去的"中国品牌"而言,具有借鉴意义。

亚马逊自 2004 年收购卓越网后,一直希望对卓越的 IT 架构进行升级改造。2007 年卓越亚马逊开始从图书零售向百货零售转型,到 2010 年的 4 年间,卓越亚马逊的商品数量增加了 40 倍。但与此同时,送货速度却不降反升。

转型之初,SKU(最小存货单位)的大幅增加,严重影响了卓越亚马逊的供应链的反应速度,在送达速度上也一度输给了竞争对手当当网。配送速度的减慢直接影响了前端消费者的用户体验,从而一度引来了众多消费者的抱怨。

2009 年 10 月那个凭借 IT 技术征服华尔街投资人的美国公司亚马逊,完成了对卓越亚马逊 IT 架构的改造。卓越亚马逊的供应链完全实现了在亚马逊系统上的运行,电子商务供应链管理的精髓真正复制到了中国,配送速度低的情况也得以改善。

快速反应的供应链是优化消费体验的关键,而供应链管理的核心竞争力在于信息技术的应用;货物随机摆放使理货流程效率最大化,还能最大限度地利用空间。

一、"乱"的逻辑

坐落于通州区的亚马逊北京运营中心,总面积 4 万平方米,相当于 5 个足球场大。运营中心百货区里,负责码放商品的员工的推车里杂放着各类货品,他们走近货架,见到空隙就直接把推车上的商品塞进去。货架上,各种类型的商品被杂乱地摆在一起,并没有分门别类,比如显示器旁边塞着件羽绒服,儿童玩具可能和厨房用品放在一起。

这样"杂乱""无规律"的库房摆放令人感觉疑惑,但卓越亚马逊北京运营中心总经理周涛却说:"对于库房来说,我所需要的数据就是货物的长、宽、高和重量这些要素。"在他看来,货物随机摆放可以最大限度地提高空间利用率,并能实现理货流程的效率最大化:理货员只需要按照长、宽、高等空间要素将货物放上货架即可,不需要判断货物本身是什么。这些理货员运用手持终端扫描设备,在摆放货物的同时,通过扫描货物的条形码和货架条形码,就可以轻松定位并记录每件商品的位置。

与理货员一同在货架空间中穿梭往来的还有配货员,他们每个人手上同样都拿着一个手持终端。他们的手持终端里有根据系统订单自动编排的数据,手持终端会告诉配货员:他手上的所有订单的货物的具体位置和最优化的取货行进路线。只需按照手持终端的指令,配货员便会以最短的路线和最少的时间将货物配齐,大大提升了配货效率。

周涛说,亚马逊北京运营中心每天处理数以万件的商品,在这种"乱"的逻辑下,平均每张订单比原来节约了 3 分钟时间,整个运营效率提高了三四倍。

良性供应链管理的精髓就是通过预测消费者的需求,对订单作出主动反映,互联网在这方面极具优势,而亚马逊就是通过后台系统将这个优势最大化。

二、预测式响应订单

"亚马逊进入卓越之后,与之前的卓越以及国内同类的 B2C 电子商务网站最大的不同就是:对订单的响应由被动变为主动了。"卓越亚马逊总裁王汉华说,在过去,一般先是消费者下订单,再由订单带动整个供应链运作来满足消费者的需求,传统的供应链管理大多只能被动地响应消费者的需求。然而,良性供应链管理的精髓在于运用互联网通过预测消费者的需求,主动反应订单。

王汉华说,亚马逊经过多年的累积已经形成了强大的数据库,系统根据这个数据库可以预测某个产品的某一型号在某一个地区一天大概的订单量。假如北京的某个客户,需要在亚马逊上订购某本畅销书,系统会根据历史数据预测出这本书在北京当天的销量,而图书供应商备货、发货的时间在系统中也有记录,假定为 3 天。根据系统的订单预测和备货周期记录,亚马逊的采购部门,就会在 10 天前将这个订单发给图书供应商。那么,在消费者下订单之前,这本书就已经在库房里准备好了。

在美国,供应商的后台系统与亚马逊的系统实现了直接对接,从而保证了产品从供货仓储到配送的效率最优。然而,由于国内的供应商管理水平参差不齐,要求所有的供应商都与亚马逊实现系统对接并不现实,这意味着卓越亚马逊要完全复制亚马逊的美国模式却困难重重。

王汉华说,卓越亚马逊计划以培养合作商的方式来扭转这种局面。以图书为例,在传统渠道的退货率往往达到 20%,而图书供应商很难对传统渠道的实时销售情况进行预测。于是,卓越亚马逊就积极引导并帮助供应商与亚马逊实现系统对接,这样供应商就可以预测每本图书每天的销量并根据这个销量进行供货。这样一来,就可以保证畅销书不会断货,也不会造成长尾类图书大量堆积在亚马逊的仓库。

与许多电子商务企业仓库之间存在总仓和分仓的关系不同,卓越亚马逊的仓库之间没有从属关系,全国任何一个消费者下的订单,系统都会自动根据相应的订单数据匹配给发货成本最低、到达效率最高的仓库。

三、由系统来匹配最佳仓库

如何确定客户订单与发货仓库之间的匹配关系?怎样及时有效地处理消费者付费的加急订单?这些问题都是对卓越亚马逊的供应链管理水平的极大考验。

春节前夕,理货员会把那些春节期间的畅销图书和其他热销的商品摆放在离包装区最近的区域;对于那些付费加急订单,系统会在消费者下单时,就自动识别出来并打出红色标志,而配货员会根据红色标记优先处理这样的订单。

为了方便物流公司的货车每天定时来取货,已经包装好的商品,会按照不同的区域进行堆放。卓越亚马逊在全国有北京、苏州、广州、成都四个仓库,与许多电子商务企业仓库之间存在总仓和分仓的从属关系不同,卓越亚马逊的仓库间没有从属关系,全国任何一个消费者下的订单,系统都会自动根据相应的订单数据匹配给发货成本最低、到达效率最高的仓库。

物流配送质量是提升消费体验的关键环节,对电子商务企业而言,物流配送在供应链中的位置可谓至关重要。在美国当亚马逊决定进入一个局部市场时,往往可以借助第三方物流的力量,实现快速地成长,这是由于美国各城市的物流系统水平相对统一。

然而中国各级城市的物流体系差异很大,所以无法完全照搬美国模式。考虑到北京、上海、广州等一线城市的送货量比较集中,自建物流成本比较低,卓越亚马逊选择在这些城市自己做物流配送。而在其他地区,卓越亚马逊则选择与多家不同的物流公司进行合作,对于选择合作的物流公司,卓越亚马逊每年都会按照送达速度、准确率、顾客投诉率等指标进行考核。

信息技术的应用,使卓越亚马逊能够精准地控制仓储物流管理的所有环节,极大提升了库存管理能力与货物配载能力,从而能够为客户提供精准、快速、周到的配送服务,满足客户需求。用户体验的提升,自然会带来客户黏性的提高。卓越亚马逊的成功在于,信息技术的应用提升了供应链效率,使成本与提高服务水平实现了正相关。所以说,技术永远是推进商业革命的原动力。基于电子商务的供应链管理模式如图 4-5 所示。

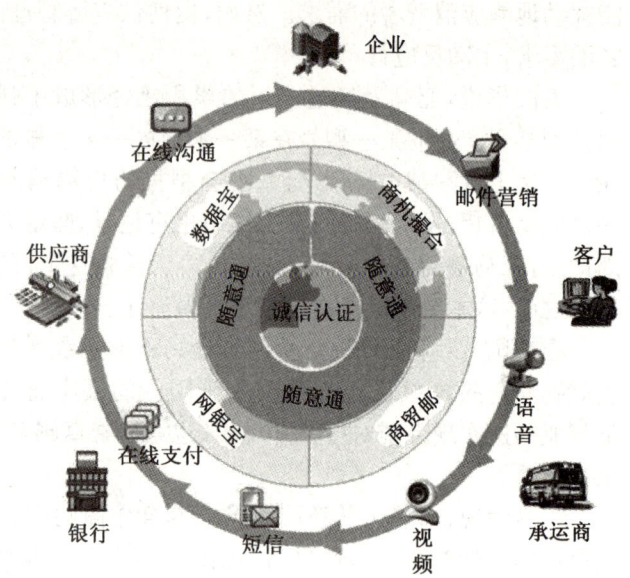

图 4-5　基于电子商务的供应链管理模式

第四节　跨境电商升级

2014 年 3 月对跨境电商领域而言是一个重要的时刻,因为正是由海关发布的《跨境电子商务服务试点网购保税进口模式问题通知》为跨境电商的发展确定了方向。而且,自文件颁发后陆续推出试点城市开始,跨境电商也将进入一个崭新的发展时代。如果此前跨境电商的"海淘+代购"模式可以称作跨境电商 1.0 时代,那么此后将迎来物流为王的跨境电商 2.0 时代。

2001 年中国加入世贸组织对出口业而言是一个契机,自此后,国内出口业迎来了繁荣发展的黄金十年。在这黄金发展期,出口企业用智慧和勤劳快速为国家积累外汇,至 2013 年年底,我国的外汇储备已经达到 3.82 万亿元。

另外,随着加入世贸组织,打开国际贸易之门,来自不同国家和地区的商品也开始疯狂涌入国内市场。2013 年全年,中国的进口贸易总额就达到了 1.95 万亿元。与此同时,中国消费者的消费需求也随之变得多样化和高质化。

从宏观经济来看,经济的发展和出口贸易的发展增加了人们的收入,同时人民币的购买力也在不断增强,因此中国消费者对于海外产品的购买能力也是水涨船高。相应地,中国消费者也越来越渴望从海外购买到更优质、实惠的商品。

我们知道,进口商品需要缴纳消费税、进口关税、增值税等,进入中国市场后还要花费不少的仓储成本,再加上分给各级分销商的利润,最终商品到达消费者手中时价格可能已经翻了好几番。

因此,对中国消费者而言,在国内购买进口商品自然算不上实惠。而在中国外贸发展的黄金十年里,正好也是互联网飞速发展的时代,在两者的相互催生之下,再加上传统进口商品购买渠道的高价问题,消费者在了解越来越多的海外信息之后,也逐渐发现相同产品在国内外的巨大差价,于是"海淘+代购"模式的跨境电商1.0时代便随之诞生。

近些年中国国内商品的质量不断遭到质疑,最具代表性的事件就是三鹿奶粉事件。于是,相比之下更具有质量保障的海外产品成了中国消费者的无奈选择,海淘队伍也由此更为壮大起来。在这样的发展演变中,对每个家庭、个人而言,他们只是在海外淘些化妆品、日用品、奶粉;而对国家而言,则意味着海关个人邮件关口应接不暇的国际快件;同时,对一个行业而言,则意味着物流领域如雨后春笋般冒出来的国际华人转运公司。

从海关总署发布的文件中我们能够看到这样的数据:至2013年底,中国个人跨境网购市场总量已经突破了700亿元,当然在这个数据中是不包括那些灰色进口渠道的。另外,来自联邦转运方面的一份市场调研报告告诉我们:2014年,中国个人跨境网购市场总量突破2 000亿元。

通过我国跨境电商的发展和升级之路,我们已经对跨境电商有了一个基础的认知。下面,通过对跨境电商1.0和2.0时代其优势与劣势的分析,以期对跨境电商的现在和未来有一个更系统全面的了解。

一、以货源和渠道为王的跨境电商1.0时代

(一)跨境电商1.0时代的优势

在跨境电商1.0时代,海淘+代购模式是其存在和发展的基本模式。可以说,在这个时代,谁能够找到更优质的货源,谁能够获得更优惠的价格,谁就能够抢占市场。

1. 货源

最初开发出海淘代购模式的是一些旅居海外的华人,他们有条件直接在海外购买商品,而且能够利用国内外信息的不对称性获得差价或者佣金。在这个时期,他们购买商品后,一般会选择国际平邮寄回国内。

但是,随着互联网信息越来越透明,利用国内外信息不对称型来赚取差价或佣金的优势已经越来越不明显。不过,相比而言,海外代购还是有着巨大优势,比如在美国大部分购物网站都要求购买人提供美国私人地址和信用卡账户,于是国内海淘者在困扰之余,也只能无奈地向代购者购买海外商品了。

2. 渠道

为了顺应大批国内海淘者出现的这一市场需求,海外华人也开始创建转运公司,帮助

国内海淘者收货,然后再将商品转运回国。在此过程中,这些转运公司通过收取国际运费和管理费而盈利。通过这种海淘模式,消费者买到的商品的最终价格更加低廉,因此很快获得了市场认可。

由此,此类的转运公司也开始大量建立起来。有大批同行加入,自然也就少不了市场竞争,而竞争的关键就是进口渠道。此前,对于个人网购物品国家采用的是邮政清关,存在监管困难、效率低下等问题,再加上通过港澳台转口、走私等灰色通关渠道的加入,导致这些转运公司的服务质量具有较大的差异。

在这种情况下,谁能掌握优质通关渠道,谁能保证商品的高效、稳定通关,谁就能更好地占领市场。于是,衡量这类转运公司优劣的一个最重要的标尺,就是通关能力。

(二)跨境电商1.0时代的劣势

跨境电商1.0时代有三个劣势,如图4-6所示。

1. 交易成本较高

首先,国内消费者在面对互联网上海量的转运、代购信息时,需要花费大量的时间和精力去对比、询价等。其次,在确定了货源、运输方式等问题后,消费者还要投入不小的资金去

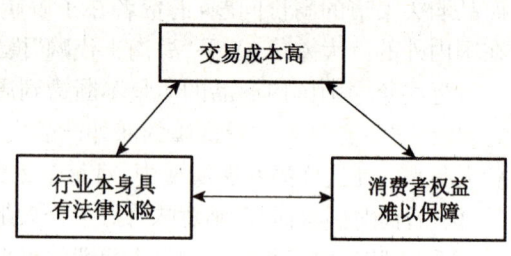

图4-6 跨境电商1.0时代的劣势

"试错",因为相隔大洋两岸的买家、卖家和中间人毕竟都不认识,而且没有正规的信用认证,消费者很难保障不出差错,所以还要花钱"试错"。

2. 消费者权益难以保障

因为很多难以解决的现实因素,交易过程中很难确保有信用保障和法律保障。另外,在收到商品后,对于商品本身的售后、退换、真假等问题也难以解决。若消费者权益受到侵害,比如收到假货,也很难维权,只能自认倒霉了。毕竟在交易过程中缺乏有效的监管部门,而采取国际维权的话成本又太高。

海淘商品还有具有时效不稳定的特点,有时可能一个月甚至几个月后才能收到商品,这同样是对消费者权益的侵害。

3. 行业本身具有一定的法律风险

在海淘模式中,难免存在一些转运公司采取违规操作,通过一些灰色渠道来转运货物,而一旦被海关认定为走私品,海淘消费者所购买的个人物品也将会被罚没或者销毁。

另外,一些转运公司在没有资质的情况下,会铤而走险将商品层层转包,而一旦公司运营失败,这类公司就可能在收款后携款逃跑,给消费者带来巨大的经济损失。

二、物流为王的跨境电商2.0时代

以2014年3月中国海关发文为转折点,跨境电商"海淘+代购"模式即将终结,一个崭新的时代由此拉开序幕。在相关监管保障制度、准入标准、行业标准等相继确立之后,全球将会发展成为一个有序流通的外贸B2C市场。待跨境电商领域越来越成熟、完善之后,终端消费者面临的将不再是求购无门的尴尬,而是由一张互联网连通起来的全球电商。

由此,"海淘+代购"模式中局限于货源和渠道的瓶颈将被彻底打破,而决定跨境电商

企业成败的关键也不再是货运和渠道，而是物流供应。

毫无疑问，在国家监管体系将跨境电商业务的货源与渠道纳入监管之后，今后跨境电商的竞争焦点将是物流供应链的解决方案，如图 4-7 所示，其解决方案重点体现在以下三个方面。

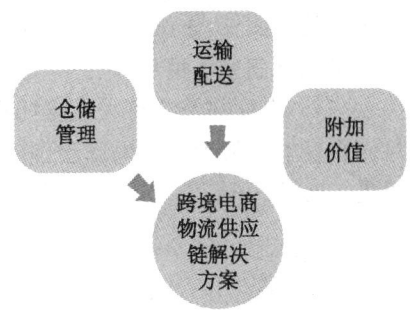

图 4-7　跨境电商物流供应链解决方案

（一）仓储管理

仓储管理趋于智能化、规范化、定制化。跨境电商的物流仓储一般是除买方和卖方之外的第三方外包仓储物流。以联邦转运来举例，想要实现全球快运，就需要在全世界的各个货源地建立仓库，并且形成一个全球性的仓储转运网络。这无疑要求在仓储管理方面必须做到智能化、规范化、定制化，这样才能更好地满足跨境电商交易的需要。

仓库使用者和仓库之间可能相隔千山万水，如果不能通过智能化、规范化的管理，以现代技术对仓库进行智能遥控，又如何能够满足跨境电商对物流速度和质量的要求，实现信息流、物流的无缝对接呢？

另外，跨境仓储所面临的客户可能千差万别，总体上可分为 B2C 商业用户、个人用户两类，因此有必要针对这两种用户类型制定不同的仓管流程。另外，为了满足消费者高质量的用户体验，在仓管系统中也有必要加入一些个性化模块，而这些也就是这里所强调的定制化。

（二）运输配送

在运输配送方面，要求跨境电商物流企业精简物流的中转环节，加强自身的风险控制能力，并且严格选择合作伙伴。在跨境电商 1.0 时代，商品需要经过层层转包，甚至"过五关斩六将"才能最终到达消费者手中。在不断增加交易风险的同时，消费者还必须承担这些过关斩将和转包的费用。而一旦在运输配送过程中出现丢失、损毁等问题，因为各方的相互推诿，消费者也很难维权。

而现在，以联邦转运为代表的试点企业在终端消费者达成运输配送协议的同时，也必须独立承担运输合同中所规定的相应义务与责任。这在保障跨境电商领域有序、稳定发展的同时，也对跨境电商物流企业提出了较高的要求：精简运输环节，独立运营整个配送过程；提高选择合作伙伴的标准，提升公司的抗风险能力。可以说，这既是国家试点项目对跨境电商物流企业作出的要求，也是市场发展的必然选择。

（三）附加价值

所谓附加价值，就是加强对开拓市场、大数据、采购与供应链的管理。物流行业发展至今一直与电商相辅相成，甚至已经到了不可分割的地步。电商的快速发展带动了物流行业的今日繁荣，而物流能力的不足一直是限制跨境电商发展的一个重要因素。

因此，在跨境电商领域，物流行业急需从电商的背后走出来，站到一个并肩作战的位置，这样才能迎来跨境电商的繁荣时代。

各大电商企业想要提高品牌竞争力，就必须为终端消费者找到一个高效、优质、用户体验高的物流伙伴,否则辛苦打造的品牌会因为物流问题而毁于一旦。因此,品牌商想要打开跨境电商领域的市场,选择合适的物流合作伙伴就成了关键。

另外,电商物流具有大数据属性,只要能好好管理和开发这座数据宝库,就能在电商领域获得良好的发展。阿里巴巴国际平台也正是在做这件事情。大数据的价值从图4-8就可见一斑。

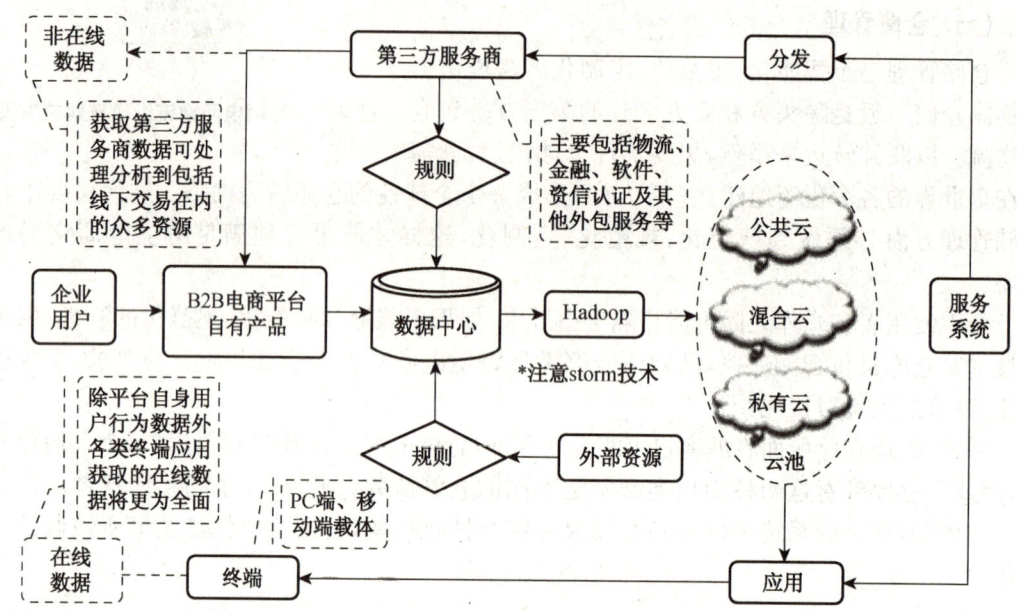

图4-8 大数据技术在物流供应链领域的应用

从以前的分析中我们可以预见:在未来相当长的一段时期内,想要成为跨境电商战场上的王者,就必须解决好以上三个方面的问题,只有这样才能迎来更好的发展空间。

三、物流电商时代,跨境电商正遭遇物流之痛

物流配送效率一方面影响卖家的运营成本控制,另一方面关乎用户体验的好坏。对很多卖家而言,物流已成为他们发展的瓶颈。如今,跨境电商正在遭遇多种痛点,如图4-9所示。

(一)痛点一:跨境物流配送速度慢

2013年5月7日,速卖通对货品发往俄罗斯的卖家最长承诺运达时间作出调整,由之前的60天上限延长到90天。这意味着,一个俄罗斯客户从速卖通下单,最慢的话,有可能3个月之后才能收到商品。

当前,使用中邮小包或中国香港小包,发货到俄罗斯和巴西等地的送达时间普遍在40~90天;

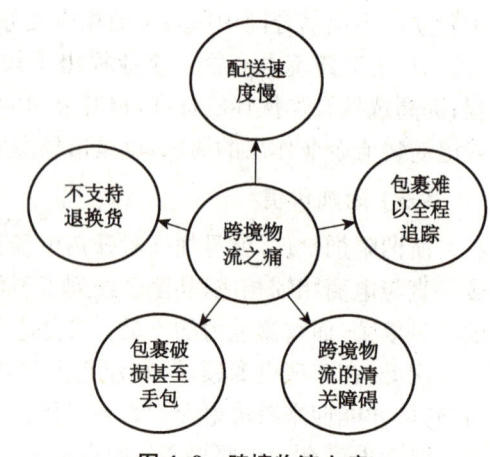

图4-9 跨境物流之痛

使用专线物流送达时间一般为 16～35 天。在 eBay 平台上,选择国际 e 邮宝往欧美地区发送货物,通常需要 7～12 天送达。缓慢的配送速度,正在严重制约跨境电商的进一步发展。为了提高跨境物流配送速度,也有越来越多的人正在努力,杭州海关的做法就非常鼓舞人心。

2014 年 5 月 19 日,一批来自杭州跨境贸易电子商务产业园的手机配件,在杭州萧山国际机场装机启程,直接飞往美国俄亥俄州。从此,杭州跨境电子商务出口商品开始了"家门口"通关的新时代。

"由于航线制约等原因,以往我们出口的跨境电子商务邮包都要从上海机场出发,既费时,又增加成本。"杭州泛远国际物流有限公司 E 物流市场部经理陈莉介绍说:"这下好了,我们出口又有了一条'近道',包裹从'家门口'就能直接交到美国客户手中。"

据杭州萧山机场海关监控查验科科长吴宇璋介绍,自 2013 年 7 月 8 日杭州跨境贸易电子商务产业园开园以来,跨境电商零售出口邮包数量迅速增加,截至 2014 年 4 月 30 日,共有 25 万余件邮包出口到 175 个国家和地区。

"如此多的邮包,以前只能走上海。"吴宇璋介绍,"为了构建一条浙江自己的跨境电子商务出口国际通道,杭州海关对跨境电商出口物流的数据特点进行了深入分析,并主动联系口岸办、机场公司和航空公司,促成这次的合作。"

杭州萧山国际机场 2014 年开通俄罗斯、新加坡和美国等多条新航线,新航线开通后跨境电商通过萧山机场出口货物覆盖更多的目的国市场。此举给跨境电商带来了极大的便利,促进了杭州市乃至整个浙江省的电商发展。

事实上,物流业一直都是阻碍电商发展的瓶颈。"家门口通关"为简化物流流程首开先河。

(二) 痛点二:跨境包裹难以全程追踪

中国电商物流业近年来的高速发展,使中国境内已基本实现包裹的实时追踪查询。所以,跨境物流的追踪问题,往往出在境外段,很多包裹出境后,就难以追踪了。

在物流发达的英美澳等英语系国家情况会好些,拿到单号后去相关的英文网站查询,一般可以追踪到;但对于一些小语种国家以及俄罗斯、巴西等物流极不发达国家,拿到单号后在相关网站,往往很难查询到包裹的投递信息。

只有境外段物流配送处于高度信息化水平,并能够与国内段物流配送实现信息对接,才能解决包裹的跨境全程追踪问题,这显然是一项长期的系统工程。

(三) 痛点三:跨境物流的清关障碍

不同于国内物流,跨境物流需要通过出口国海关和目的国海关两道海关关卡。在出口跨境电商物流中,在目的国海关经常出现扣货查验,货件退回发件地或要求补充文件资料再放行的处理,甚至直接没收。"没收"和"退件"会给卖家带来难以承受的损失,而"补充文件资料再放行"往往会延长配送时间,可能导致买家的投诉甚至拒付货款。

跨境物流中造成清关障碍的原因,主要来自跨境电商没有重视进口国的监管制度和目的国海关的贸易壁垒两个方面。此外,某些目的国海关没有信息系统支持,只能依靠人力清关,严重延长物流配送时间。

(四)痛点四:跨境包裹破损甚至丢包

在跨境物流的邮政系统中,揽件以后,货物往往需要经过四五道甚至更多次的转运,才能最终送达客户,非常容易出现包裹破损的情况。与此同时,使用邮政包裹或者专线物流,都会存在一定概率的丢包情况。跨境包裹破损甚至丢包,不仅给客户带来糟糕的购物体验,也使得卖家的运营成本大幅提高,还要面临丢失客户的风险和损失。

(五)痛点五:跨境物流不支持退换货

退换货问题在常规的商业贸易中,都是不可避免的。然而,由于跨境物流周期长、反向物流成本高、需要缴纳进口关税等原因。跨境物流中,无论是邮政包裹、商业快递,还是专线物流,都无法支持卖家向买家提供退换货服务。

单一邮政包裹主导的模式,引发了跨境物流的种种痛点,形成了跨境电商的发展的瓶颈。值得欣慰的是,从 2005 年跨境电商兴起到如今,跨境物流不断发展,逐渐形成了"邮政包裹为主,其他模式并存"的多元化业态。

现在,单品价值高且时效性要求严格的产品,可以选择价格贵些的跨国快递;虽然专线物流派送范围有局限性,却能提供具有良好的时效性和性价比的派送服务。近年来海外仓快速发展,在成熟的欧美市场,大卖家普遍都有海外仓。

海外仓具有明显的成本优势还会助力品牌的本土化发展,正是看中这一点,跨境电商平台都在力推海外仓,物流服务商也开始积极地布局。在不久的将来,具备多元化业态的跨境物流,必将为跨境电商提供多样的高质量的跨境物流服务,并有力地促进跨境电子商务的发展。

第五节　海 外 仓 储

一、海外仓储已经成为跨境电商缓解物流压力的必然趋势

2013 年,在阿里巴巴搭建菜鸟网络这一重磅消息的推动下,"大物流时代"的概念开始在中国的电商领域不断蔓延。"大物流时代"简单来说,就是要打破以往限制物流发展的成本、空间和时间因素,让商品的配送实现更好的对接。

而对跨境电商领域而言,因为买卖双方相隔太远,且需要解决通关、报税等问题,需要耗费高昂的时间和资源成本。想要实现跨境电商领域的"大物流时代"将是一个漫长而艰辛的过程。而解决其中诸多物流困境的着眼点,必然要放在海外设立仓库方面。

eBay 内部分析人士曾经向媒体透露,"跨境电商平台为中小企业提供了把握全球商机、融入全球化市场的机会。产业迅速发展、消费需求多样化给企业创造了商机,越来越多在互联网时代成长起来的个人创业者将跨境电商零售出口产业视为创业良机,并快速完成从无到有的积累。"

eBay 的调查显示,中国跨境电商零售出口产业销售额最高的五类产品分别为电子产品、时尚产品、家居园艺产品、汽配及收藏品,其中家居园艺产品、汽配和时尚产品是增长速度最快的产品类型。eBay 发布消息称:"已经具有一定规模的卖家进一步加大投资,通过扩

充品类、开发新市场、建立海外仓、提升服务水平等举措来积累实力,扩大业务规模。"

在跨境电商领域发展良好的背景下,一些问题也日益凸显出来,物流无疑是限制跨境电商领域发展的重要瓶颈之一。对此,重庆物流协会会长陈章华称:"多样化物流解决方案与海外仓使销售品类拓展成为可能。"而目前局限于国际物流领域的发展,很多贵重商品、大件商品或超重商品都很难在短时间内完成运输、配送。

海外建仓的大规模实现,能够在一定程度上优化跨境电商零领域的物流生态,加快商品运输和配送的效率,从而增加外贸消费者对海外购物体验的满意度,以及提升商品的销售速度。与此同时,海外建仓也能够有效刺激跨境电商领域产业品类的持续增加。

海外仓储已经成为跨境电商缓解物流压力的必然趋势,也正在成为中国跨境电商巨头们争相角逐的"砝码"。如今,电商大佬们在海外建仓方面,也纷纷开始发力。

大龙网传出消息,该公司已经与印度最大的物流商 DTDC 达成合作,并且成功在印度搭建起海外仓储中心,而此前大龙网的海外仓已经建到了乌克兰、俄罗斯等国家。大龙网副总裁吴祺称,目前海外仓一般分为私人海外仓和公共海外仓两类,而大龙网的海外仓有意向卖家开放,以实现资源共享和共同发展。大龙网官方网站如图 4-10 所示。

图 4-10　大龙网官方网站

吴祺说:"目前,我们在俄罗斯、印度、乌克兰等地都建有自己本土化的海外仓,以本土化的销售团队提供本土化服务,语言服务,售前、售中、售后服务。我们做海外仓有两个目的:一是大龙网在当地发展了众多的分销商,我们把中国的产品运到海外仓去让他们订货,建立中国产品的全球分销渠道;二是国外的客户要试用样品时,借用海外仓效率最高、成本最低,而且海外仓还能用来做本土化售后。"

在海外仓的运用上,目前大龙网还集中于为小订单服务。在流程方面,大龙网的运转模式如下:大龙网本土化的销售团队需要搜寻和汇集当地零售商的分散的小订单,将这些小订单收拢起来之后，通过自己的平台产品信息库寻找符合要求的对应产品，最后进行下单；商品供应商需要做的就是进入大龙网的信息库，确认订单，然后安排生产供货。至于之后的物流和支付环节，大龙网也会代为操作，不需要供货商和购买商担心。这种操作可以说没有任何门槛，却能够很好地解决小订单业务所面临的种种操作难题和成本问题。

二、以海外仓为基点建立起来的物流运转模式

在大龙网针对小订单的 B2B2C 运作模式中，以海外仓为基点建立起物流运转模式。

1. 样品仓

建好样品仓，便可以在当地囤积一定的商品样品，一旦客户有需要，便可以进行试单订货。这样可以提升交易效率，节约时间成本。

2. 分拨仓

分拨仓一般不囤积商品，只作为中转站而存在。客户在试单订货后，若满意，便可进行一定量的批发，这时大龙网再从国内的供应商那里运货出去。因为大龙网的销售团队已经将国外的小订单汇集起来，在积少成多之后就能从国内批量运送出去，这样自然能够降低运输成本。到了海外仓之后，商品便可以通过海外仓分拨出去，发送到不同零售商手中。

针对公司的海外仓运转模式，吴祺说："大龙网的海外仓有一个鲜明的特点就是，不是一个商品一个品类地大量囤货，而是囤多样的样品。这样会提高海外仓的利用率，加速流通，减少每个商品的囤货，提供更多产品的销售。"

另外，业内消息称，深圳有棵树科技有限公司也在暗暗布局，为海外建仓发力。知名跨境电商企业 FocalPrice 公司已经在美国建起了属于自己的海外仓储中心。其美国仓在投入使用后，已经与美国本土物流企业达成战略合作，其主营的平板电脑和手机产品销售形势良好，在配送方面从发货到收货一般只需要 1～3 天时间。而且，为了吸引消费者，在美国仓发出的产品 FocalPrice 还提供了全程包邮服务。

事实上，正在海外仓储方面奋力布局的跨境电商企业远远不止以上 3 家，而且一些从事外贸 B2C 的"大佬"公司也不愿放过这个发展机会，试图通过海外建仓来扩展海外市场。可以预见，在不远的未来，对跨境电商企业而言，海外仓将会成为企业打开国际市场的标配。

对于海外建仓的未来发展趋势，某业内人士称："我看最多两三年左右的时间，这个趋势就会成为现实。3 年前的海外仓配置可以让电商高速发展，因为有利润，3 年后我相信没有海外仓是很难发展的。利润可以维持，但是一定不够支撑团队高速发展。"

三、海外建仓的必要性

在海外建仓方面，跨境电商纷纷布局、抢占先机的原因主要有以下 4 种：

（1）跨境电商行业在价格方面的优势和差异正在逐渐丧失，市场竞争已经转向服务竞争。

（2）跨境电商平台对服务的要求越来越高。

（3）海外电商要求电商税务合法化。

（4）外贸消费者越来越注重服务质量，以及商品运输配送的实效性。

这些原因促使跨境电商大佬纷纷开始在海外仓储领域布局，从长远角度分析，这种海外仓布局很可能会促使跨境电商行业的重新洗牌。对此，有专业人士称，"大佬布局海外仓会带来物流配送时效的竞争、产品类别的竞争、售后服务的竞争，会提高电商的门槛，小电商生存更难。当然，非常小的如夫妻店还是无敌的。更多同行布局海外仓是必然的，也是新一轮电商洗牌的开始。"

大龙网副总裁吴祺吴祺认为："对于跨国贸易来说，买家是十分在意售后服务，比如遇到一些销售的问题要退换货，而我们不可能让国外的客户把货退到国内来，而退到海外仓的话，就是一个本土化的售后，所以海外仓是这个本土化售后建立的基础。并且，作为海外仓，建立中间的主线物流后，物流成本会降低，加上在本土和其本地物流企业合作，效率和服务质量都会提高。特别是跨境 B2C 这一块，有海外仓的话还可接受两边海关的监管。这比零散的小订单和小包裹来说，更适应跨境电商阳光化的操作。因为对于商业包裹来说，混入邮包是不能适合这种要求的。"

在跨境电商领域，采取跨境 B2B 模式的企业建立海外仓储可以说是一种必然的趋势和选择，因为相对于 B2C 企业而言，B2B 企业之间面对的是商家，因此需要更专业和稳定的服务作为业务支撑。

相比于一般的消费者，商家往往不是一次性的买家，而是需要在业务往来中形成长期合作的互信基础；而想要达成长期合作，供应商的本土化服务就显得尤为重要了。所以说，海外仓必然会成为跨境 B2B 企业的标配。

另外，对于 B2B2C 模式的企业来说，如大龙网既想做本土化跨境服务，又想实现本土化落地，海外仓更是必不可少了。

尽管海外仓储对跨境电商的未来发展有着至关重要的所用，不过建起来着实不易。除了高昂的建仓成本之外，建仓流程也是繁琐无比。想要做好海外仓储业务，首先要对建仓当地的法律、民情和文化背景有一定的了解。

为此，跨境电商企业可能要提前花费两年左右的时间去了解这些情况，并且做好建仓尝试；若两年内依然无法打开局面，就会非常被动。

另外，解决人才问题、实现规范智能管理、解决法务税务问题等，这些都不是一朝一夕能够解决的，需要跨境电商做好长期奋斗的准备。

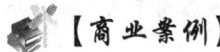【商业案例】

顺丰推"SFbuy＋全球顺"：借助物流优势布局跨境电商战略

在涉足供应链管理、便利店、航空、无人机业务之后，顺丰又低调推出了海淘转运业务"SFbuy"，正式开启了"跨境寄递＋海淘"模式。因为这一业务的低调运转，业界事先都没有得到消息，后来在著名海淘网站"什么值得买"的一条资讯中才看到了这一消息。不过低调归低调，对跨境电商领域，特别是物流方面而言，顺丰的这一次试水为解决物流的跨界难题提供了一个很好的案例。

2013 年 9 月 17 日晚上，海淘者和业内人士在一家名为"什么值得买"的海淘网站上看到了这样一条消息：SFbuy 美国站正式开始运营，顺丰将开启国际件服务渠道，开展名为"海购丰运"的海淘转运服务。这条消息吸引了快递行业众多业内人士和海淘者的目光,顺丰开展的"海淘转运+跨境寄递"业务也在整个快递行业引起了不小的骚动,如图4-11所示。

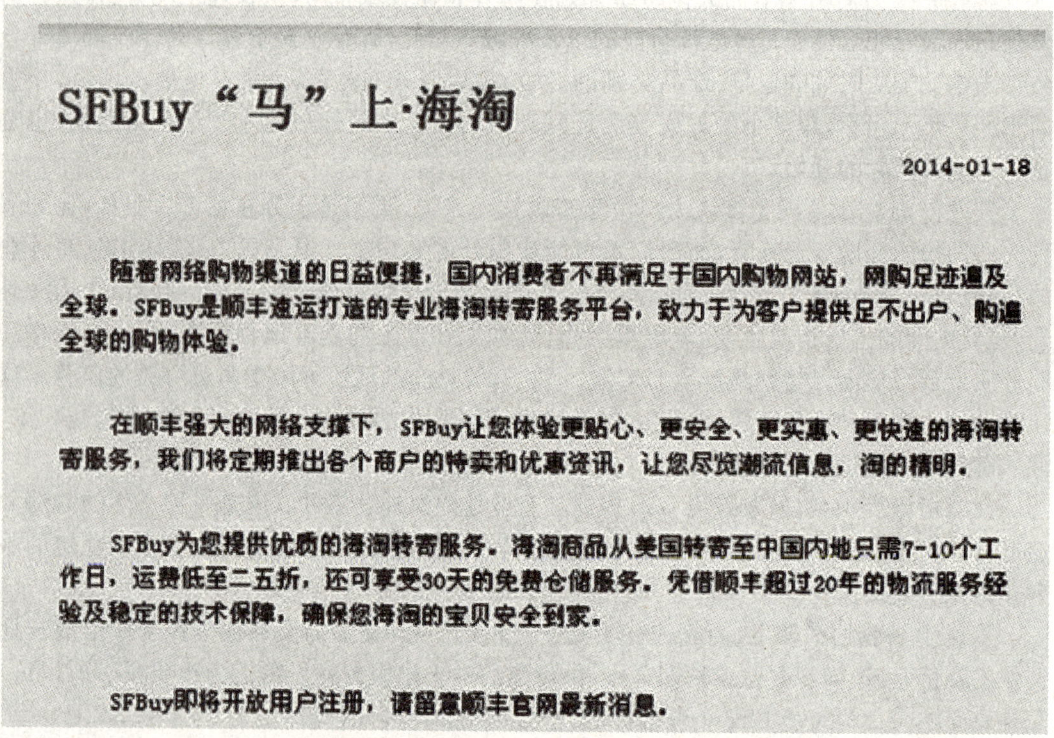

SFBuy"马"上·海淘

2014-01-18

随着网络购物渠道的日益便捷,国内消费者不再满足于国内购物网站,网购足迹遍及全球。SFBuy是顺丰速运打造的专业海淘转寄服务平台,致力于为客户提供足不出户、购遍全球的购物体验。

在顺丰强大的网络支撑下,SFBuy让您体验更贴心、更安全、更实惠、更快速的海淘转寄服务,我们将定期推出各个商户的特卖和优惠资讯,让您尽览潮流信息,淘的精明。

SFBuy为您提供优质的海淘转寄服务。海淘商品从美国转寄至中国内地只需7-10个工作日,运费低至二五折,还可享受30天的免费仓储服务。凭借顺丰超过20年的物流服务经验及稳定的技术保障,确保您海淘的宝贝安全到家。

SFBuy即将开放用户注册,请留意顺丰官网最新消息。

图4-11 SFBuy提供海淘转寄服务公告

所谓"海淘"业务就是建立一个汇集了国外电商平台的导航网站,通过该网站,国内的消费者就能看到国外电商平台上的各类产品。目前,亚马逊、eBay、塔基特等美国传统零售电商平台是海淘导航的主要导向,提供的商品大都集中在生活百货、潮流时装、美容护理和健康保健四个方面。

作为中国第一大民营物流企业,顺丰的海购丰运可谓得天独厚,在依靠顺丰好信誉的同时,还能负责SFbuy"海淘"商品的转运业务,其未来的发展值得期待。在费用支付方面,因为业务刚开始运转,目前海购丰运只支持美国运通信用卡、VISA、万事达等支付方式,至于PayPal、支付宝等在线付款方式渠道还没有开通,不过据称已经在计划和筹备中。

另外,因为国外有些网站不接受信用卡支付,因此海购丰运也在筹划代购业务,以帮助用户买到更多、更优质的海外产品。这一业务推出后,海购丰运可以先用公司的PayPal账户、支票或信用卡来完成海外代购支付,然后再通过用户的信用卡收取相关费用。

虽然顺丰的相关负责人一开始声称"SFbuy"并不是为广大消费者开通的业务,只是为顺丰内部的员工或亲人朋友提供海外购物转运服务。但是,用户在实际注册和使用时,并不需要提供任何和顺丰内部员工有关的信息,就能在"海购丰运"网站上成功注册,这也就是说这一业务的开通并不局限于顺风的内部员工或亲朋好友。不过,这对国内众多的"海淘族"而言,无疑是一个好消息。

由于业务刚刚开展,"SFbuy"的转运集货业务只在美国开通,其他国家还尚未开通,在这一点上还有待拓展。以下为海购丰运美国转运业务的收费标准,如表4-1所示。

表 4-1　海购丰运美国站业务收费标准

会员等级	普通会员	贵宾会员
会员升级	注册成为普通会员	￥50/月服务费 ￥500/年服务费
首重(1 kg)	￥80	￥64
续重/0.5 kg	￥40/0.5 kg	￥32/0.5 kg
重新包装服务	￥30/次	免费
拆换箱服务	免费(推广期免费)	免费(推广期免费)
免费仓储日期	30 天	60 天
超过免费仓储日期服务费	￥2/天/件	￥2/天/件
最长仓储日期	60 天	90 天
香港自取	免费(推广期免费) 超过 3 天转回您的储物箱	免费(推广期免费) 超过 3 天转回您的储物箱
退回	￥30/件＋实际产生运费	￥20/件＋实际产生运费
转寄	￥30/件＋实际产生运费	￥20/件＋实际产生运费
燃油附加费	免费	免费
包裹跟踪	免费(邮件/短信/站内信)	免费(邮件/短信/站内信)

　　顺丰之所以开通"SFbuy",敢于在"跨境寄递＋海淘"领域一试身手,肯定是看到了跨境电商的巨大潜力。

　　跨境电商近年来的迅猛发展业内有目共睹,据 PayPal 提供的一份名为《2013 全球跨境电子商务报告》的数据显示:跨境交易的全球五大市场美国、英国、德国、澳大利亚和巴西,在 2013 全年的交易额达 700 亿美元,消费者人数突破 7 600 万人,预计到 2018 年 700 亿美元这个数字将会再翻一番。

　　虽然中国国内的海淘业务因为种种限制,发展速度不及以上几个国家,但是海淘者们的热情还是相当高昂的。据中国电子商务研究中心提供的数据显示:中国的海外代购交易在近些年来连年翻番,2012 年取得了 483 亿元的可喜成绩,而在 2013 年可能已经达到 700 亿元的交易额。在 2014 年 3 月由海关发布的《跨境电子商务服务试点网购保税进口模式问题通知》下达之后,跨境电商领域获得了新的方向和发展空间,其未来的前景不可限量。

　　跨境电商物流领域的发展与跨境电商自身的发展是相辅相成的,跨境物流的发展对外贸电商的发展有着极大的推进作用。与此同时,跨境电商的快速发展也将为跨境物流提供更大的发展空间和更多的机会。

　　在跨境电商的发展风生水起的今天,看到跨境物流这一巨大发展机会的不仅仅是顺丰,敦煌网也是其中一个。敦煌网在 2013 年 6 月 18 日正式开通了"在线发货"e-ulink 专线物流服务,大有和顺丰一争高下之态势。敦煌网的 e-ulink 专线物流服务覆盖了全球的 107 个国家及地区,规模相当可观。除此之外,京东商城也与比利时国际邮政达成合作意向,开通了欧洲的外贸电商物流服务。

在业务具体操作方面,顺丰官方介绍如下:用户所购买的商品到达 SFbuy 的美国仓后,包裹将由海购丰运帮助代存。在代存期间,用户可以随时登入查看储物箱,并且提出自己的派送要求。

一般情况下,在 7～10 天内就能完成从海外仓跨境物流送到客户手中的过程,不过清关时间的长短物流公司难以确定,需要视具体情况而定。在费用方面,顺丰的运费是四大国际快递运费价格的一半,和国内其他转运公司相比,价格依然偏高。不过,凭借着顺丰多年积累下来的人气品牌优势,很多为求安心的海淘者还是愿意买账的。

王晓明是 2010 年加入海淘大军的,也算是一个海淘老手了。在 2013 年听说顺丰加入海淘转运队伍之后,他便兴奋地在海购丰运网站上注册了一个账户,打算"试水"一下。

他在美国的一家电商网站 Amazon 上买了一件衣服和一双鞋子,然后便开始期待这次海淘之旅了。下面是他记录下来的时间和过程。

- 2013 年 8 月 3 日在 Amazon 下单购买。
- 8 月 4 日送至特拉华州入仓。
- 8 月 5 日在纽约出仓(为了免消费税,多花了 1 天时间)。
- 8 月 12 日经中国香港抵达天津清关,晚上接到顺丰速运关务客服的电话,需要用户提供身份证扫描件以作报关用。王晓明将身份证扫描件发过去后,很快收到了对方发来的邮件回执。
- 8 月 13 日一早王晓明在北京接到快件。整个海淘过程结束。

在整个海淘过程中,他还注意到了几个细节。

- 超过一定体积,运送收体积费。顺丰会给用户发送电子秤称重的图片,以便用户通过图片确认购买的商品。
- 重新包装与分箱的过程是免费的。
- 运送过程中与顺丰的沟通较为顺畅。沟通方式一般分为 400 客服电话、电子邮件、在线客服交流三种。在工作时限内,在线客服和 400 电话一直都是畅通的,至于电子邮件需要等待对方回信。

通过这次海淘购物,王晓明认为在掌握好纳税标准的情况下,对于顺丰的服务他还是比较满意的,速度较快,基本实现了 7～10 天到货的承诺,与客服的沟通也很顺畅。

通过以上海淘者亲身体验的案例,我们可以看到顺丰"SFbuy"业务的发展还是相对稳定的,并且受到一部分海淘消费者的青睐。不过顺丰涉足跨境电商的脚步并没有就此止步,在推出海淘转运服务 SFbuy 之后,顺丰很快又推出了"全球顺"业务,如图 4-12 所示。与"SFbuy"不同的是,"SFbuy"针对的是普通消费者,而全球顺针对的则是海外直购或代购商家。

顺丰在宣布开通"全球顺"之后,首先上线的业务是"香港—大陆"线,价格为首重 41 HKD/kg,续重 26 HKD/kg,送货时间 7～9 天。相当于顺丰标快"香港—大陆"的价格,"全球顺""香港—大陆"线的价格仅为对方的 6 折。据悉,将会有其他线路相继开通,如中国台湾、日本、韩国、美国等线路都在计划范围内。

在国内电商领域,顺丰此前曾开通了"电商特惠",而"全球顺"几乎可以说是跨境版的"电商特惠"。它只接受来自第三方平台推送的电商订单,针对外贸电商商家提供价格经济、对时效要求不严格的物流服务。"全球顺"对商家也有一定要求,其准入门槛为 500 票/月,并且需要客户统一做件、包装,把包裹在约定时间段发送至顺丰公司指定的中转站或营业网点。全球顺服务介绍如图 4-12 所示。

对顺丰来说,顺丰国际件、SFBuy 已经在海外直邮、海外转运领域插了一脚,而"全球顺"更是直接面对各大国际物流服务商,将隐藏在跨境电商背后的物流配送服务商列为新的竞争对手。

顺丰敢于抢先在全球跨境电商市场一一插足,其底气来源于自身所开展的全球战略性布局。目前,顺丰已经在韩国、马来西亚、美国、日本、澳大利亚、越南、新加坡、泰国等国家开通了国际业务,而且一直没有停止"开疆拓土"的步伐。而和其他资源整合跨境电商物流服务商相比,顺丰的部署更具有前瞻性,而且在整个过程中由自己把控,可以在一定程度上保障服务质量。

全球顺

服务介绍：全球顺是为满足港澳台及海外地区电商客户需求，推出的一款适用于"港澳台/海外至中国大陆"的电商B2C市场的专题服务。

适用范围：中国香港/美国（其他地区将陆续开通）

适用对象：电商商家（每月发件量达500票）

服务价格：

	中国香港→中国大陆	美国→中国大陆
首重	41HKD/kg	6USD/lbs
续重	26HKD/kg	5USD/lbs
时效	7~9天	7~12天

备注：

1. 根据不同发货量，可以申请不同的折扣；
2. 香港首重不足1kg按1kg计费，续重不足0.5kg按0.5kg计费；美国首重及续重不足1lbs按1lbs计费；
3. 暂免燃油附加费；
4. 参考国际航空运输协会(IATA)的规定，对于体积大、重量轻的货物，我们将根据体积重量和实际重量中较重的一种收费。您可以利用下列公式计算体积重量：体积重量(公斤)=长(厘米)X宽(厘米)X高(厘米)/6000。

更多详情，请咨询中国香港/美国当地销售或客服热线。

中国香港客服热线：(852)27300273

美国客服热线：18559011133

图 4-12 "全球顺"服务介绍

【思考与习题】

1. 跨境电商供应链管理的五项基本内容是什么？
2. 跨境电商供应链管理应注意哪几个方面的问题？
3. 如何提高跨境电商供应链的效率？
4. 如何实现对跨境电商供应链管理的升级？

项目五

传统企业如何向
跨境电商转型

☞ 导 入

　　跨境电商来袭,传统外贸格局面临重新洗牌。

　　跨境电商时代的来袭,对传统商业模式而言,无疑又是一次巨大的冲击。被波及的任何一个行业,如果忽视这种力量的冲击,对其视若无睹,那么就可能丧失模式转变所带来的发展机会和红利。

第一节　跨境电商来袭,传统外贸格局面临重新洗牌

跨境电商时代的来袭,对传统商业模式而言,无疑又是一次巨大的冲击。被波及的任何一个行业,如果忽视这种力量的冲击,对其视若无睹,那么就可能丧失模式转变所带来的发展机会和红利。

互联网的飞速发展让信息传播的速度和信息处理能力都得到了迅猛提升,与此同时,它也为各行业的人们实现信息对称提供了超越时空的能量。基于互联网所带来的这种能量和能力,无论是国内贸易,还是跨境贸易,其原来的贸易格局都将实现前所未有的改革和创新。

在国内贸易领域,淘宝等电商平台已经让我们看到了这种颠覆传统的创新与改变,它不仅让传统的百货式、商铺式贸易模式黯然失色,甚至退居次席,更是改变了无数消费者的购物方式和生活方式。

而现在,跨境电子商务也正在借助这股力量,改变和颠覆传统的外贸模式。通过互联网,跨境电商将从一定程度上绕过进出口商,实现企业与消费者的直接对接。由此,传统外贸格局中的众多行业也将面临前所未有的重大改变,甚至是重新洗牌的局面。

一、进出口行业

从中国国内电商平台淘宝等的发展历程与成功经验来看,众多业内人士都预判跨境电商会像曾经的国内电商一样给传统的交易模式带来巨大的冲击,而已经沿袭了几百年的传统进出口行业也正站在"改朝换代"的时间节点上。

而从近年来跨境电子商务的发展趋势来看,它"不负众望",已经成为推动中国外贸增长的一股不可忽视的力量。统计数据表明,2013 年我国跨境电子商务超过了 50%的增速,交易额高达 3.1 万亿元,其增长速度比外贸增速要高出很多。而且,据不完全统计,我国境内已有 5 000 多家平台企业,而在这些平台上经营跨境电商业务的外贸企业则有 20 多万家。对此,敦煌网 CEO 王树彤曾表示:"下一个十年会是跨境电商的十年。"敦煌网作为中国跨境电商的先行者,其客户遍布 100 多个地区和国家,平均每 3 秒就会产生一个订单。

再以东莞为例,东莞是中国一座重要的进出口贸易城市,其进出口总量一直名列前茅。据统计,在 2013 年,其国际邮政小包统计数量已经达到全国之最,俨然已经成为国内跨境电商业务量最大城市的之一。在 2014 年,经过将近 1 年的筹备工作之后,敦煌网在东莞建立的敦煌网东莞基地也已经正式投入运营,跨境电商为这个城市的出进口行业带来更多的红利和机会。在东莞基地投入运营后,预计要在 3 年时间里吸引 2 万家商户入驻敦煌网,同时达到 30 亿元的进出口在线交易额。

二、实体行业

受到跨境电商的冲击,传统经营外贸的实体行业、批发行业也受到了巨大影响。传统销售路径已经存在了很多年,其一直沿袭着厂家进货—销商代理分销—外贸订单出柜—结算返单—利润分配的道路,而如今深谙传统渠道的经销商也都嗅到了不好的味道。而传统

外贸模式因为跨境电商的发展,其前景也开始变得模糊不清了。如义乌,以前有很多经销商到这里批发货物,而现在大家都反映经销生意越来越难做了。传统的经销模式以及开实体店零售的模式已经很难生存,只有开启"网店求生"的模式,将更多的精力放在国内最大的几个交易平台上,才能找到出路。

调查显示,国内跨境电商对实体店的业务冲击已经非常明显。以义乌市优圣日用百货商行为例,至 2014 年 8 月,这一年其生产的圣诞帽在阿里巴巴上就达到了 46 万件的销售额,而这个数额需要一个门店卖两年才能完成。虽然对优圣来说,阿里巴巴的线上走量还只有全部销售额的 1/3 左右,但是其发展速度和未来前景确实显而易见的。义乌优圣日用百货负责人表示:"除了国内的线上销售,出口的线上外销目前还是依靠速卖通、外贸公司的走单,下单时间也比线下订单晚 3 个月,一般在每年的 6~10 月。"

三、物流行业

2014 年,在中国国际货代物流发展论坛上,对外经贸大学国际商务研究中心主任王健明确指出,跨境电子商务的发展将会为国际快递领域带来巨大的发展机会,除此之外,跨境电商的海外仓经营方式也会为仓储和物流行业带来发展机会。

在这种大好形势的影响下,跨境电商物流注定将迎来新的发展机遇,在这个过程中,传统物流企业的转型升级也是显而易见的。在未来,物流业以及与跨境电商相关的所有业务都将集中到一个平台,实现高度的集约化。对此,王健表示:"这个平台将把货物的跟踪、库存管理,乃至运输方式的整合、签单、数据交换、融资、数据库都融入其中。只有这样,才能给货主提供'超越一站式服务',也叫'单一窗口服务',并带来超乎寻常的客户体验和最好的服务方便。同时,这些平台也可以达到集合效应,并由此演化出各种新的收入模式,比如融资和数据服务。这都是在电子商务的发展引领下,物流服务的未来发展方向。"

现在跨境电商行业已经有了这样的共识:发展跨境电商业务,物流行业必须要先行!物流也是跨境电商领域中重要的组成部分,做好物流管理,对中国跨境电商的未来也许会产生不可估量的巨大作用。如今,国内外其他的外贸电商巨头也纷纷将目光放到了供应链整合和物流强化方面。例如,大龙网发力在海外建仓,出口易在英国、德国等地建物流仓,阿里巴巴通过收购深圳一达通公司实现海外布局,中国制造网跑到美国开设海外仓等,这些都在告诉我们一个事实——中国电商在物流和供应链环节所下的血本是越来越大了。

四、制造业

随着原材料价格优势和人力成本优势逐渐丧失,中国制造业也正面临着尴尬的境地。与此同时,海外发达国家的消费者因为受到全球金融危机的影响,其消费能力依然不怎么坚挺。在这种大环境下,PayPal 渠道部总经理严玎指出,跨境电子商务可以帮助中国制造业实现"转型"。

跨境电商能够越过诸多的中间环节直接将商品送到海外顾客手中,这也就意味着流通成本将大大降低,从而为制造商赢得更多的利润空间。对此,严玎还表示:"像纺织服装类产品,定价通常可提升 1 倍以上,而且利用电子商务虚拟交易的特点,能够快速开拓新市场。"

对于跨境电商对中国制造业将会产生的积极影响,阿里巴巴 B2C 国际事业部高级产品专家田阳也是心怀期待,他认为:"现在世界上很多国家经济发展很快,需求日益增大,必须是也只能是中国,有这样的能力为他们提供商品。"

eBay 曾发布一份名为《大中华区外贸电子商务报告》的调查报告,报告显示目前排名前五位的热销产品有服装及配饰、首饰、电子产品、手机及配件、汽车配件。而在这些商品品类中,中国制造业都有一定的优势。中国商户跨境电子商务出口的主要目标市场在美国、欧洲等发达国家,而在乌克兰、巴西、俄罗斯、阿根廷等国家也有一定的市场潜力。

对于中国制造业面临的尴尬,出口易全球直销事业部总监高灿曾举例说:"说起苹果的成功,离不开中国制造;但面对苹果的成功,中国制造又极其尴尬……iPhone3S 8G 手机市场售价为 329 美元,其中成本 179 美元,日本分成 34%,德国分成 17%,韩国分成 13%,但中国只能分成 3.6%,即 6 美元,剩下的 150 美元,占总价 46%,都被苹果自己的设计和流通渠道占据。"而现在因为跨境电商领域的迅猛发展,行业人士都希望在新的发展局势和机遇下,中国制造能够改变处于世界制造产业链下游的局面,利用互联网的力量实现破局。

对于这些面临着跨境电商大力冲击的行业而言,未来既是机遇,又是挑战。当然,建构跨境电商可能要比建构国内电商还要艰难很多,无论是商户企业,还是电商平台,未来之路都不可能是平静无波的。

这不仅要克服各国因为文化、法律、政治等方面的不同而带来的各种风险,还要构建一个与跨境电商相关的信用体系。只有这样,才能真正实现跨境电商的长远、平稳发展。另外,在国内,涉及工商、质检、保险、财税、商务、海关、银行等众多领域和部门的种种难题也在等待着跨境电商的先行者们去一一探索和解决。

然而,无论有着怎样的局限性,跨境电子商务都即将迎来一个发展的春天,这一点是有目共睹的。在 2013 年,国务院办公厅下发的《关于促进进出口稳增长、调结构的若干意见》也明确提出,跨境电子商务是我国外贸发展的新方式,也是中国企业提高品牌竞争力、开拓海外营销渠道的新途径,而我国的外贸也将借此实现新的转型升级之路。

第二节　传统外贸企业如何应对跨境电商

2013 年,"跨境电商"逐渐成为传统企业追逐的对象,尤其是部分传统企业选择以跨境电商为突破口成功实现了战略转型,为其他企业树立了良好的范例。再加上国家出台相关政策大力支持传统企业向跨境电商的战略转型,激发了传统企业的热情,无数的传统企业对跨境电商跃跃欲试。但苦于这方面人才和运营经验的缺失,使他们心有余而力不足。

许多想要在跨境电商领域有所作为的企业家们在近年来几乎遇到了同样的困境:中小卖家的数量急剧上升,卖家之间掀起了严重的价格厮杀战,许多品牌遇到了危机,跨境电商方面缺乏统一标准的服务等。

在原来 10 元买进,10 美元卖出的营销模式中,企业家们根本不必考虑如何对企业进行精细化运营来获取利润的问题,但在发展跨境电商上,企业之间的激烈竞争使企业必须要提升产品的质量和服务的水平;这也就沉淀出了一些传统企业应该学习和借鉴的东西。

传统外贸企业应对跨境电商的措施,如图5-1所示。

一、产品是企业制胜之本,注重产品质量和客户需求

跨境电商与传统外贸在产品采购方式上有着较大的差异。在跨境电商中,产品采购一般是少量、多次、交货时间短;而在传统外贸中,一般传统企业都是接收 OEM(原始设备制造商)订单,数量金额大、交货时间长。

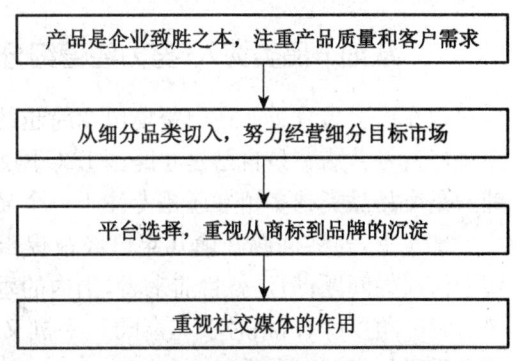

图 5-1 传统外贸企业应对跨境电商的措施

就目前国内的传统企业来看,广东的跨境电商环境相对比较成熟,因此位于珠三角地区的企业更能满足电商企业的采购需求;而许多浙江企业,由于对跨境电商没有一个正确的认识,因此仍然要求电商企业需要有较大的订单量。

通常来说,大多数电商企业在产品采购上都经历了一个从小订单到大订单的发展过程。小订单只是市场试水,而大订单则是在积累了一定的销售经验和市场经验之后的回报。事实上,有很多企业并没有正规的跨境电商团队,也没有自己建网站或开网店,但是它们将自己的产品供应给一些比较大的卖家,也获得了比较可观的收入。与此同时,在新的时代环境里,电商企业及时更新了自己的订单观念,为了满足更多小卖家的订单需求,提供小额批发的优惠条件,进一步扩大了自己的销售市场。

传统企业特别是其中的制造业企业,在产品创新和研发方面有较大的优势,但是缺乏感知零售终端客户对产品体验的能力。因此,要想在自己产品的基础上开拓跨境电商市场,就必须在保证产品质量的前提下,加强产品的调研工作,了解客户对产品使用的体验。

产品调研的内容主要包括产品的性能、竞品情况(顾名思义也就是竞争对手的产品的相关情况)、主要的市场、国外本土竞争对手情况、同类产品的优缺点等。

如果从产品运营的角度来看,Amazon 是最佳的跨境电商平台。Amazon 以客户为中心,鼓励客户将自己真实的购买体验留在产品的销售页面上,积累的购买体验多了之后就会形成产品的口碑。

一个产品要想有良好的口碑就必须有质量的保证,而一个质量过硬的产品如果是同类产品的升级版,并且有其他同类产品没有的功能优势,这将会成为产品的核心竞争力,进而提升企业竞争力。在这一方面做得最好的就是美国的 C&AMarketing,在这家公司有很多种产品种类,也拥有 100 多个买手,每一个买手负责一个产品的种类,他们要时时关注最新的流行信息,在 Amazon 和各个社交媒体中寻找客户对某种产品的功能需求,然后满足客户的不同需求。比如说防水蓝牙音箱的研发,就是为了满足用户在洗澡时依然能够感受音乐动感的要求。

因此,传统外贸企业要想在跨境电商领域有所作为,就必须在加强自己的产品研发能力之外,借助零售渠道的客户反馈或者互联网中的信息了解客户的需求,不断改进自己的产品,打好传统企业成功实现跨境电商的根基。

二、从细分品类切入，努力经营细分目标市场

现在许多传统企业在向跨境电商跨越的道路上都遇到了同一个分岔路口：是做大卖场还是经营专营店？是自己建立跨国B2C网站还是在eBay和Amazon平台上建立自己的店铺？是产品品类越多越好还是专注于一个品类为好？

事实上，这些问题在前几年已经被提出来并且讨论过很多次了，包括像国内垂直电商何去何从的问题；但是就目前来看，国内的垂直电商似乎已经到了衰落期。不过，如果站在消费者的角度来看，相对于一家既卖手机又卖矿泉水的店铺，相信消费者更愿意去一家专门卖手机的店铺去买手机。

对于这个问题，其实答案并不是绝对的。一般观点认为，如果固定了产品销售的种类，就等于限制了销售规模，因为单个品类的市场确实要比多个品类的市场小得多，这也是很多采销型卖家不断扩充产品类目的主要原因。

其实，采销型卖家不断扩充类目还有一个重要原因就是大部分产品都入驻了销售平台。当前大多数中国卖家都进驻了Amazon、eBay和阿里巴巴全球速卖通。在这些平台上，消费者要想买产品就会通过搜索功能直接进入产品购买的网页，而不是进入卖家店铺。

消费者会通过对不同页面上的产品功能和价格进行比对，然后选择出最佳产品。大多数消费者并不在乎这家店铺是否还在经营其他产品。因此，除非平台上的商户在店铺标志和客户维护上有较强的竞争力，否则大多数店铺都会选择以扩充类目的方式来扩大市场范围，获取更多的利润。

在这种情况下，更多的卖家为了有更广阔的利润范围，都会选择尽力做好首页图和标题、提高店铺表现、设计更多的产品页，以增加客户的点击率。而想要更多的产品页，则必须扩充产品的类目，于是平台商户大都走上了扩充类目的道路。

到底是做大卖场还是做专营店？对于这个问题虽然各有各的说法，但是我们有自己的看法。我们认为，传统外贸企业在进入跨境电商初期应该选择垂直类目，因为垂直类目在运营、客服、产品、库存等方面的低成本投入与品类扩张可能会带来大幅销售额增长的诱惑相比，显得更实在些。

在确定了传统外贸企业从细分品类切入跨境电商之后，接下来我们将讨论传统外贸企业的细分目标市场。

一部手机在不同的国家有不同的网络制式，一台电器在不同的国家有不同的适用电压，因此就这一点来看，产品生产者或者销售者就可以对目标市场进行细分，在细分的目标市场上销售适合消费者使用的产品。

即便是相同的产品，在不同的国家也会产生不一样的使用习惯和使用体验。比如，你要销售一个手电筒，在沿海国家潜水运动爱好者面前，你就要重点介绍手电筒的防水性能；而在内陆国家户外运动爱好者面前你就要重点介绍手电筒的耐摔防震功能。简而言之，就是要把握消费者使用产品的状况，做到有针对性地销售。

是否了解产品使用的状况，决定了传统企业是否可以满足用户的需求。因此企业要重视对目标市场的用户特点的研究。

如果要对想要跨进跨境电商的传统企业进行划分的话，大致可分为三类：第一类是有多年

OEM或ODM(原始设计制造商)经验的工厂;第二类是专门从事传统B2B外贸的外贸企业;第三类是没有丝毫产品生产和贸易经验的企业,因为看好跨境电商的前景而想要横插一脚。

对于前两类企业,因为它们已经积累了多年的生产和贸易经验,因此对于产品的出口标准和目标市场都非常清晰,这些对于传统外贸企业向跨境电商领域跨越的目标市场的选择方面具有非常重要的参考价值。

在产品类目的选择上,对于第一类传统外贸企业,它们拥有强大的产品和供应链资源,但是产品的数量是制约其跨境电商发展的主要因素,因此,这些企业可以选择整合供应链上下游企业的产品。例如,说一家生产LED灯泡的企业,可以对上游的LED驱动产品或者与LED有关的智能家居产品进行整合。只要企业产品的质量过硬,选择对产品进行整合而不是盲目地扩张产品类目,对于传统企业向跨境电商的转型也具有重要的意义。

三、平台选择,重视从商标到品牌的沉淀

在传统企业做好了产品、选好了市场之后,接下来就该面临选择何种平台的问题了。

就目前来看,可供选择的跨境电商平台主要有三个:阿里巴巴速卖通、Amazon和eBay。

阿里巴巴全球速卖通实质上是外贸版的淘宝,功能就是帮助批发商更方便地找到合适的货源,此平台适用于体积比较小,附加值比较高的产品,比如数码产品、手机及配件、化妆品、首饰等。速卖通以比较强势的姿态迅速在跨境电商领域崛起,但是在最近几年却陷入了价格战。

eBay是一个可以让全球民众上网买卖物品的拍卖及购物网站。其主要涉及的产品包括家具、收藏品、电脑、车辆等。eBay自建立以来就一直保持着良好的发展势头,只是在近两年因为与Amazon的竞争而丢掉了一些市场份额。

Amazon是全球商品种类最多的网上销售商,经营的产品包括影视、音乐、游戏和数码下载、电子和电脑、食品、服饰、汽车等。Amazon的进入门槛是最高的,但也是最能作出利润的平台,许多小卖家们对于入驻Amazon平台跃跃欲试。

那么在这三个平台中,哪一个能够让企业更能稳稳当当地赚钱呢?

对于想要做跨境电商的传统企业来讲,如果他们想要做"倒货郎",从批发市场拿货转手赚10%的利润,那么就可以选择eBay和速卖通。但是如果想要做细分类目的产品,瞄准细分目标市场,做可持续发展的跨境电商,那么Amazon就是最佳选择。

之所以选择Amazon做平台,最重要的一点就是Amazon可以做产品的沉淀。

在这里讲的产品的沉淀主要包括两个方面,一方面是在产品功能、用户需求满足和产品设计上的沉淀,另一方面就是产品从商标到品牌的沉淀。

Amazon可以做产品的沉淀,而其他两个平台就不能做的原因在于:

(1)Amazon中包括对产品的评论内容,这部分是Amazon生态体系中至关重要的一部分。产品评论的内容反映了用户对产品的真实体验,在产品评论中还会包括由客户提供的图片、视频资料等,为其他客户提供参考价值,也可以让卖家根据用户的产品反馈意见找到自身产品的缺陷,不断改进自己的产品。

(2)Amazon对自有品牌产品有着严格的保护政策。现在许多做跨境电商的企业都曾经历过同质化竞争的阶段,所谓的同质化竞争就是指同一种类但不同品牌的产品在外观设

计、使用价值、功能、营销手段等方面相互模仿,以至于使产品在技术含量以及使用价值上逐渐趋同的现象。

许多企业为了避免这种同质化竞争,就开始注册国外商标。在 Amazon 上,只要你有质量过硬的产品、商标和市场,Amazon 就会为你提供更多便利的支持。因此,许多传统企业会选择用有商标的好产品入驻 Amazon 的方式来进军跨境电商。

在 Amazon 上有一条自主品牌产品 Listing,如果产品销售一直保持良好的势头,这些有商标的产品就会沉淀成为口碑,最后就会慢慢变成一个小小的品牌了。

四、重视社交媒体的作用

许多传统企业在进军跨境电商时都会有如下困惑:

(1) 为什么一样的产品,一样的价格,别人却比我卖得好?

(2) 我的价格明明比他低,为什么他却卖得比我好?

(3) 我产品的性价比明明比他的高,为什么却卖得不如他的好?

eBay 研发出了一种市场调研软件——Terapeak,可以让 eBay 的卖家利用 eBay 的真实市场数据,获得竞争对手的销售信息,以便寻找更多的销售机遇,如图 5-2 所示。在过去的几年时间里,中国卖家们利用 Terapeak 早已经将竞争对手的销售信息了解得一清二楚,再加上百度和阿里巴巴的帮助,国内几乎找不到卖家们不能卖的产品了。

图 5-2　eBay 市场调研软件——Terapeak

其实这就是企业进行产品类目扩张的问题。事实上,这种产品类目的扩张很多是基于跟风而产生的,简单点儿来说,看到别人在卖什么东西时获得了较高的利润回报,自己也去卖。这样就使本该是有市场潜质的产品变成了泛滥的产品,产品之间展开价格厮杀,产品的利润也变得越来越低。

那么在同质化竞争的环境下,企业除了提升店铺表现和产品页面真实的专业程度外,还能做什么呢?

我认为还应该做好流量推广的工作,也就是通过论坛、书签、SNS 等推广渠道来获得流量和订单。一个产品的外观和功能或许是可以抄袭和模仿的,但是一家企业的运营和推广能力却是无法复制的。在过去产品竞争并不激烈的阶段,店铺之间的竞争只是在于选品角度。在平台上销售产品,大部分都是"自动波"销售,只要你的店铺中有热销的产品,你就能卖出产品去。

但是在现在竞争如此激烈的时代,一家店铺的运营和推广能力对产品的销量同样有着重要的决定作用。因此,当我们研究竞争对手的平台店铺销量的时候,在关注他们选品能力的同时,还要注意他们的运营和推广能力。

在推广渠道上,大家都非常熟悉 SEO、论坛、书签等,但是在这里专门针对想要进军跨境电商的传统企业们要介绍的社交媒体主要是 Facebook、Twitter 等渠道。

社交媒体对于跨境电商的作用主要有两个:一个是推广功能;另一个就是信息收集功能。

在推广上,产品首先要有一个唯一并且可辨识的商标和型号,然后在社交媒体上通过发帖、测评以及用户讨论等方式扩大产品的影响范围。

在信息收集上,就是要结合产品本身,通过各种渠道去了解客户对于同类产品功能、设计以及服务上的要求,并根据客户的需求及时改进自己产品,甚至实现对目标客户推送产品促销信息。

第三节　做跨境电商的中小企业,如何成功进入新兴市场

一、跨境电商进入新兴市场概述

2014 年,eBay 集团发布了《2014 年大中华区跨境电商零售出口产业发展趋势报告》。在这份报告中,将 2013 年大中华区跨境电商零售出口增长最快的市场定义为跨境电商的新兴市场。这些新兴市场包括了德国、加拿大、法国、俄罗斯、巴西、以色列、阿根廷等国家和地区。其中增长最快的是阿根廷,增速达到了 130%,其次是以色列,增速为 78%。

对中国的跨境电商企业而言,全球范围内轻工业欠发达的新兴市场一直都是其至关重要的"战场"。从位于沙漠绿洲中的阿联酋等中东国家,到身处太平洋深处的诸多岛国;从南半球的巴西等南美国家到横跨欧亚大陆的俄罗斯……这些地方已经渐渐成为全球跨境电商的新兴市场,在这些地方越来越多的网购者通过互联网跨境从中国买走一件件商品。

在该报告中可以看到,2013 年大中华区跨境零售出口总交易额排名前 15 位的目的地市场依次为美国、英国、澳大利亚、德国、加拿大、俄罗斯、法国、巴西、以色列、西班牙、挪威、阿根廷、意大利、希腊和瑞典。

在美国、德国、英国、澳大利亚等成熟市场,因为整体商业文明规范程度较高、消费习惯相对成熟、跨境网购观念普及、物流配套设施完善等各方面的优势,所以这些国家依然是大中华区卖家开展跨境电商市场的业务重镇。不过,相对于这些成熟市场而言,新兴市场的增速也是非常引人注目的。

eBay 大中华区首席执行官林弈彰认为,在新兴市场国家,大中华区的跨境电商零售出口之所以会出现这样强劲的增速,主要是因为新兴市场国家电商的发展,人们对电商观念的改变以及当地商品供应的不足。

在 eBay 集团发布的《2014 年大中华区跨境电商零售出口产业发展趋势报告》中,还列

出了销售额增速最快的三个品类,即家居园艺、汽配和时尚类产品。在这里,我们先看一个汽配类产品的案例。

对新兴市场而言,之所以选择通过跨境电商交易平台到中国购物,一个重要原因就是"物美价廉",而新兴市场对中国汽配产品的肯定也是因为这个原因。波索来自阿根廷,是法布里帕塔哥尼亚责任有限公司的一位采购员,他在该公司有 6 年的工作经验。在 2013 年,他无意中在网站上浏览到中国的汽配产品,因为产品价格优惠、性价比较高,他开始持续关注中国的汽配产品。

此后,波索开始搜索各个跨境电商平台上面的厂家、商品、价格等资料,经过多方调查和对比之后,他最终选择了世界工厂网西语站。

首先,该平台网站上大气的设计风格、专业的网站设计、雅致的版面就让波索眼前一亮;其次,世界工厂网全面的建站系统,包含了英语、西语、法语、俄语、日语、阿语 6 大语种,这让他觉得沟通起来很方便;再次,网站上汽配制造商良好的质量价格保证、30 万家汽配制造商的优势数量,以及流畅的采购流程,也让波索感觉很满意。最终,他在进行了小批量的试货之后,决定将世界工厂网定为公司长期的采购平台。

世界工厂网是一个基于免费使用的新型 B2B 平台,是全球领先的大型电子商务互动平台。它致力于为实体型生产企业提供电子商务服务,为贸易商、商务服务企业、制造工厂等提供沟通服务平台。用户可以很快在网站上建立自己的网上商铺、通过网上商铺和海外客户直接对话。从 2009 年 1 月底该网站上线以来,它已经囊括了国内的 600 多万贸易商和 50 多万家实体工厂,成为了国内知名的跨境出口的低成本采购平台。

就像案例中世界工厂网与波索的对接一样,在新兴市场有很多采购商和终端消费者正在加入中国跨境电商的领域。这对中国的众多中小企业而言,是一个很好的跨入跨境电商领域的市场机遇。对于新兴市场未来的发展潜力,市场研究机构 eMarketer 也作出大胆预测:2014 年全球 B2C 电子商务销售额达到 20.1% 的高速增长,而迅猛发展的新兴市场将成为其增长的主要推动力。目前,在中东、非洲、中东欧、拉丁美洲等地区,电子商务的渗透率虽然还比较低,但是未来的成长空间却很大。

在网购模式的逐渐渗透、国家政策的不断扶持,以及传统外贸的加速转型等因素影响下,大中华区跨境电商零售出口产业在未来几年依然会保持惊人的增长速度。在这种形势下,新兴市场也将会成为很多中小企业进军跨境电商领域的市场选择。中小企业做跨境电商需要注意的问题如图 5-3 所示。

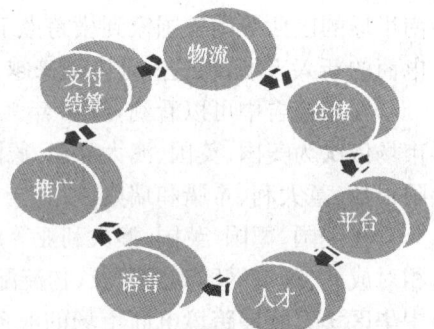

图 5-3　中小企业做跨境电商
需要注意的 7 个问题

二、如何成功进入新兴市场

(一)物流:选择一家合适的合作物流公司

中小企业在选择物流公司进行合作时,要从 3 个方面去衡量这个物流公司是否合适。

(1)看物流公司的发展历史:最好是选择有一定的经营历史、信用度较高的物流公司。

（2）看公司的服务渠道是否全面：根据不同货物的重量、体积、包装等要选择不同的物流方式，比如小包一般是限制在 2 千克以内的。如果选择的物流公司具有全面的服务渠道，无论是哪种规格的包裹都能给出良好的服务，那么就不需要再联系其他物流公司了。而且，一般情况下在一个物流公司发货越多，享受的优惠就越多。

（3）看物流公司给出的价格：跨境电商中高昂的物流成本会严重压缩卖家的利润，所以物流的价格也是很重要的。不过，卖家也不能只注重物流价格，而忽视了服务质量和顾客体验。丢包、操作异常、派送时效不稳定等状况，往往会影响顾客的再次购买率。

（二）仓储：海外仓储有风险

首先我们要明确一点，海外仓储并不适合所有的商品，一般那些易碎、体积大、价格高或者传统渠道不能走的商品会走海外仓。

想做海外仓的企业，要有较强的抗风险能力，以及雄厚的资金支持。因为一旦出货进了海外仓，就要保证商品能够销得出去；否则，若是再运回来就得不偿失了，毕竟运费和海关关税成本都是非常高昂的。

（三）平台：可以将第三方平台与自建商城相结合

若是刚涉足跨境电商的商家，最好先选择一个第三方平台，在第三方平台上开网店进行跨境销售。第三方平台一般都形成了自己的成熟规则，而且这些规则是在长期的实践积累中建立的，它能够在保护买家利益的基础上，较大限度地保证公平竞争。

对于卖家来说，加入第三方平台优势是流量一般不花钱；但是劣势也很突出，做得越大，战略隐患也可能越大，甚至可能因为一个不经意的错误，第三方平台就能强制关掉你的网店，这种损失是不可估量的。

对于自建商城的跨境 B2C 企业而言，自然可以不用受第三方平台的节制，而它最重要的任务是做品牌，让用户认识并信任你的品牌，这样顾客才会买账。对于自建商城模式而言，信息传播是最为重要的工作，其次才是订单成交。

不过，我们也看到有些商家采用了一种更聪明的做法——将第三方平台与自建 B2C 商城相结合。比如在发货的包裹里放宣传页，推广自己的 B2C 商城，这种做法也实现了自有商城的免费推广。

（四）人才：搭建高效的跨境团队

（1）在搭建跨境团队时，首先要清楚自己需要什么样的人才，哪块缺人就补哪块。

（2）懂平台操作的人是团队必需的，不过也不能缺少懂产品的人。

（五）语言：沟通好才有生意做

在跨境在线零售网站上，卖家会接到不同国家的访客，因此想要促成订单，就一定要突破语言障碍。一般情况下，跨境电商建立网站都是以英文为主，不过若做新兴市场的话，则要考虑自己针对的主要是哪个国家的客户。最好是建立多语言服务体系，这样能够有效降低推广成本、运营人员成本以优化成本。

对于传统外贸企业或者是主打"英语类"市场的企业来说，聘请几个英语过硬的员工，外加翻译软件是企业的标配。

然而，对于小语种市场而言，这些远远不够。对于小语种市场而言，机器翻译出来的语言,对当地的买家来说理解难度很大。这里面有语言问题、术语问题、货币问题和企业名称、产品名称等问题。

除此之外,还要在信息流的基础上提高跨境电商的经营效率。从语言的角度讲,要提高跨境电商网站站内站外的 SEO(搜索引擎优化)。从翻译角度来讲,无论你将产品信息翻译得多标准,如果无法提高站内外的搜索那也是白搭。如果翻译出来的不是电商的,或者无法做 SEO 的,无论你花多少钱,SEO 站内外搜索的结果都不会理想。

(六)推广:提升店铺流量和转化率

跨境电商既然属在线购物,就肯定需要流量。店铺若没有流量,自然也就没有转化率,订单也不可能不请自来。在国外网站做推广,一般可以通过 Google 上搜索关键词,另外国外社交网络也是引荐流量的一种渠道。

(七)支付结算:跨境人民币结算

做跨境电商,收款通道肯定也是需要考虑的一个问题。现在,跨境人民币结算是许多跨境电商会采用的收款通道,它有以下几个特点:

(1)结汇成本较低。因为跨境人民币结算走的是正规通道,能够节省一定的时间成本。

(2)对接流程方便。卖家在店铺后台基本能清楚看到每一笔交易的结算情况。

(3)灵活性较好。结算时间可灵活调节。

(4)风险控制系统完善。相对于其他结算通道而言,它的风险控制系统较为完善。

第四节　传统企业进军跨境零售,如何选择一个好产品

近年来,传统的外贸形式可谓增长乏力,而相比之下,跨境电商这种新型进出口外贸形式增速迅猛,已经成为国内很多进出口企业的掘金新通路,再加上国家不断出台政策法规力推跨境电商,更是让跨境电商变得炙手可热了。

中国凭借着产品价格低廉、产品线丰富等天然优势,俨然已经成为世界制造中心。在跨境电商发展迅速的新格局下,传统企业若能抓住机遇,把握住商机,成功进军跨境零售行业,也能够迅速取得转型红利。

传统企业进军跨境零售,关键是选择好产品。作为个人和小团队,在选择跨境零售产品时有什么窍门吗? 如果你是一个制造厂商,这个问题自然不需要探讨,因为已经具备自己固定的产品链,接下来要考虑的是自己的产品更适合哪里的市场,而不是选择哪种产品。因此,在这里我们针对的是那些还没有产品的中间商。

一、产品价格的选择

选择产品时,最好选择单品价格在 50～500 美元的产品。

首先,商品价格不能太低,因为跨境交易需要的国际运费价格比较高昂,如果单品价格太低,而运费价格太高的话,跨境消费者的购买欲望肯定不会太高。另外,若单品价格太低,卖家利润太少,操作起来也很累,自然销售热情也不高。更何况,低价产品门槛低,很容易招来竞争者,对卖家并不是好事。

其次,产品单价也不宜过高,因为在目前跨境电商领域的信用体系还不完善的情况下,买家与卖家之间还很难形成信任关系,这势必会影响买家下单。例如,一些价格高昂的贵重物品、奢侈品,就存在此类问题。

将单品价格保持在50～500美元,既可以保证卖家有足够的利润空间,又能促使买家下单,是比较合适的售价区间。

二、产品种类选择

1. 在选择产品种类的时候,最好选择哪些"小、便、轻"的产品

要知道,对于体积太大而重量轻的产品,在用国际快递运输的过程中会采用抛货价格,这样一来势必增加物流成本,所以运费很划不来。另外,选择产品还要方便运输,在运输中商品最好是不易被损毁的,否则退换货就是一个大问题。若因为运输损毁商品而产生订单纠纷,那么不但要耗费人力去解决,而且在退换货时还会增加运费成本,要知道跨国运费比国内运费高多了,这样一来一回实在得不偿失。

2. 在选择产品种类时,还要考虑海关通关和清关问题

有些产品国际快递是不能受理的,还有一些不能过海关,这些都要了解清楚。除了国家法律禁止的物品之外,药品(需要专门的快递)、粉末状物品、液体、易燃易爆品等都是不能快递运输的。另外,还有必要了解目的市场的通关政策,知道哪些产品是不允许进口的,比如在澳大利亚,珠宝、化妆品等商品都是禁止清关的。关于这些资料可以向同行业资深人士咨询,也可以针对自己的产品询问相关的物流公司。

3. 可以选择易耗型产品

因为易耗产品会引起顾客的重复购买,这样有利于传播和留住顾客,也容易让消费者养成消费习惯。

三、通过市场研究选择适合的产品

在选择产品时,一定要进行市场研究。要知道,在文化环境等方面,跨境电商与国内电商是非常不同的。对国内电商而言,国内的文化环境基本没有太大的差异,消费者的消费习惯和消费心理也不难研究,只要增加流量和曝光率,就能带来订单。

当然,这也不是说做国内电商不需要研究消费者的消费心理和消费习惯,而是研究起来相对容易很多。可是,在境外市场做跨境电商时,我们在不了解甚至没有接触过外国人的情况下,很难了解他们的消费习惯和消费心理。在这方面就有很多刚开始做跨境电商的人反映:你觉得可能会流行的产品外国人也许根本不理睬,而你觉得冷门的产品却可能成为外国人的爆款产品。

更何况,全世界的国家和地区那么多,消费者有着自己不同的生活习惯和文化环境。什么样的产品适合什么样的消费者,适合在哪些国家和地区销售,这些都是要深入研究的。

另外,针对不同产品、不同市场,在选择平台的时候也有一定的差异性。比如,目的市场若是欧美、英国、澳洲等发达国家,eBay平台就比较适合,在选择产品时要选择比较有特色的;对于俄罗斯、巴西等新兴市场,选择阿里巴巴旗下的速卖通作为平台会更好,产品选择上最好是选择一些价格相对较低的产品。

做境外市场调查,在不能去国外实地考察的情况下,采用数据分析是一种不错的调查方式。进行数据分析时,一般有两种数据来源:外部数据与内部数据。所谓外部数据,就是指除自己的公司以外,其他市场或者企业产生的数据。而内部数据是指公司内部在经营过程中产生的数据信息。所谓"知己知彼,百战不殆",想要作出正确、合适的产品选择,对内外部数据进行调查和分析还是很有必要的。

四、外部数据分析

分析外部数据,需要灵活、综合运用各个分析工具,这样才能掌握足够的品类选型的数据依据。首先,利用 Google Trends 工具研究品类的周期性特点,获得一定的产品开发先机;其次,通过 KeywordSpy 工具,搜索与产品品类相关的关键词和热词;最后,在确定出一个品类后,可以借助 Alexa 工具,到竞争对手的网站上选择三家经营该品类商品的店铺,对其进行参考、分析和研究。

1. Google Trends(类似于中国的百度指数)

Google Trends 搜索网址为:http://www.google.com/trends,搜索时可以将国家、关键词、时间等放入搜索框,如图 5-4 所示。

图 5-4　Google Trends

例如,把泳装 swimwear 作为搜索关键词,选择国家分别为美国和澳大利亚。你会看到这样的搜索结果:美国位于北半球,泳装销售的高峰期为 5～7 月;澳大利亚处于地球南半球,泳装高峰期为 9 月至次年 1 月。

了解到这样的信息之后,我们就可以提前进行市场开发。在开发美国的泳装市场时,要赶在高峰期来临前的 3～4 月完成备货等筹备工作;而开发澳大利亚的泳装市场时,应该在 8～9 月内完成筹备工作。在选择产品时,一定要注意各品类在不同国家、不同地区的销售规律和周期规律,否则很可能会因为错过市场高峰期而损失惨重。

又如,在全球范围内搜索圣诞节(Christmas)的关注热度,搜索结果表明:与圣诞节相关的产品销售在 1 年之中只有一次销售高峰。在每一年之中,从 9 月圣诞节(Christmas)市场开始受到专注,并逐步升温,10 月、11 月进入高速增长期,至 12 月底开始进入销售最高峰,等圣诞节过后将迅速跌至冰点。

掌握这种产品规律之后,就可以提前备货,并且准备好与销售相关的所有推广活动,这样一来在销售高峰来临前做好一切工作,最终跟随热度周期占领市场。如果对这种规律毫无了解，等到圣诞前夕再准备，恐怕就只能抓住圣诞节的尾巴了。

2. KeywordSpy

KeywordSpy 这一搜索工具的地址为：http://www.keywordspy.com/，搜索时需要键入查询条件：关键词、站点、国家，如图 5-5 所示。

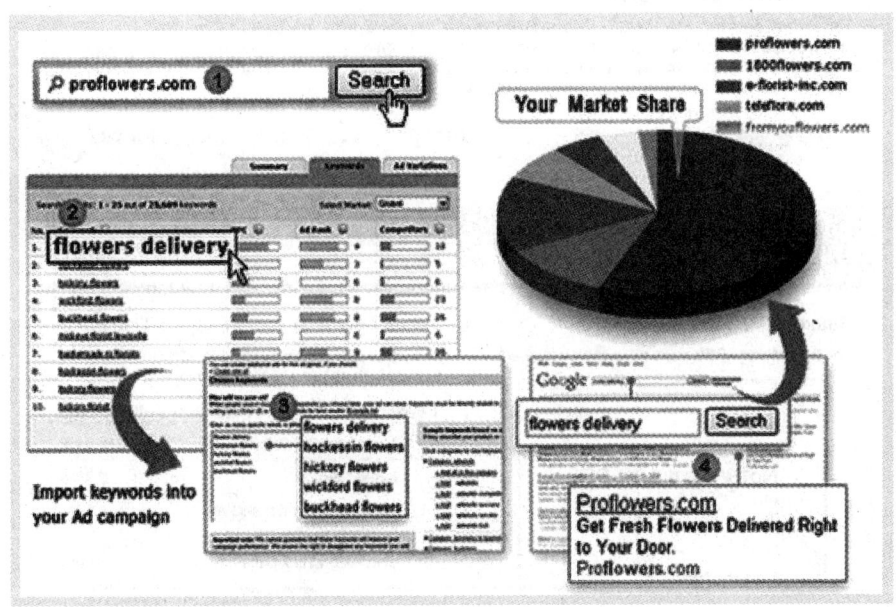

图 5-5　KeywordSpy

仍然以 swimwear 为例，将目的市场选在美国，查询条件选择 Keywords。搜索结果表显示：在美国市场，swimwear 这个词市场热度比较高，每月平均搜索量约为 274 万次。另外，还可以看到，其中搜索量最大的几个关键词是泳装的主关键词，如 Swimsuit、swimwear、bathingsuit 等，而其他关键词可以作为长尾关键词。得到这些关键词之后，可以将其用于产品搜索、产品描述、产品信息加工中，这样可以在很大程度上提高 SEO 的优化水平。与此同时，在搜索结果页面上，还能够看到与 swimwear 这个关键词相关的主要售卖网站的站点列表，其中要重点研究那些原始关键词比较多的网站，然后从在 KeywordSpy 发现的竞争对手网站中选择几个作为参考和研究对象。之后，对于选择出来的竞争对手网站，通过 Alexa 工具对其进行进一步分析，最终确定是否有可以学习、参考或借鉴的地方。

3. Alexa

利用 Alexa 这一搜索工具，我们可以了解网站目标市场及分布，它的网址为：http://alexa.chinaz.com/，如图 5-6 所示。

例如，用 Alexa 这一搜索工具搜索网站 www.landsend.com。

在查询结果页面，我们应该重点关注 landsend.com 这个网站的日均 IP 流量（代表网站的整体知名度），以及该网站在各个地区的排名（代表网站在各个地区的知名度）。

搜索结果表明：这个网站的主要目标市场是美国，而且它在美国的知名度很高。再结合前面我们用 KeywordSpy 工具作出的分析，可以基本确定：我们可以通过这个网站来了解

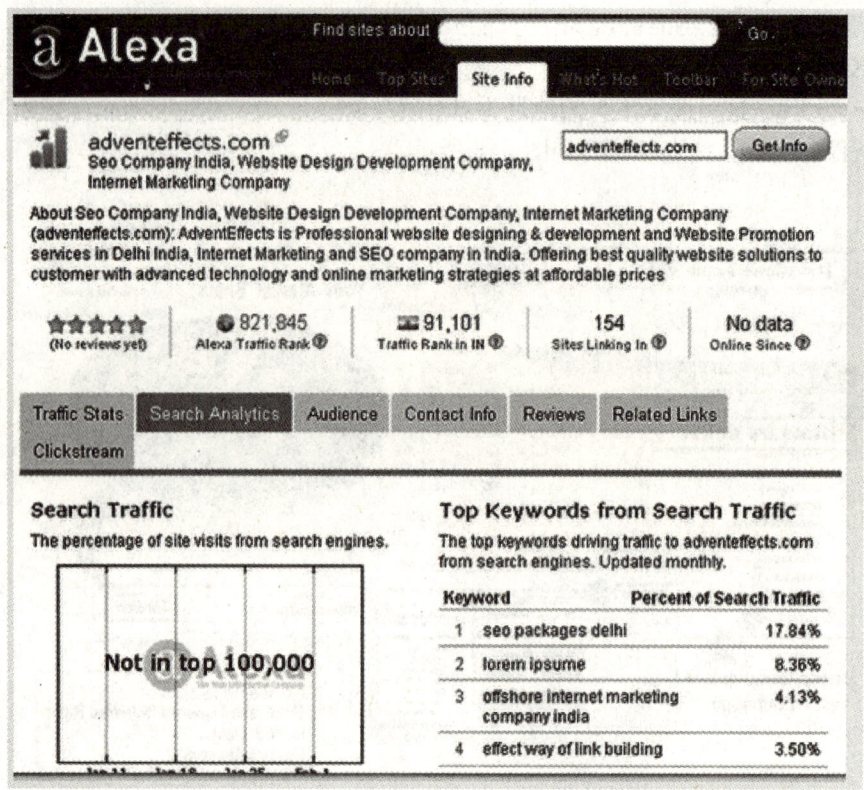

图 5-6　Alexa

和研究美国泳装市场的产品价格和品相,而且这个网站也可以用于参考和研究美国乃至北美市场的泳装类别。

五、内部数据分析

所谓内部数据,也就是公司内部已经上架的产品在经营和销售过程中所产生的销售数据。分析这些数据,可以让我们验证自己所选的产品是否成功,也可以为以后选择产品提供指导方向。进行内部数据分析,可以用到搜索工具 GA,其网站地址为:http://www.google.com/analytics/。

通过 GA 分析工具,可以对已上架产品的销售信息,如流量、转化率、跳出率、客单价等进行分析,以确定哪些产品销售形势良好,以及这些产品的整体动销率。在此过程中,我们可以从选择失败或成功的产品中吸取经验和教训,再结合外部数据分析,将自己培养成为能选择好产品的高手。

六、选择流行的热门产品

在外贸领域,近些年较为热门的产品大类有假发、3C 电子、家居、电子烟、汽车配件、饰品等,当然在这些热门品类中同行竞争也是非常激烈的。如果你想选择这些热门品类,就需要精挑细选一些有特色的独到产品,最好是能够表现自我个性的,如定制礼服、特色箱包、个性饰品等。

在经营跨境电商的最初阶段,选择合适的产品是比较艰难的。在海量的产品中确定适合自己的产品,就仿若大海捞针一般,而且谁也无法保证哪种产品一定会热销。不过,在这里我们可以分享一个小技巧:在确定了自己喜欢的产品类别之后,可以先进行大量铺货,然后隔段时间根据销售数据,换掉那些销量不好的产品,再换一批新的上去。这样在不断优胜劣汰的选择之下,最终肯定能够选择出一些热销的产品,然后再进行深耕。

第五节 传统企业转型跨境电商,应避免哪些"雷区"

随着传统外贸企业的由盛转衰,许多外贸企业开始寻求新的出路,于是跨境电商渐渐成为传统外贸企业家们关注的焦点。

电商平台具有电子化、数字化、开放性、全球性、互动性、低成本等特点,可以帮助企业降低成本,提高效率。传统外贸企业也可以利用电商平台获得更多的信息资源,扩大市场占有率,增强企业的竞争能力。于是跨境电商平台受到了企业的广泛欢迎,一时间,各种跨境电商平台风起云涌,成为各个企业竞相入驻的对象。

任何事物都不可能是完美无瑕的,就连看似拥有巨大潜力的电商平台也一样。当电商贸易在发展到一定阶段之后,电商平台也会出现问题。各电商平台也在不断制定相应的规则,对平台上出现的问题进行解决和完善。就拿阿里巴巴全球速卖通来说,如果速卖通上的卖家有违规行为,并且情节比较严重,影

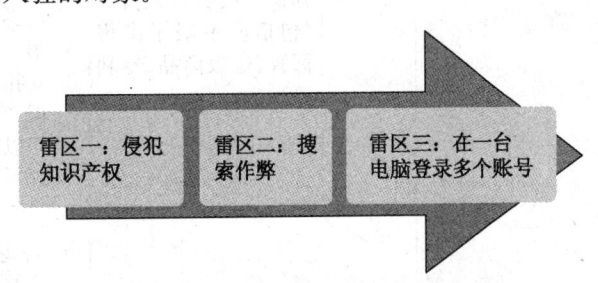

图 5-7 跨境电商企业应避免的 3 个"雷区"

响比较恶劣的,速卖通就有可能对卖家进行进一步的处罚,甚至清退。

对于想要进军跨境电商的卖家和企业来说,应该注意哪些雷区,才能避免被平台封锁账号或者清退? 以速卖通为例具体说明,如图 5-7 所示。

一、雷区一:侵犯知识产权

侵犯知识产权是跨境电商卖家最容易犯的错误之一。

对知识产权的保护一直是困扰外贸 B2C 领域的一个重要难题。在外贸交易中经常会出现假货问题、产品的质量问题等。速卖通在知识产权规则中进行了规定,如果平台收到买家和知识产权所有人的投诉,或者是平台在对店铺的商品信息进行抽查的时候,发现有涉嫌侵权的信息时,平台就会将这类信息退回或删除,卖家也会被扣分,当卖家被扣的分数积累到一定节点之后,平台将会执行惩罚措施,对其他卖家以示惩戒。

为了加强对平台市场秩序的维护,帮助消费者提升购物体验,速卖通进一步调整了有关知识产权方面的规则,对于在知识产权所有人投诉中存在有关假货、劣质产品以及专利等方面的违规行为的,将会加重对他们的处罚和扣分。与此同时,速卖通还在知识产权方面增加了一些新规定,如表 5-1 和表 5-2 所示。

表 5-1　全球速卖通知识产权规则

处罚依据	行为类型		积分处罚	其他处罚
《知识产权规则》	买家投诉收到假货		6 分/次	
	图片盗用投诉		• 6 分/次，首次违规 5 天内算一次（不扣分） • 第 6 天开始，每次投诉扣 6 分 • 1 天内若有多次投诉扣一分，时间以投诉结案时间为准	
	知识产权所有人投诉	知识产权所有人投诉（包括但不限于不当使用他人商标、著作权、有争议的专利等）	• 6 分/次，首次投诉 5 天内被同一知识产权投诉第一次（不扣分） • 第 6 天开始。每天被同一知识产权投诉 6 分。1 天内若多次投诉扣一分，时间以投诉受理时间为准	
		知识产权所有人投诉（包括但不限于出售假冒、盗版商品、专利等）	• 首次投诉成立不扣分。5 天内被同一知识产权投诉成立算一次 • 第 6 天开始，再被同一知识产权投诉成立扣 12 分 • 第三次再被同一知识产权投诉成立扣 36 分。1 天内若被同一知识产权多次投诉成立扣一次，时间以投诉处理时间为准（每次违规后，均须进行知识产权学习）	
	平台抽样检查		• 每退回或删除一次扣 0.2 分，1 天内扣分不超过 6 分。有如下情形之一的，每退回或删除一次扣 2 分，1 天内扣分不超过 12 分 (1) 发布涉嫌侵权的品牌衍生词 (2) 发布涉嫌侵权信息且错放类目	

表 5-2　全球速卖通知识产权侵权处罚

违规行为类型	处罚方式	
	处罚标准	处罚方式
违反《禁限售规则》《知识产权规则》	分数累计达 2 分	严重警告
	分数累计达到 6 分	限制商品操作 3 天
	分数累计达 12 分	冻结账户 7 天
	分数累计达 24 分	冻结账户 14 天
	分数累计达 36 分	冻结账户 30 天
	分数累计达 48 分或全店铺售假或进行恶意规避等	关闭账户

（续表）

违规行为类型	处罚方式
违反《禁限售规则》《知识产权规则》	注： 1. 分数按行为年累计计算，行为年是指每项扣分都会被记365天，比如2013年2月1日12点被扣了6分，要到2014年2月1日12点才被清零 2. 对处罚分数不断增加的卖家，将同时给予整个店铺不同程度的搜索排名靠后处理 3. "限制商品操作"是指对速卖通卖家发布新产品以及产品编辑功能进行关闭，无法操作 4. 如会员侵权情节特别严重，阿里巴巴保留单方面解除合同、直接关闭账户的权利

　　速卖通在其知识产权规则中对违规行为进行了规定，违规行为包括：买家投诉收到假冒伪劣产品，卖家投诉图片被盗用，知识产权所有人对于卖家侵犯知识产权方面的投诉，平台进行常规抽样检查时发现不合格产品。如果卖家出现上述不同种情况，就会受到不同程度的扣分以及警告、限制、冻结等相关处罚；如果平台上的卖家被扣的分数积累到了48分，速卖通就会关闭这家店铺的账户。

　　速卖通的相关人士表示，速卖通之所以对有关知识产权方面的规则进行调整，一方面是为了保护知识产权人的合法权益，有效减少和制止侵犯知识产权的行为；另一方面也是为了提升消费者的购物体验，帮助平台留住更多的客户。速卖通的相关人士还提醒卖家，在新修订的规则生效之前，卖家最好对自己店铺的商品进行排查，避免存在侵犯知识产权的隐患行为。

　　之前中国的传统外贸企业只重视对利润的追求，出口的产品虽然低廉，但是质量却不能得到保证，长此以往，使外国客户对中国的产品失去了信心。除此之外，中国传统外贸企业对产权的意识比较淡薄，不仅保护不了自己的劳动成果，还随意窃取他人的劳动果实，在外国市场上留下了比较糟糕的印象，一些重视知识产权保护的国家根本就不允许侵权产品进入国内市场。因此，随着速卖通的进一步发展壮大，速卖通将会更加重视自身在国际上的发展形象，也会越来越重视对知识产权的保护和产品质量的追求，自然也就会加重对侵权行为的处罚。

二、雷区二：搜索作弊

　　除了发生侵犯知识产权的严重行为被平台关闭账号之外，卖家如果被发现存在搜索作弊、发布违规以及交易违规等行为后，也会被平台处以关闭账号的惩罚。

　　所谓的搜索作弊包括三种情况：

　　（1）关联性作弊。产品类目错放，错选了产品的属性，产品标题滥用和堆砌，黑五类商品错放，产品重复铺货，发布广告商品，商品的描述与商品的实际不符，卖家在计量单位方面作弊。

　　（2）价格作弊。商品价格远远低于一般市场价格，商品价格远远高于一般市场价格，卖家在物流运费上作弊等。

　　（3）销量作弊。卖家在网上公布的销售数据作弊。

所谓的发布违规包括三种情况:

(1)卖家在网页上留有自己的联系方式或者在平台上出现不属于速卖通的网站链接。

(2)卖家发布的商品信息违反了特定行业商品发布规范。

(3)卖家其他发布不当的行为,包括在发布的商品信息中带有攻击性、亵渎性等违法或者违反基本道德规范的文字,以及发布的信息与商品不相关等情况。

所谓的交易违规包括:

(1)在买家与卖家达成交易协议之后,卖家违反诚信交易原则,不卖商品、发售虚假的商品等。

(2)卖家对自己的信用和销售量进行虚假炒作。

(3)卖家使用一些方法以及手段诱导买家提前收货,使得买家的利益受到损害。

(4)恶意骚扰买家。

(5)卖家之间进行不正当的竞争,严重扰乱平台的正常秩序。

对卖家出现的各种搜索作弊行为,速卖通平台搜索系统会自动进行日常的监管,并及时对存在作弊行为的商品进行清理,系统还会在卖家后台的搜索诊断工具中对卖家搜索作弊的违规情况进行提醒。如果发现卖家的商品存在搜索作弊的行为,平台就会给予其商品搜索排名靠后的处罚;如果发现卖家搜索作弊行为累积次数比较严重,还会给予其整体搜索排名靠后以及屏蔽的处理;对于情节特别严重的,还可能会冻结或者关闭其账户。

在其他一些跨境电商平台上,如果卖家的账号被关闭,就很难在同一台电脑上或者同一个 IP 上开新的账户了,有时候与被关闭账号相关的账号也会因受到牵连被关闭。像在 eBay 等平台上,为了严厉打击第三方操作,维护消费者的合法权益,平台在对商家的作弊行为上管理得很严格。因此,如果卖家认为作弊可以侥幸逃脱的话那就大错特错了,后面必定有严厉的惩罚措施在等着你。

三、雷区三:在一台电脑上注册多个账号

对于刚刚进入跨境电商平台的卖家来说,如果为了避免平台账号被关闭,除了要严格遵守平台上制定的规则之外,还要注意以下几点:

(1)不要在同一台电脑上同时注册多个账号(超过两个)。

(2)在注册时填写的相关信息,包括住址、银行信息等不要重复,否则如果有一个账号被关闭,其他的账号也会被关闭。如果你有两台以上电脑,就可以在固定电脑上有固定账号。如果一台电脑上的账号被封了,就不要用这台电脑继续申请账号了,同时之前被封账号的申请资料,包括银行、地址和电话号码等也不能再重复使用了,因为很容易被再一次封杀,且是永久性封杀。

(3)对于新手刚开通的账号,一天登帖子的数量不要超过 5 个,而且商品的价格不要标的太高。在 eBay,如果情节比较轻的话,eBay 会提醒你将帖子删掉,然后再停你 15 天的账号;但是如果情节比较严重的话,你的账号就可能被永久封杀。

(4)对于平台上的卖家都需要向平台缴纳一定的费用。如果拖欠费用,你的账号就有可能被封;如果是因为这个原因账号被关的问题比较容易解决,只有交上费用就可以再开通了。

（5）在 eBay 平台上，卖家如果到了 Power seller 就不会被轻易封号了。卖家的 Power seller 级别越高，卖家享受到的服务就越专业和全面。

（6）卖家在网页上发布的帖子或者图片不要抄袭和侵权。

（7）如果支付的金额超过一定的数额，为了避免企业进行洗钱，PayPal 就会索要公司的具体信息。如果卖家利用 PayPal 大量转款或者在不同的国家和地区进行转款，就很容易被封锁账号。

（8）如果卖家不存在各种违规或作弊行为，但是账号仍然被封，而且申诉也没有结果，卖家就可以向专业的律师求助。但是要最终完成申诉的话，耗费的时间和金钱都比较多。

第六节　跨境电商卖家如何避免"价格战"

近年来，跨境电子商务作为一种新生事物出现在了公众的视野中，国家也给予了高度的重视。2013 年对于跨境电商而言是一个重要的转折年，我国不仅出台了多项政策和措施支持和规范跨境电子商务行业的发展，还在进一步研讨和落实更加具体的政策措施。

除了国家对跨境电商的扶持之外，媒体的广泛报道也使跨境电商越来越热，越来越多的中小企业纷纷摩拳擦掌，全力进军跨境电商领域。

随着跨境电商的迅速发展，跨境电商平台上中小卖家之间开展的激烈的价格战也变得越来越让人无法忽视。是什么原因导致跨境电商卖家展开如此激烈的价格战？又应该如何避免价格战呢？

一、价格战产生的缘由

"价格战"一说由来已久，是指企业或者卖家之间通过竞相降低商品的价格而展开的一种商业竞争行为，推动价格战的主要因素包括市场、成本以及技术。而开展价格战的目的就是打压竞争对手，抢占更多的商场份额、减少库存。

一般来讲，卖家都不喜欢打价格战，但是处在这样一种商业环境中，如果你不打价格战，你就会被竞争对手打落到尘埃里，因此，为了打败对手赢得客户，很多卖家不得不为之。

在 2013 年跨境电商价格战中最惨烈的阵地就是阿里巴巴全球速卖通，在这里总会有你意想不到的低廉价格。这种卖家之间进行的恶性竞争不仅使商品的利润越来越低，而且这种营销模式也很难一直持久下去，很多小卖家在激烈的价格战中惨败收场。为了控制这种恶性竞争，速卖通也不断调整平台运营规则，但却总有许多搅局者喜欢钻规则的漏洞。还让小卖家担心的是自己的供货商也开始在速卖通上以低廉的价格出售商品，使本来就陷入价格战困境的小卖家雪上加霜了。

原来竞争并不激烈的独立电商平台也被卷入价格战，现在平台上的卖家为了防止竞争对手用更低廉的价格挖走自己的客户，都在商品页面上设置了 pricematch（价格保护）的功能。有一家平台上的卖家曾经抱怨说，不仅竞争对手越来越难对付，就连客户也变得越来越狡猾，有时候他们就将竞争对手网站的商品链接发过来提出降价的要求，我们为了留住客户，就只好一而再再而三地降低自己的盈利了。

跨境电商平台会发生激烈的价格战的原因如图 5-8 所示。

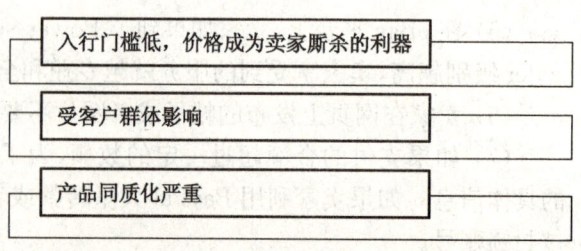

入行门槛低，价格成为卖家厮杀的利器

受客户群体影响

产品同质化严重

图 5-8　跨境电商平台发生激烈价格战的原因

（一）跨境电商入行门槛低，价格成为卖家厮杀的利器

对于刚刚起步的个人卖家，因为他们不管是在产品研发，还是采购处理订单、打包发货、客服等都是亲力亲为的，因此投入的成本比较低，于是利用这些优势，将自己的商品价格定得很低，以便于迅速获得客户。

对于做第三方平台起家的大卖家，他们将议价权掌握在自己手中。他们拥有多年的进货和销售经验，能够更准确地把握市场需求，能在海量的商品中选择更能顺应海外流行趋势的商品，以大批量进货为条件要求供货商降低价格。

对于夹在中间的中小卖家来说，他们就比较难做了。他们较刚起步的个人卖家而言有较大的人员规模，这样就会相应地带来一定的人力成本。对于大卖家而言，虽然采购的种类比较多，但是因为每次订单量不大，不能掌握商品的议价权。因此，可以说在价格战中，中小卖家毫无优势可言，只能牺牲自己利益把价格战作为跟别人竞争的武器。

跨境电商入行的门槛低，到底有多低呢？只要你有一台能上网的电脑，稍微懂一点英语，再借助各种翻译软件就可以轻松地在速卖通上开店了。你经常会发现微信圈里有人提及又有人开网店了，网上也经常会出现谁靠开网店发家致富了……此类事情不胜枚举，这就从侧面反映了入行门槛低的现象。

（二）受客户群体的影响

跨境电商之所以能够迅速崛起，靠的就是海外买家群体。那么海外买家为什么会选择在跨境电商网站上购买商品呢？这大概有两方面的原因：

（1）海外买家想要购买的商品在跨境电商网站上的价格相对于当地的购物网站以及实体店要便宜得多。

（2）海外买家想要的东西在当地买不到，但是在跨境电商网站上有。

以美国为例，如果一个美国人想要买一部安卓手机，在当地的商店可能需要 300 美元，于是他在跨境电商网站上通过谷歌搜索引擎找到了一部拥有同等功能的手机，但是价格仅仅只有 100 美元还提供全球免费包邮服务。于是他自然比较乐意买这一部只有 100 美元的手机，而且并不介意发货地址在哪。

受大多数"屌丝"客户群的影响，大多数跨境电商卖家都很难在品类拓展上更进一步。没有丰富的品类，就难以抢占更多的市场资源，于是卖家们选择以打价格战的方式来获得更多的客户，抢占更多的市场份额。

（三）产品同质化严重

如果你是一位海外买家，想买一个手机外套；利用搜索引擎在网上进行搜索，结果发现有几千家来自中国的供货商提供了相同款式的手机外套。那么，在这几千商家里到底会选哪家，则价格在其中发挥了决定性的作用。

如图 5-9 所示的独立网站中,它们的产品中几乎有一半以上是相同的,产品大多数来自深圳华强北。这种货源的公开化以及价格的透明化使得网站上卖家之间的价格战越演越烈,再加上许多卖家提供了全球包邮的物流服务以及各种比价工具的研发和推广,使卖家的利润一降再降。

图 5-9　跨境电商平台同质化严重

二、跨境电商卖家如何应对价格战

面对激烈的价格战,卖家们又该怎样见招拆招呢?

在价格战面前,大企业有大企业的打法,中小卖家有中小卖家的作战规则。有关大企业应如何应对价格战,以兰亭集势为例说明。

兰亭集势是一家全球知名的外贸销售网站,它在应对跨境电商的价格战时有自己的招数。兰亭集势的 2013 年第二季度财报数据显示,兰亭集势的利润率呈现明显下滑趋势。兰亭集势 CEO 郭去疾认为,竞争对手对兰亭集势的 IPO 反应强烈,为了应对兰亭集势的强烈攻势,他们试图通过大打价格战方式来起到震慑作用。

但是兰亭集势并没有让他们占到便宜,兰亭集势将自己上下游的婚纱供应链进行了整合,包括婚纱设计、宣传、聘请模特摄影等环节,甚至还在市场上推出了一款有关婚礼策划的 App。后来在婚纱利润率不断下降的时候,兰亭集势也没有坐以待毙,而是果断进军 3C产品领域,并在很多苹果认证的配件厂家拿到了授权,即便其他卖家因为侵权问题被PayPal 冻结账户或者被海关没收,兰亭集势也不会受到任何影响,反而有利。

中小卖家应该使什么招数呢?

如果中小卖家的产品比较有特色,自然就不可能被卷入价格战,因此,卖家应该在产品的选择上多下工夫,尽量减少同质化的商品。

现在许多网站卖家直接从大网站上抄袭热卖产品,认为这样可以节省营销成本,但是却忽略了自己的服务成本。有时候客户下单之后他们找不到相应的商品,这等于在砸自己的招牌。因此,中小卖家与其抄袭走捷径,不如自己去开发产品,走出自己的特色之路。

三、面对价格战,跨境电商卖家应该何去何从

随着跨境电商的竞争日趋激烈,2014 年跨境电商发展颠覆性的一年。在价格战的影响下,一批力量弱小的卖家就会被踢出市场,剩下的卖家主要会在服务方面展开新一轮的比拼。

要成功远离价格战,最好的方法就是走品牌化路线。有人认为做品牌不仅要耗费大量的金钱,还要投入很多的时间和精力。有许多小品牌商,他们中间最小的团队只有2个人,最大的也不超过30人。他们的团队虽然小,但是他们却坚持活着的品牌精神,并且一直在品牌化路线上执著地追求着。

现在的跨境电商已经不再那么容易赚钱,要想在众多跨境电商卖家中脱颖而出,就必须学会顺应局势,及时调整作战方案。跨境需谨慎,且行且珍惜。

第七节 传统企业转型的"三驾马车"

在这个互联网时代,已经有太多的传统领域被颠覆,而今电子商务的发展更是引来了众多企业甚至是政府的兴趣和关注。那么传统企业应该进行哪些方面的谋划,从而实现向电商转型呢?

市场是一只无形却力大无穷的手,无论在任何时候,蕴含在其中的内在经济规律都不会改变。而以互联网为依托的电子商务的崛起,则放大了市场经济的特点。当互联网开始在国内市场落地生根时,还很少有人或者企业会注意到这将是一股影响中国未来经济格局的重要力量。电子商务最早是在B2B领域萌芽的,之后才是B2C电商。

在这个过程中,一些企业以其灵敏嗅觉,率先进军电商领域,并且获得了互联网带来的商业红利;而另外一些反应迟钝或被体制束缚的企业则在电商的冲击浪潮中,懵然迷失了自己的未来,也难以再跟上消费需求的快速变化。

从企业运营的微观角度来分析,可以将电商比作经济领域的一座山,有的企业已经到达山顶,有的还在山腰攀爬,而有些则还停在山脚下。在此,以宋代禅宗大师参禅的三重境界来类比不同阶段的企业对电商的理解也都吻合,那便是:"看山是山""看山不是山""看山还是山"。

"看山是山"是指山脚下的企业貌似好像知道是什么是电商,也清楚做电商是现在商业发展的一种大势所趋,但是并不清楚该准备什么工具,以及走哪条路。

"看山不是山"是指处在山腰的企业,他们已经走在电商之路上,经历了一定的摸索和实践,但是因为前方荆棘密布而失了方向,可能还走了不少弯路。

"看山还是山"是指登上山顶的企业才会看透电商的本质,从而恍然大悟,真正实现传统企业到电商模式的转型和改造。

目前,绝大部分企业都还处在布满荆棘的登山之路上,然而还有一些传统企业依然还站在山脚,找不到跨入电商领域的入口。传统企业想要最终登上电子商务的顶峰,必须要学会驾驭以下"三驾马车"。

一、平台:资源应该流向最能产生价值的平台

企业对电子商务的理解应该更宽泛、更具有延展性,而不仅仅是局限于在阿里巴巴、淘宝或者京东开店卖东西,电商的平台也不仅仅是指我们熟知的这些平台。电商的本质是将商务互联网化,有人聚集的地方自然就有生意可做,所以你的客户可以出现在互联网世界中有人关注和聚集的任何地方,这些地方都可以是发力点,是你的电商平台。

目前,阿里巴巴、百度、腾讯三个互联网巨头把控了国内大约 80% 的流量,企业向电商转型时可以从这三大平台入手。但是,若将电商看成一盘棋局的话,阿里巴巴或者淘宝都应该是这盘电商棋盘中的棋子,而不代表整盘棋。

二、线下:先把线下的那条腿走好才能实现"两条腿走路"

传统企业想要向电商企业转型,要先考虑把线下这条腿走好,这样才能解决生存问题;待生存问题解决了,才能谋求日后"线上"电商之路的发展。

做电商单纯靠价格战取胜是行不通的,也不能将电商当成清库存的线上销售线,否则不但会影响原有的线下销售体系,还会对自身的品牌造成严重伤害。而且一旦走上电商发展之路,你就会发现在互联网上卖产品,也不会比线下节省多少成本。因为价格透明、产品同质化等特点,想要在成千上万的竞争者中取得先机,仅仅依靠价格取胜的产品是没有竞争力可言的。

当然在实现"线上与线下两条腿走路"的过程中,有成功的案例,也有失败的例子。东莞和旺电器有限公司的发展就为我们提供了一个传统企业向跨境电商企业转型并且实现两条腿走路的成功案例。

东莞市和旺电器有限公司董事长冯朝晖最初是做传统的五金配件供应起家的,经过多年发展,该公司已经成为全球领先的五金配件供应商。在电商浪潮的冲击下,冯朝辉顺势而为,也开始通过珠三角的优势产业——电子产品,逐步涉足跨境 B2C 领域,并且取得了不错的成效。

1. 让 B2B 和 B2C 并行

传统的 B2B 商业模式和电商的 B2C 模式是两种截然不同的海外市场开拓模式,在涉入其中时,企业必须要具备高度的灵活性。在谈及做 B2B 和 B2C 业务的不同之处时,冯朝辉认为:"就像人的两种性格,一静一动。B2B 企业的领导人就像作战参谋,在棋盘上指挥,运筹帷幄,通过邮件、展会等手段进行耐心的客户培育;B2C 企业的领导人像野战军旅长,带领团队冲锋,时刻根据最新的市场趋势作出调整安排。"

2. 做好转型期的人才储备

传统的 B2B 模式,前端需要大量的生产、工程研发人员,后端需要进行关系维护与客户沟通的营销人员;而电商的 B2C 模式,前端需要的是能够洞察消费市场趋势的设计人员与研发人员,后端则需要服务意识强、熟悉 B2C 平台营销规律的人才。

在这一点上,冯朝晖从 2008 年起就开始有意识地减少公司生产制造的规模,转而打造符合电商 B2C 模式的人才体系。因此,在实现线下 B2B 与线上 B2C 两条腿走路之后,才能够以人才库为依托,迅速适应对售前售后服务质量要求更高的 B2C 业务,并且开拓出适合 B2C 市场的产品线。在线上的 B2C 业务上,和旺电器对自己的定位是其他制造企业的"海外 B2C 事业部",它通过自己的电商团队,把其他企业的产品进行再设计和再包装,卖给境外的买家,从而实现自身与合作企业的双赢。

3. 供应链后端需更"贴近市场"

在向跨境电商转型的过程中,为了使供应链后端需更"贴近市场",冯朝晖很早就开始筹建海外机构,意图拉近与买家距离,更贴近海外市场。通过海外 office 的建立,冯朝晖的五金配件产品成功获得了 ABB 等世界 500 强企业的信任,开拓了一定的海外市场。

而更妙的是,因为"线上与线下两条腿走路"的实现,传统的 B2B 模式在这时候也帮了大忙。在最初做跨境 B2C 时,因为跨境物流时效差、可靠性不佳等特点导致消费者体验不佳,公司的跨境电商 B2C 业务也陷入了困境,而这时正是传统 B2B 模式的商业利润让企业渡过了难关。

冯朝晖还指出:"B2C 的关键因素一是响应订单要及时,二是服务消费者的意识要强,这两者都需要海外仓储作为支撑。"

4. 从不同业务领域构建传统 B2B 与电商 B2C 品牌

在发展电商 B2C 模式的同时,冯朝晖也没有放弃传统 B2B 模式的线下经营,而且并没有放弃打造自身品牌的"野心"。

为了不让新的 B2C 业务影响到原有的 B2B 业务,他选择了在新的业务领域——电子产品去开展电商 B2C 业务,并且想要将其经营为一个品牌商,将企业全球申请的"HLC"品牌作为 B2C 产品线的主要品牌。另外,在产品研发方面,他也避开了原有的 B2B 业务,而是投入到新的 B2C 产品的研发,并且在 LED 灯等新领域研发了带有"HLC"品牌的产品。

三、用户体验:基于用户体验进行更好的产品创新

企业做电商的终极法则就是要看重用户体验。我们说在互联网上购物的消费者一般都是最挑剔的,但也正是因为挑剔刺激了企业重视用户体验,更好地进行产品创新,这在一定程度上为更多企业提供了快速迭代的机会。

企业不应该将销售产品当作电商的终极意义,而是要将电商看成一个指导者,在电商中用户需求和体验的引导下,做产品研发,同时构建企业与消费者的新连接。在传统经济时代,因为信息的闭塞和用户体验传达不畅,所谓的产品开发往往还停留在闭门造车的阶段,但是如今以互联网为依托的电商时代已经为企业提供了直接接触消费者,并提供与其互动的机会。在利用互联网进行产品研发升级这一点上,小米就是一个经典案例,它的成功正是基于对用户体验的关注。

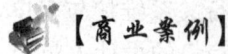【商业案例】

深圳网易盛世科技:由传统外贸向跨境电商的华丽转身

深圳网易盛世科技 2006 年开始涉足传统外贸,主营报警器、车载摄像头、倒车雷达、GPS 定位导航等安防和汽配产品。2008 年金融危机时,公司业务严重下滑,由于电商市场火热,于是开通了淘宝店铺;后又决定转型跨境电商,2010 年下半年入驻敦煌网,1 个月后关闭了淘宝店铺。具体如表 5-3 所示。

表 5-3　深圳网易盛世科技电商信息

主营产品	报警器、网络摄像机等安防产品
目标市场销售比例	北美,西欧 50%,巴西 50%,澳洲 10%
入驻平台销售比例	敦煌网 70%,速卖通 30%
月销售额	50 万美元

（续表）

毛利率	20%～30%
面临问题	外贸电商人才缺失,新兴市场物流问题
未来规划	将电商部门独立成立子公司,建立针对单一国家的B2C,进军高端产品市场
发展历程	2006年开展传统外贸,2008年涉足淘宝,2010年下半年入驻敦煌网,开启外贸电商之路,1个月后关闭淘宝店铺

李春辉表示,受金融危机影响,国际采购形势转变是促成公司转型的重要原因。在经济形势不景气的情况下,采购商减少了单次采购的数量,不再像以往一样一次采购几百上千单,而更倾向于采用小批量高频次的采购方式,而跨境电商恰恰擅长应对这种采购形式。

"金融危机越来越严重的时候,采购商都不愿意把钱压在库存上,而希望资金周转速度更快,效率更高。为了求快,它们甚至不惜采用空运。"李春辉表示。

在电商化转型初期,上游供应商并不认同网易盛世的思路,很多时候也不太支持。"两年前,我们和供应商谈判时,他们觉得这样的形式很不现实,往往不屑一顾。"李春辉表示。

但近两年,随着网易盛世采购量的持续增加,他们的转型慢慢得到了上游供应商的认同和支持。"现在他们经常会向我们打听市场上哪些产品卖得好。能够接触到终端消费者,是我们最大的优势。现在顾客的反馈经由我们传达给厂家,厂家再对产品作出调整。"

网易盛世从传统外贸转型到跨境电商,实现了华丽转身,他们获得的最大实惠是利润率的提升,目前他们的利润率已经从5%上升到了接近30%,远远超过了行业平均水平。

网易盛世成功的诀窍是注重细节,他们认为细节上的服务往往是留住客户的最关键的要素。除了个人买家之外,还会有很多国外电商平台上的卖家在网易盛世的店铺进货,有时候这些客户会让他们直接将商品寄给国外的终端消费者。对于这部分客户的订单,网易盛世会挑出来单独处理。

在处理这些订单时,他们首先会以卖家的名义给收件人写一封感谢信夹在包裹中,然后再附带上一份小礼物。其次网易盛世不会在这部分包裹的内外包装上标注关于自己公司的任何标志和信息,以防止消费者发现商品并非来自本国的电商平台上的卖家。他们的这些做法,赢得了海外电商平台卖家的信任,很多海外卖家和他们建立了稳固的合作关系。

曾经有一位俄罗斯的工程师在自己的工作之余,在网易盛世的敦煌店铺购买报警器,然后拿到俄罗斯当地去销售。双方持续合作了1年,后来这位工程师决定改行去做按摩椅生意。

由于在此前的合作中双方建立了良好的互信,这位俄罗斯工程师希望网易盛世能够帮助他在中国采购相关的按摩椅产品。对于网易盛世来说,这笔交易可以说是费时费力,并且几乎没有什么利润。但出于不愿意失去一个老客户的考虑,网易盛世还是决定帮助这位客户,采购他所需要的产品。

经过1个多月的努力,网易盛世通过1688.com、淘宝、eBay以及实体店等多渠道,终于凑齐了客户要的全部产品,统一打包快递发送到俄罗斯。网易盛世的用心付出,再次给客户留下了非常好的印象。2012年,网络摄像机在俄罗斯热卖,这位工程师又从网易盛世大量采购产品。目前双方已经合作了3年多的时间。

因为对服务细节的追求,网易盛世的客户忠诚度非常高。目前,网易盛世电商平台上仅占整体25%的老客户,却带来了70%的营业额。

现在,跨境电商对网易盛世营业额的贡献率越来越高,网易盛世的电子商务团队人数,也由2012年春节前的7人发展到了现在的19人,而此时公司传统的外贸部门也只有十几个人。李春辉表示,公司对跨境电商业务的发展很有信心;未来,公司无论是从人员还是资金上,都会持续加大对电商业务的投入。除了入驻第三方跨境电商平台外,网易盛世还计划针对重要市场的单一的国家建立垂直B2C网站。

此外，网易盛世跨境电商业务板块，目前来自巴西、俄罗斯、印度等新兴市场的订单数量持续快速增长。从销售数据上看，2013年以来，来自巴西的订单的月增长幅度达到20％，巴西市场的销售额已能占到电商整体销售额的30％。未来，网易盛世将考虑在巴西、俄罗斯等重要的市场设置海外分支机构，有步骤地推进本土化经营。

同时，网易盛世计划下一步将跨境电商业务分拆成独立的公司来运作。"传统外贸与电商的差别太大，理念完全不同。比如说，做传统业务的时候，是先收到货款再发货。如果产品有问题，也都是老客户，好商量，下次补发好货就可以了。而电商渠道大部分都是新客户，零售用户对购物体验的要求也更高。所以分开来做，比较好些。"李春辉表示。

网易盛世转型跨境电商后，公司获得新生。目前长期占据着敦煌网安防品类排名第一的位置，店铺的重复购买率接近30％，电商月销售达到50万美元。

【思考与习题】

1. 哪些传统行业会受到跨境电商的冲击？
2. 传统外贸企业应对跨境电商的措施有哪些？
3. 中小企业做跨境电商应注意哪些问题？
4. 企业如何选择跨境电商的物品？
5. 跨境电商企业应避免哪些误区？
6. 跨境电商产生价格战的原因有哪些？

项目六

阿里巴巴国际站

🖎 导入

　　阿里巴巴(Alibaba. com)是全球企业间(B2B)电子商务的著名品牌,目前全球最大的网上交易市场和商务交流社区。加强对阿里巴巴企业的学习将有助于跨境电子商务知识的学习。

阿里巴巴(Alibaba. com)是全球企业间(B2B)电子商务的著名品牌,目前全球最大的网上交易市场和商务交流社区。良好的定位、稳固的结构、优秀的服务使阿里巴巴成为全球首家拥有近800万商人的电子商务网站,成为全球商人网络推广的首选网站,被商人们评为"最受欢迎的 B2B 网站"。具体如图 6-1 所示。

B2B类网站周均覆盖数统计排名

阿里巴巴　　　　　　　　　　　　　　　10 890
金泉网　　　3 030
慧聪网　960
中国制造网　960
中国供应商　890
工厂店　640
马可波罗网　500
必途　308
勤加缘网　290
香港贸发局「贸发网」　260

0　2 000　4 000　6 000　8 000　10 000　12 000

单位:每百万Alexa安装用户的记问人数
时间范围:2013-1-28至2013-2-3

Source:Alexa.因用户媒体取向差异可能造成数据偏差,仅供参考
© 2013.2艾瑞网　　　　　　　　　　www.iresearch.cn

图 6-1　阿里巴巴在 B2B 网站排名

在中国三大国际贸易 B2B 平台中,阿里巴巴无论就访问量还是收费会员数量均居三者之首。具体如图 6-2 所示。

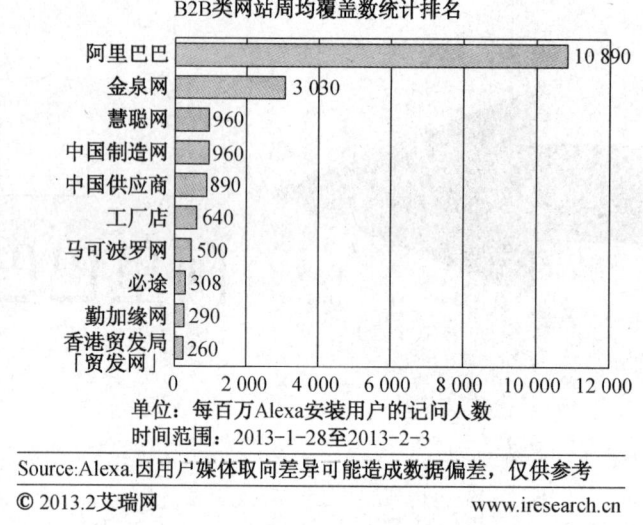

图 6-2　阿里巴巴在中国三大国际贸易 B2B 平台情况

阿里巴巴旗下现拥有阿里巴巴(中国)网络技术有限公司、淘宝网、支付宝、阿里石技术和雅虎中国 5 家公司。阿里巴巴(中国)网络技术有限公司分为国内和国际站两个部分。本书着重介绍国际站的定位、服务和操作等。

马云在 1999 年创立企业阿里巴巴网站,2011 年推出"中国供应商"服务,向全球推荐中

国优秀的出口企业和产品,成为对企业的网上贸易市场平台。2003年5月,推出个人网上免费交易平台——淘宝网,展开与eBay的竞争,2003年12月,推出网上商人即时网络沟通工具贸易通。2002年10月,阿里巴巴投资成立支付宝公司,面向中国电子商务市场推出基于中介的安全交易服务。2007年,阿里巴巴在香港联交所上市(Alibaba. com Corporation,港交所:1688)创下中国互联网公司海外融资规模之最。2009年,阿里巴巴成立速卖通,定位多批次、小批量,提供信息、支付和物流于一体的在线国际交易平台。

第一节　阿里巴巴国际站介绍

阿里巴巴国际站(http://www. alibaba. com/)基于全球领先的企业间电子商务网站阿里巴巴国际站贸易平台,通过向海外买家展示、推广供应商的企业和产品,进而获得贸易商机和订单,是出口企业拓展国际贸易的首选网络平台。全球买家和进口商在此寻找来自中国和其他制造业国家供应商。

阿里巴巴国际站提供一站式的店铺装修、产品展示、营销推广、生意洽谈及店铺管理等全系列线上服务和工具,帮助企业降低成本、高效率地开拓外贸大市场。具体如图6-3所示。

图6-3　阿里巴巴国际站

一、国际站定位和核心价值观

阿里巴巴国际站定位于搭建全球中小企业的网上贸易市场。服务对象是从事全球贸易的中小企业,中小企业可以依托阿里巴巴国际站结识更多贸易伙伴、达成更多交易意向、获得更多采购订单。阿里巴巴国际站的定位符合中国目前众多中小外贸企业的现状和需求,这正是本书在众多主流商务平台中选择阿里巴巴国际站进行介绍的原因。

阿里巴巴之所以在短短的几年时间成为一家世界瞩目的上市公司,与其独特的价值观密不可分,具体如图6-4所示。

阿里巴巴国际站的核心价值体现如下:

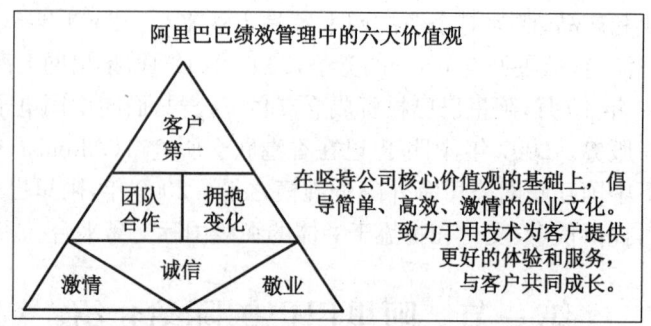

图 6-4 阿里巴巴绩效管理中的六大价值观

（1）海外买家可以寻找卖家并发布采购信息。

（2）中国卖家可以搜索海外买家并发布公司和产品信息。

（3）作为交易平台，为双方提供沟通工具、账号管理工具等网络交易的便利条件。

（一）阿里巴巴国际站的特点

阿里巴巴国际站具有互动、可信、专业和全球化四个特点：

（1）互动：体现在为双方提供 Community 频道，供商友进行交流和沟通，分享网络贸易经验。

（2）可信：阿里巴巴通过第三方认证和内部审核为付费会员提供细致、周到、安全的服务，有效减低网上外贸的风险。

（3）专业：拥有不断完善的人性化设计、出色的搜索和网页浏览，简便的沟通和账号管理工具等。

（4）全球化：阿里巴巴国际站的全球化体现在公司定位、业务和客户以及公司性质等方面。

（二）阿里巴巴国际站的流量和排名

可以借助 Alexa.com 查询 Alibaba.com 相关信息并能够读懂网站的全球综合排名、国家排名和分类排名情况。

1. 阿里巴巴国际站全球综合排名和国家排名

阿里巴巴国际站全球综合排名和国家排名以及排名变化如图 6-5 所示。

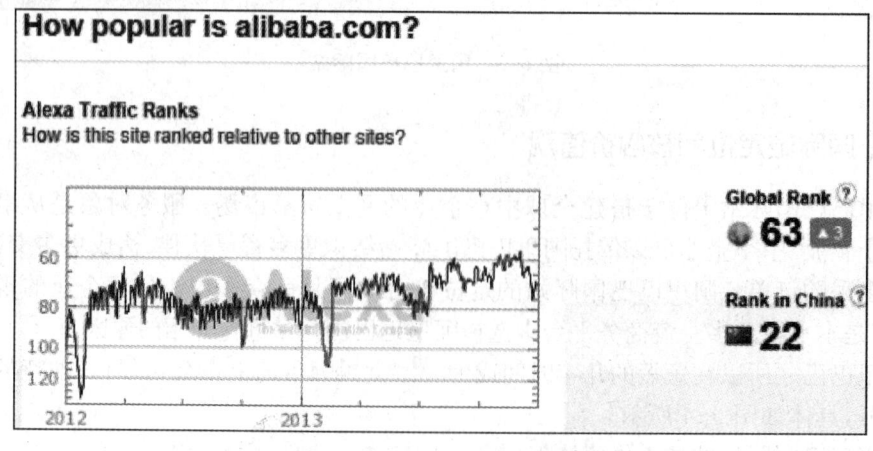

图 6-5 阿里巴巴国际站的全球综合排名和国家排名

阿里巴巴国际站全球排名三项指标如图6-6所示。

图6-6 阿里巴巴国际站全球排名三项指标

2. 阿里巴巴国际站的行业和行业排名

点击"By Category",选择"Business"行业,随后点击子目录"International Business"获得阿里巴巴国际站所属行业子目录以及行业排名情况。具体如图6-7所示。

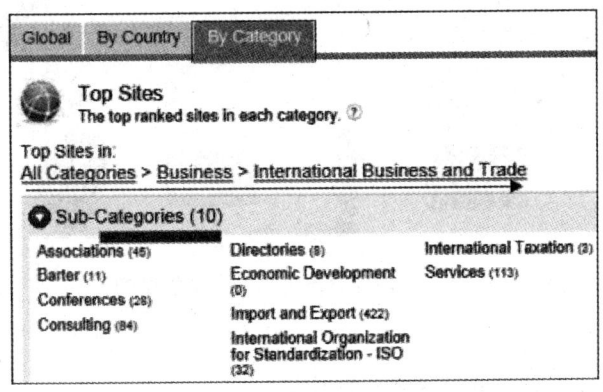

图6-7 阿里巴巴国际站的行业和行业排名

阿里巴巴国际站在所属的 International Business 名列全球十大 B2B 网站之首。阿里巴巴国际站无疑是连接中国中小企业和全球商人进行网上外贸的桥梁。

(三)阿里巴巴国际站主页的结构

首先,以买家的角度浏览阿里巴巴国际站首页,了解大致的功能板块分布情况。

1. 阿里巴巴国际站主页的四个核心功能区域

阿里巴巴国际站主页的四个核心功能区域如图6-8所示。

导航栏(navigation):导航栏位于右上角,由五个部分组成:Buy,Sell,My Alibaba 和 Community 组成。

搜索栏(search):搜索栏位于首页正上方最醒目的位置,可以找到用户经常会用到的信息过滤和查找工具。通过以下四种方式输入关键词可以查找到相关的信息:Products,Sellers,Suppliers 和 Category。

类目栏(browse by category):位于首页左侧,该区域分别收集和22个一级类目,每个类目下有若干二级和三级子类目。

会员快速通道(shortcut or members):这是用户注册、登录区,也可通过次区域的链接快速发布销售信息(selling leads)和购买信息(buying leads)。

2. 查看同行情况

在此基础上,输入你公司的产品相关的关键词,查看同行的情况(产品名称、产品图片、

图 6-8　阿里巴巴国际站主页的结构

简要描述、最小订单量、价格等)。

3. 查看同行排名靠前公司的网页整体情况

多留心排名靠前的网站或与你公司产品十分相似的网站,进一步了解对方网站的整体状况、公司橱窗设置(主要是关键词)、产品分组、公司栏目、New products(可以知道同行的最新动向)和产品内容等。

4. 其他

在阿里巴巴国际站,可以收集公司产品图片、关键词和产品描述。

二、阿里巴巴国际站会员类型

阿里巴巴国际站一共有三类会员:免费会员、Trust-pass 会员和中国金牌供应商会员。

(一) 免费会员

免费会员(free members)可以分为一般免费买家、早期的免费买家和国际免费买家三种。

1. 一般免费买家

他们来自中国大陆境内,只能在国际站采购商品,不能销售商品,也不能使用卖家管理工具发布供应信息,因此在供应信息里无法搜索到此类会员信息。

2. 早期中国免费会员

他们是阿里创立之初注册的用户。阿里巴巴为感谢和报答老会员的支持,让这些老会员账号拥有查看求购信息、发布产品等诸多强大的功能。早期的免费会员具有的特权有:

(1) 可以发布 5～15 张产品图片和信息,发布自己公司的公司信息。

（2）可以查阅买家信息（不可查看其邮箱地址），但有明确规定需要付费会员查看信息者除外。

（3）可以通过 Contact Now 发临时留言给买家，留言会传送至买家注册信箱内或贸易通内。

（4）可以通过英文贸易通与客户进行即时的沟通和联系。

早期的免费会员账号属于稀缺资源，市场价值极高。要识别是否是早期的免费会员，点开 My Alibaba，进入"编辑个人信息"页面，可以看到真实的注册年份。

3. 国际免费会员

除了中国大陆地区以外的会员可以申请成为国际免费会员，他们不仅可以在国际站进行采购也可以发布供应信息进行产品销售。国际免费会员有特殊的标识，一眼就能认出来。

阿里巴巴国际站免费会员信息如图 6-9 所示。

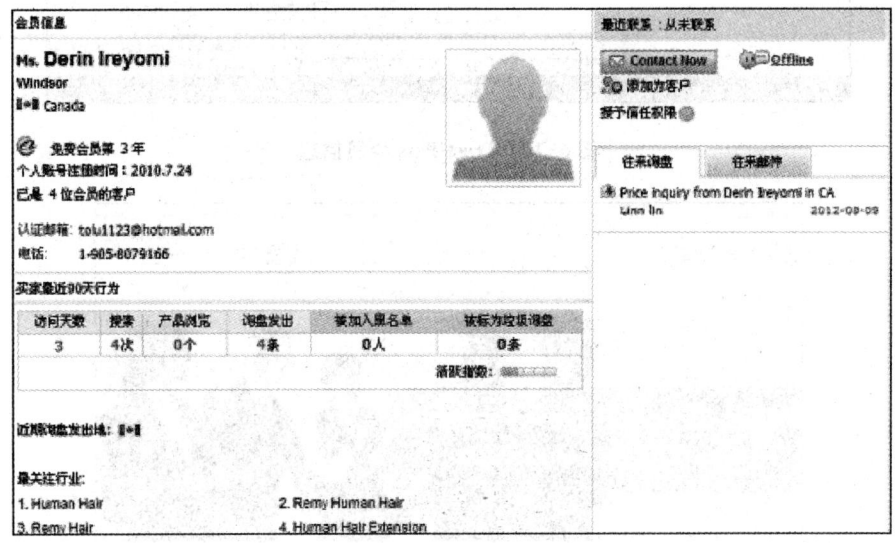

图 6-9　阿里巴巴国际站免费会员信息

（二）Trust-Pass 会员

Trust-Pass 会员是指中国大陆、香港、澳门和台湾以外的收费会员。此类会员注册地不在中国，他们既可以在国际站采购商品，同时也可以发布供应信息进行商品销售。具体如图 6-10 所示。

（三）中国金牌供应商会员

中国金牌供应商会员（China Gold Suppliers）是指中国大陆地区包括中国大陆、香港、澳门和台湾的收费会员，专享向海外买家展示企业和产品的出口贸易推广服务。它包括如下多项服务：顶级域名注册、后台管理系统、与买家直接联系、信息排名优先、不限量发布产品、多账号企业邮局、买家 IP 定位、视频上传、数据管家、橱窗产品等服务，以及在线推广、用户培训、海外展会和售后服务等。具体如图 6-11 所示。

图 6-10　Trust-Pass 会员信息

图 6-11　中国金牌供应商会员拥有的服务截图

三、阿里巴巴国际站买家操作流程

买家操作流程主要有免费注册、搜索和浏览产品和供应信息、贸易通（TradeManager）发送询盘、发布采购信息等步骤完成的。

在买家操作流程中，除了在线发送询盘外，还可以通过即时沟通（Trade alter）与供应商取得联系。

你可以到主页的导航栏 My Alibaba 的子目录中下载并安装后就可以实现上述功能。具体如图 6-12 所示。

图 6-12　阿里巴巴国际站买家操作流程

外贸人员不可能 24 小时在线，但当业务员离开或休息时设置成自动回复。买家看见公司业务员在线，主动发送信息的概率大增；看见业务员自动回复信息后，买家又会根据自动提示回复邮件，减少错失潜在买家的机会；买家用贸易通（TradeManager）发来信息，加对方为好友，再次拉近与买家的关系。总之，业务员在线比不在线有更多获得买家询盘的机会。

第二节　阿里巴巴国际站的产品发布

一、My Alibaba 介绍

在成为阿里巴巴国际站付费会员后，企业就可以在网站上发布产品信息，全球各地的采购商也可以通过网站了解企业提供的产品信息，寻找适合自己的产品。

注册后,可以用三种方式登录 My Alibaba 后台管理系统。如图 6-13 所示。

图 6-13　登录 My Alibaba 后台管理系统的三种方式

My Alibaba 后台管理系统主要功能模块有 9 个功能:我要销售、我要采购、交易与物流(询盘和客户)、数据管家、我的外贸服务、多语言市场、账号设置等。具体如图 6-14 所示。

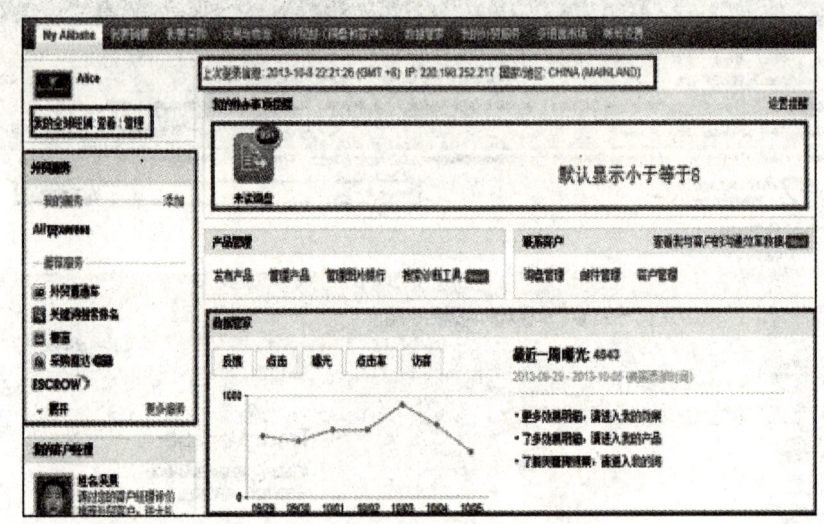

图 6-14　My Alibaba 后台管理系统主要功能模块

二、国际站产品上传

产品上传是阿里巴巴国际站会员一项最基础的工作,涉及语言能力、产品、图片处理、国际贸易、国际支付等,因此产品的上传其实是整个外贸职业能力的综合体现。

(一) 产品上传的过程

1. 登录

首先,登录阿里巴巴国际站后台 My Alibaba,进入"我要销售",选择"发布产品",具体如图 6-15 所示。

2. 类目选择

对于初入门者,可以在上传前或者上传中浏览"产品信息发布指南""知识产权专题""产品品牌列表"和"常见知识产权产品"栏目,结合具体问题提升自己的综合素质,避免上传产品因违反信息发布原则被退回,或者产品上架后遭受知识国外品牌的知识产权投诉而影响公司的经营。具体如图 6-16 所示。

准确选择产品类目是第一步。对产品进行归类,就是让买卖双方对产品的认识、阅读

图 6-15 登录

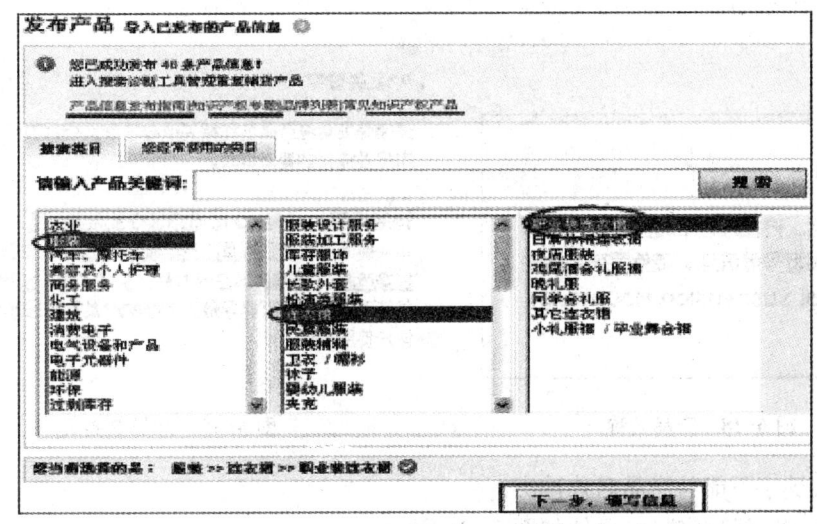

图 6-16 类目选择

和交流上能更方便、更有效。如果没有合理科学的类目,买卖双方尤其是买方要迅速找到期待的产品,难度和成本都将极大增加。错放类目将导致买家流失,降低信息相关性,从而影响搜索结果,甚至买家无法找到你。

3. 产品上传

一个完整的产品上传需要完成"基本信息""产品属性""产品详情""交易信息"和"产品组"五个模块的仔细填写。这些模块的填写是基于你前期的准备才能完成。

1) 基本信息填写

基本信息填写如图 6-17 所示。

第一步:产品名称,具体如图 6-18 所示。

"产品名称"即产品标题,它支持站内外关键词搜索。一个专业的产品标题能让买家从搜索页面上方的优质产品中脱颖而出。优质的标题应该包含买家最关注的产品属性,能够突出卖家的亮点。一般可为:服务+销售方式+产品材质/特点+产品名称+促销方式。

第二步:产品关键词,具体如图 6-19 所示。

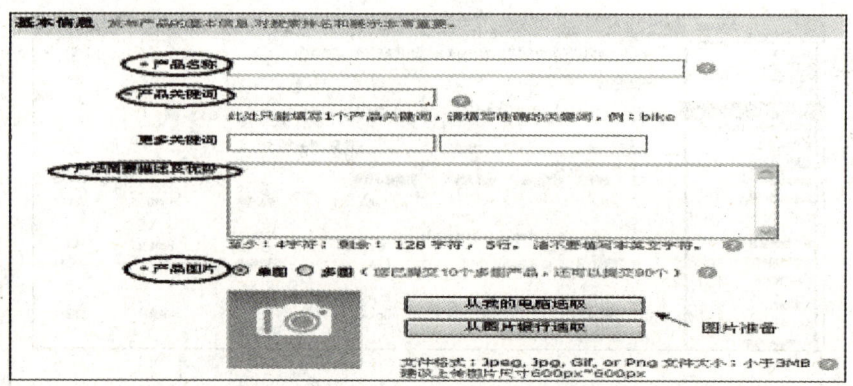

图6-17　产品上传中"基本信息"截图

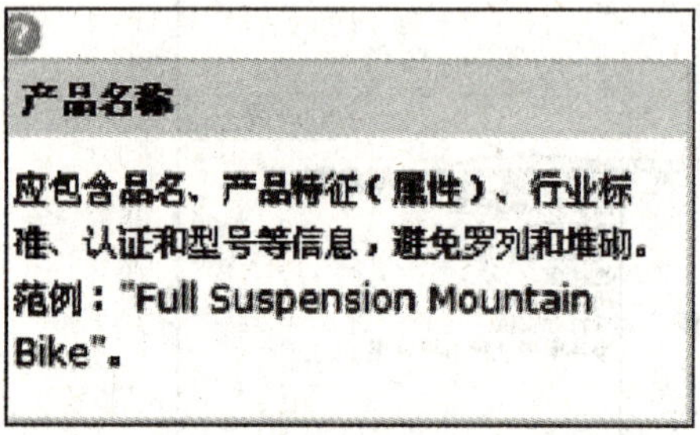

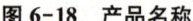

图6-18　产品名称

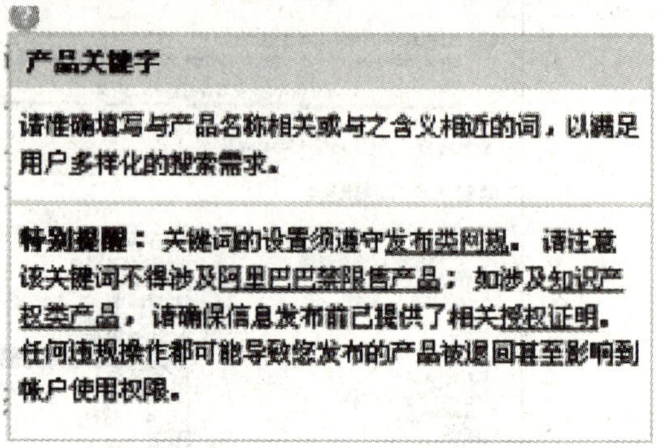

图6-19　产品关键词

产品关键字不能与产品名称冲突。

第三步:产品简要描述,具体如图6-20所示。

撰写产品简要描述中,注意所填写信息的字符数,不要出现非英文字符,否则无法进入"下一步"操作。

第四步:产品图片,具体如图6-21所示。

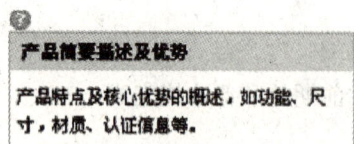

图6-20　产品简要描述

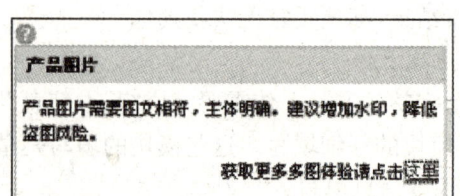

图6-21　产品图片

"产品图片"涉及图片的质量、数量、格式以及图片的来源和大小五个方面。如果图片格式不符或者图片过大,也可能无法进入"下一步"的操作。

"好图胜千言",能显示产品特性、精美、丰富和全方位细节的图片能赚取买家眼球;写实专业图片能给买家以信心,能凸显产品特征,体现卖家的专业水准。

2）产品属性填写

产品属性填写如图 6-22 所示。

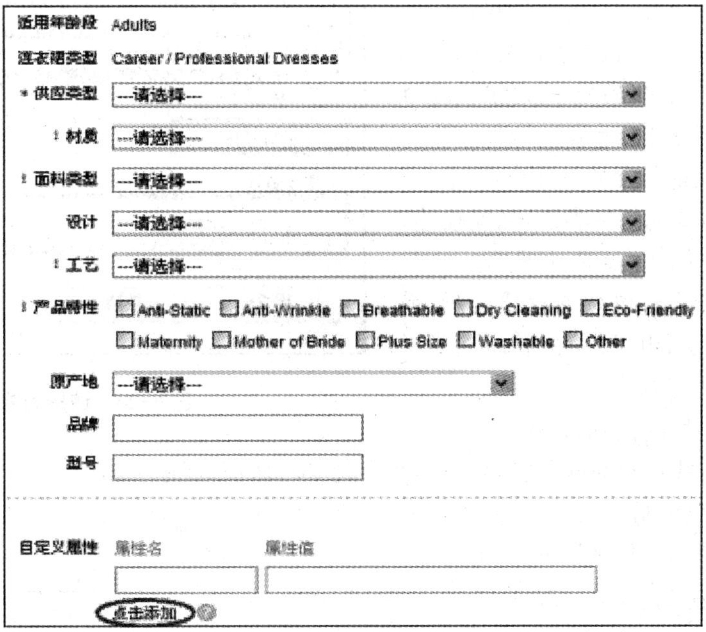

图 6-22　产品属性填写

完整填写产品属性将有助于买家找到并了解您的产品。一般来说，采购需求明确的买家在关键字搜索后，还会根据某些属性进行进一步的筛选，只有完整地填写对应的属性，产品才会在买家点击筛选栏条件后出现。

3）产品详情填写

产品详情具体如图 6-23 所示。

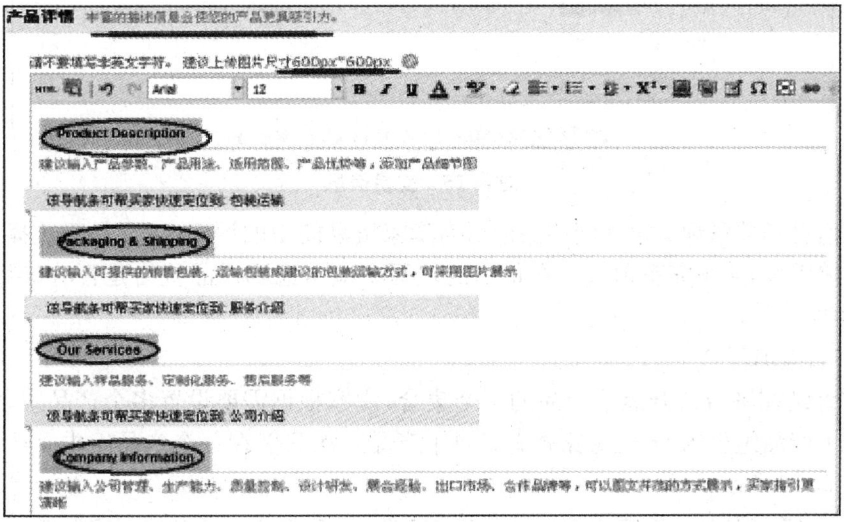

图 6-23　产品详情

产品详情是让买家全方位了解产品并形成下单意向的重要工具。优秀的产品描述能够打消买家对于网上购物的不信任感,给买家一个非常专业的印象。

链接功能使新产品发布更加快捷和准确。具体如图 6-24 所示。

产品详情大都包含如下几个方面:

(1) 产品重要的指标参数、功能描述。

(2) 6 张以上的详细描述图片。

(3) 服装产品建议选择材质选项、颜色选项、测量方法;电子、工具和玩具类的产品可以增加使用方法。

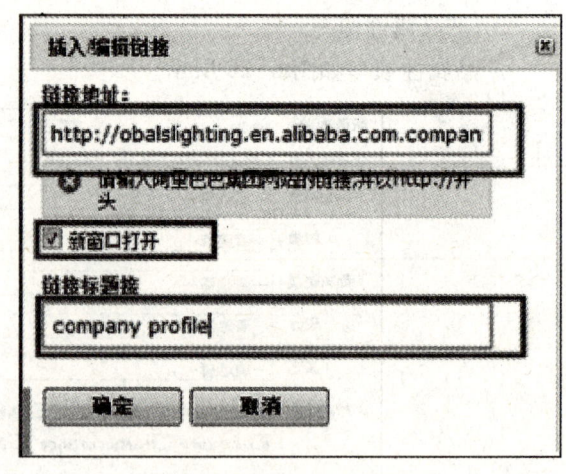

图 6-24　链接功能

(4) 支持的物流、运输方式。

(5) 其他一些重要的服务内容(公司实力、奖项、认证、促销礼品等)。

4) 交易信息填写

交易信息填写具体如图 6-25 所示。

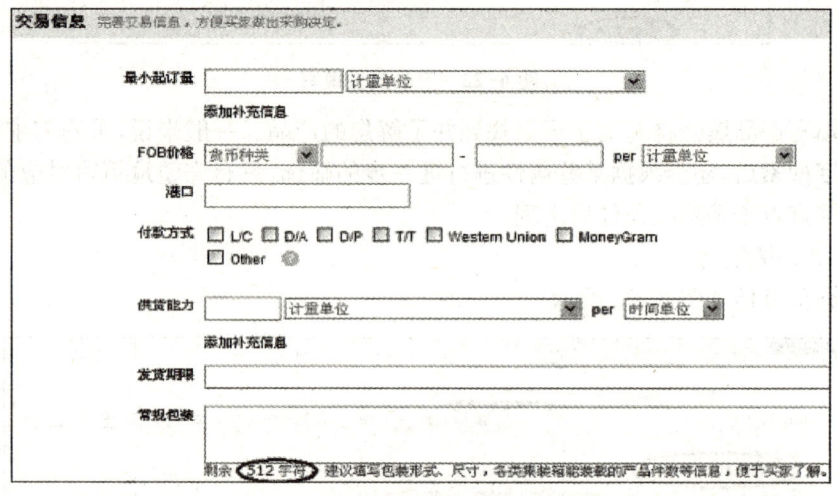

图 6-25　交易信息

交易信息是关系到买家认同产品以后对卖家贸易能力的评判,决定是否选择与你合作的重要影响因素,必须完整填写。在价格的填写中应考虑到产品价格是否有优势,以及相关报价技巧。

5) 产品组填写

产品组是在平台公开展示产品的一个集合,卖家根据需要设置多个产品组,将同类产品放在一个产品组里面,方便买家查看。每个产品一次只能在一个产品组中。产品组填写具体如图 6-26 所示。

图 6-26　产品组

除了产品组外，国际站的产品还分为两类产品，即公共产品和私人产品。

（1）公共产品：审核通过之后发布在网站上，用户可以查看卖家发布的公共产品的详细信息，可以针对产品给您发送询盘信息，帮助寻找到更多的买家。

（2）私人产品：不能发布在网站上，可以通过发送私人展示厅，邀请买家来查看卖家的私人产品信息。

（二）产品批量上传

企业要发布的产品信息往往较多，运用"批量上传产品"功能，可以大大节省用户的时间和精力。初次使用或新建模板文件，需要点击"下载填写表单"链接，先选择产品类目，再下载模板文件；如果已经使用 Excel 模板文件编辑产品数据，则点击"上传已填写好的表单"链接，上传产品数据。具体如图 6-27 所示。

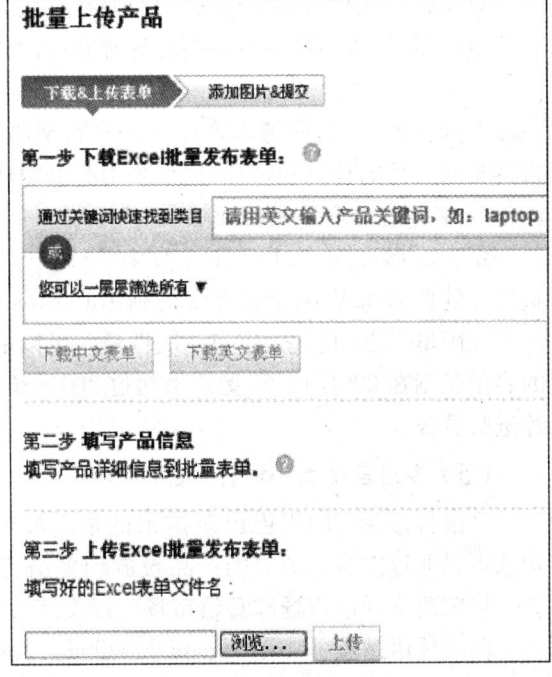

图 6-27　批量上传产品

（三）管理产品

用户发布产品后，可以在 My Alibaba 系统中管理产品信息。产品的管理工作包括对发布过的产品进行重新编辑、调整产品类型、调整产品组、分配负责人、删除等操作。具体如图 6-28 所示。

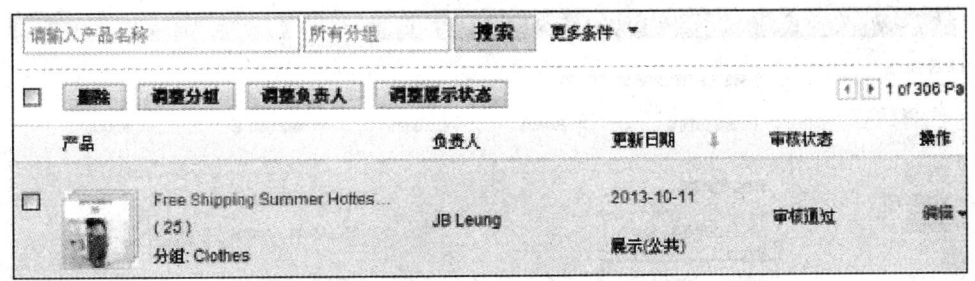

图 6-28　管理产品

（四）产品图片处理

无论浏览网页还是实地访问公司，客户首先关注产品的介绍和说明。产品介绍一般都图文并茂，这样才能更清楚地展示企业实力、传达产品优势，有利于提高成交量。因此，产品介绍图片必须拍得清晰，让买家一眼就看出这张图片展示产品；当然，全方位地展示产品的信息，获得的买家效果更好。

客户浏览公司信息，第一眼看到的是产品橱窗设计。因此，上传的产品一定要配上好图片。好的图片最能吸引买家的眼球，让买家对品牌或产品产生良好的兴趣和有想详细了解和购买的欲望。换句话说，精美的图片就是网上外贸 AIDI（attention interest desire action)营销的关键。

高质量的图片需要恰当的图片拍摄角度、光线控制和清晰度和专业化拍摄。为了获得高质量的图片,需要利用专业图片处理软件和技术对产品图片进行针对性的处理。

1. 图片的选择

在选择图片时,应考虑产品图片是否清晰地展现所要展示给买家的产品、是否清楚地告诉买家产品的功能和特征,达到吸引买家眼球的目的。

2. 图片色彩和尺码的处理

用 ACDSee 软件、Office 工具中 Picture Manager 以及 Windows 中自带的画图软件调整图片的色彩和大小;更加专业的则用 Photoshop。

在阿里巴巴国际站,用户一次性最多可以上传 6 张图片,图片为 HJPG 格式,每张图片的容量控制在 200K 以下,像素不超过 360×360。如果不符合上述要求,则需要用软件对图片进行剪裁。

(五)多语言站点小语种产品发布

多语言市场是阿里巴巴新推出的帮助海内外卖家拓展非英语地区贸易市场的服务。卖家可以通过发布非英语的产品投放到多语言市场上来获取更多的与全球买家交流的机会。目前西班牙语市场和口语市场已经支持卖家发布西班牙语产品信息和日语产品信息:

西班牙语站点:http://spanish.alibaba.com。西班牙语市场主要覆盖西班牙和南美广大区域,特别是拉美国家人日众多,市场成长空间大。

日语站点:http://janpanese.alibaba.com。

葡萄牙语、法语、德语、意大利语、俄语、阿拉伯语和韩语站点也会陆续推出。具体如图6-29 所示。

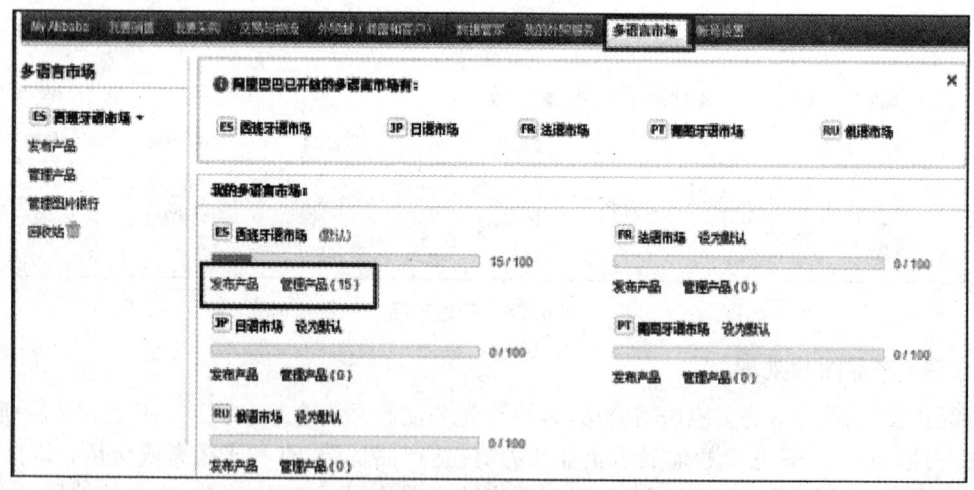

图 6-29 多语言市场

由于多语言优势、非英语市场庞大的市场需求以及目前免费的门槛,使多语言市场买家数量呈现迅速增长的趋势。具体如图 6-30 所示。

多语言市场买家数量增长趋势

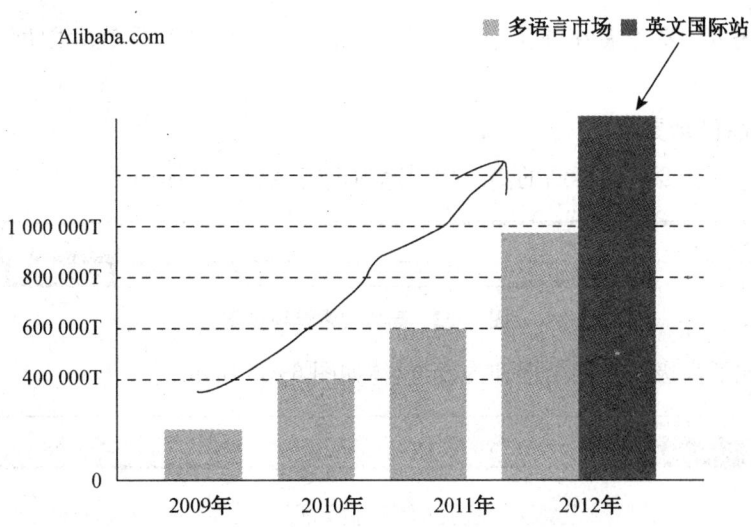

图 6-30　阿里巴巴国际站多语言市场买家数量趋势图

（六）不同类目下的产品发布

阿里巴巴系统中供求信息的发布没有数量限制，用户需充分加以利用此规则。每条信息只能在一个类目下发布一次，但如果该产品属于不同的类目，则供求信息可以放到多个类目下发布，从而提高曝光率，增加被买家搜索的概率，进而增加反馈量，给企业带来更多的交易机会。

以 knife 为例，如果对于在哪些类目发布信息没有把握，可以在搜索栏输入"knife"，反向了解 knife 分属的类目。从点击后可以发现，knife 出现在工具类、运碳和娱乐类目，也可以按照用途、刀片材质、刀把材质类目找到该产品。具体如图 6-31 所示。

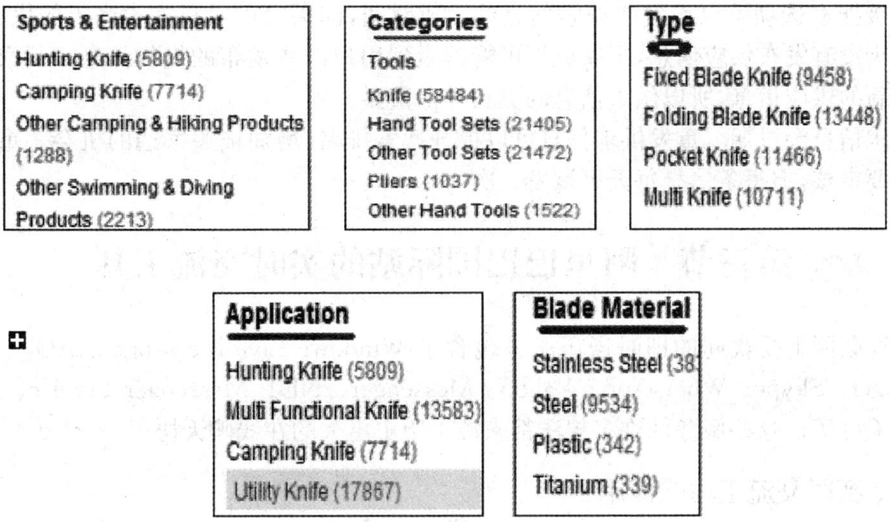

图 6-31　不同类目下的产品发布（以 knife 为例）

在其他类目发布同一产品的供求信息时，不必再添加公司的联系信息，否则该信息无法通过审核。

作为业务员，要考虑在阿里巴巴国际站如何将自己的产品最大限度地展示给全球客户。

(七) 产品信息更新

产品信息更新要从国际站的高级搜索选项设置说起。具体如图 6-32 所示。

Products
saw
Search
Advanced Search

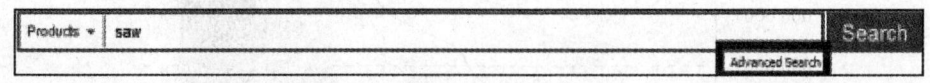

图 6-32　高级搜索选项设置

请观察如下高级搜索的结构和内容，具体如图 6-33 所示。

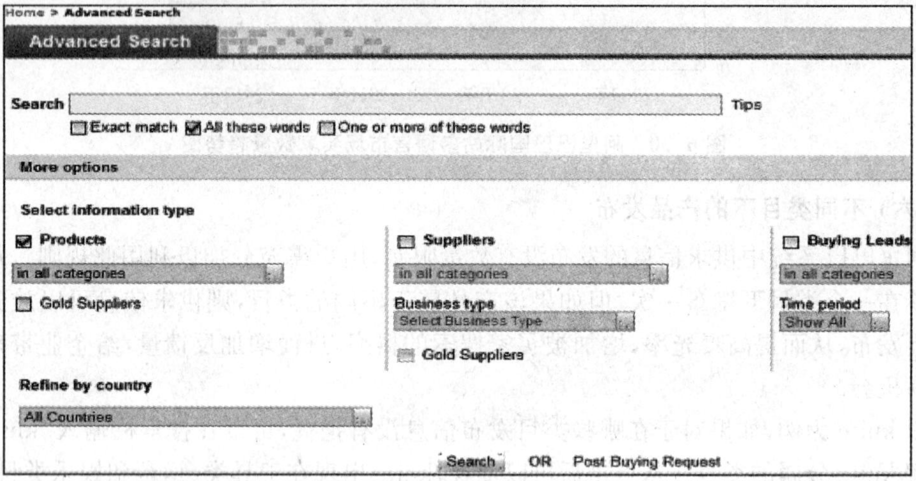

Home > Advanced Search
Advanced Search
Search
Tips
Exact match
All these words
One or more of these words
More options
Select information type
Products
in all categories
Gold Suppliers
Suppliers
in all categories
Business type
Select Business Type
Gold Suppliers
Buying Leads
in all categories
Time period
Show All
Refine by country
All Countries
Search
OR
Post Buying Request

图 6-33　高级搜索的结构和内容

高级搜索选项可以设置要搜索信息的生成时间，即买家可以只搜索当天的供应信息。如果当天没有发布供应信息，买家就不可能搜索到用户以往发布的供货信息。买家当然喜欢找最新的供应信息，所以供求信息的更新异常重要。

供求信息会过期。重发供求信息可以提升搜索排名、增加被买家选的机会。重发的信息不需要审核，但每条信息每天可重发一次。

第三节　阿里巴巴国际站的实时交流工具

在互联网上受欢迎的即时通讯服务包含了 Windows Live Messenger、AOL、Instant Messenger、Skype、WhatsApp、Yahoo、Messenger、NET Messenger Service、Jabber、ICQ 与 QQ 等。这些服务的许多想法都来源于历史更久的在线聊天协议——IRC.

一、实时交流工具的作用

与客户联系的方式有多种，各有特点。邮件极慢，不够直接，因此仅有站内邮件是远远不够的,我们需要采用更快捷的沟通工具,第一时间满足用户网上沟通的需要。

在浏览店铺后,一些具有强烈购买欲望的客户会利用即时在线沟通工具直接联系业务员,当场磋商并确定产品和交易信息,提升询盘转化率。

二、TradeManager 的下载和安装

TradeManager(贸易通)是阿里旺旺的国际版,专为阿里巴巴国际站或速卖通用户与老外沟通的即时通讯工具,该工具免费提供。

买家和卖家下载和安装的方式不同。买家从导航栏"Sell"下拉,点击"Download TradeManager"进入下载页面。卖家则在登录后,从 My Alibaba 下拉中点击"Download TradeManager"进入下载页面。具体如图 6-34 所示。

图 6-34 TradeManager 的下载与安装

根据你个人需要,选择三种版本之一下载和安装。

无论哪种版本,TradeManager 均有三种功能:实时与客户聊天;快速发送大容量产品图片;实时翻译功能扫清聊天中的语言障碍。

三、产品页面的 TradeManager 在线图标

产品页面的 TradeManager 的在线图标如图 6-35 所示。

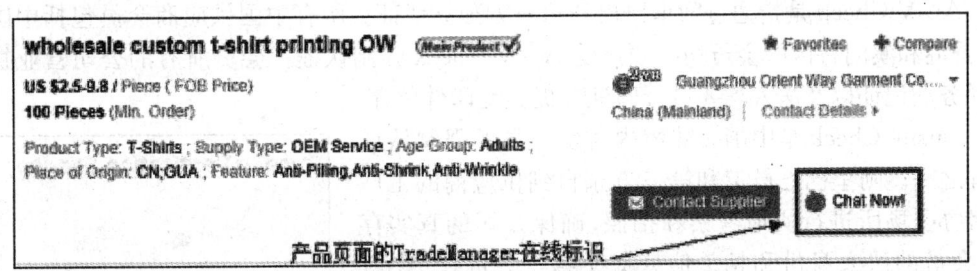

图 6-35 产品页面的 TradeManager 在线图标

四、Trademanager 和阿里旺旺的联系和区别

TradeManager 是专门为阿里巴巴国际站商人量身定做的、针对外贸的商务聊天工具,方便买卖双方洽谈业务、发布和管理商业信息。

在登录阿里巴巴平台时,不同的平台对应不同的账号类型。在淘宝上就用阿里旺旺,用国际账号,则进入阿里巴巴国际站的 TradeManager。阿里旺旺是阿里巴巴中国站的即时聊天工具,需要中文站的账号和密码,而 TradeManager 则是国际站的即时聊天工具,两者的区别仅限于此。

第四节　中国供应商的安全和诚信认证

为了更加真实、准确和充分地展示供应商信息,增强买家对供应商的信任感和体验度,减少欺诈,阿里巴巴推出"认证体系",保证企业信息的可信度。

一、申请认证

登录阿里巴巴后台,在右上角的"help"栏下点击"Safety& Security Center",进入下列页面,具体如图 6-36 所示。

图 6-36　申请认证

二、认证方式和内容

阿里巴巴中国供应商付费会员至少得经过 A&V Check 和 Onsite Check 两种认证方式之一:

A&V Check 是指通过阿里巴巴和第三方独立认证。所有中国供应商会员包括中国台湾、香港和澳门特区的会员均必须接受 A&V Check 强制认证。会员所有的公司营业执照和税务登记证以及法人均要进行验证并提交复印件留存。

Onsite Check 是中国大陆境内付费会员的强制认证过程之一。阿里巴巴员工和第三方亲自到供应商的工厂或者办公场所进行实地考察和拍照,确保公司的真实存在;会员的法人身份和相关信息提交第三方进行 A&V Check 认证。

阿里巴巴国际站认证标志截图如图 6-37 所示。

A&V Check 是基本认证,Onsite Check 则是要求更高的深度认证。

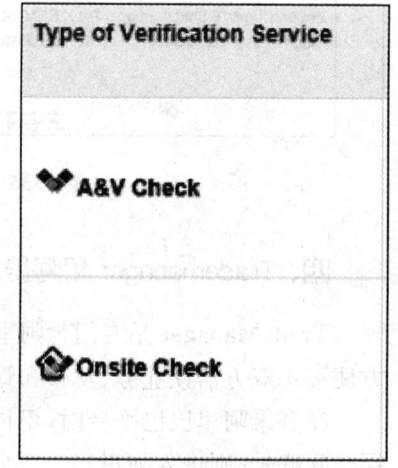

图 6-37　阿里巴巴国际站认证标志截图

三、如何确定会员通过认证

(1) 在关键词产品搜索后,利用"Sort by"做深度检索。

(2) 点击产品标题,进入该产品页面,可以看到公司的详细信息。

（3）鼠标箭头指向公司名称，下拉显示共识的认证情况。

会员认证信息确认的三个途径如图6-38所示。

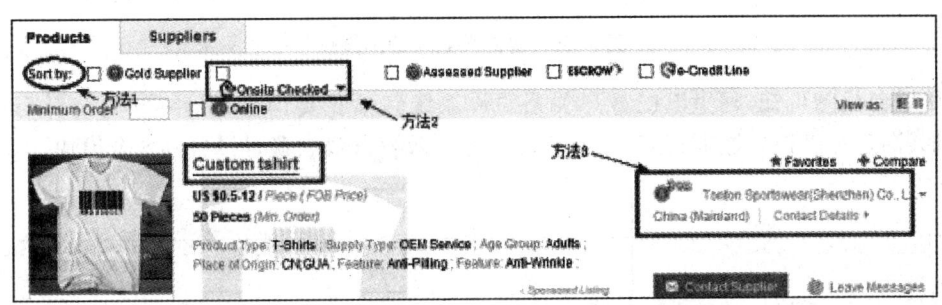

图6-38 会员认证信息确认的三个途径

第五节 阿里巴巴国际站的客户关系管理

一、客户关系管理系统概述

（一）客户关系管理的定义

客户关系管理（customers relationship management，CRM），是企业通过富有意义的交流沟通，理解并影响客户行为，最终实现提高客户获得、客户保留、客户忠诚和客户获利目的的企业和客户之间的管理机制。它是利用软件、硬件和网络技术，为企业建立一个客户信息收集、管理、分析、利用的信息系统。它包含管理思想、软件产品、管理系统三个层面的含义，因此谈到CRM时，应该从这三个层次来思考。

（二）阿里巴巴客户关系管理的重要性

阿里巴巴客户可以按照地域、产品规模、产品种类、意向程度等进行分类，做到一个客户只能属于一个业务员。CRM的重要性体现在两个方面。

1. 提高业务运作效率，降低成本，提高业务经营水平

CRM管理能够通过对客户信息资源整合，在内部不同部门之间达到资源共享，为客户提供快速、周到的服务；充分利用二八法则评估客户价值，以便找到优质客户，重点关注优质客户。

2. 挖掘客户潜在价值，提高客户忠诚度，进而拓展销售市场

麦当劳的后创始人Ray Croc说："如果你能照看好你的客户，生意就会照看好自己。"很多客户的流失就是来源于对于客户的关怀和重视不够。对于客户来说，竞争性价格和高质量产品是关键，但客户更看重供应商的关怀和重视程度。供应商可以借助管理软件在业务操作的各个环节和细节中落实对客户的服务并最终让客户感受到，提高客户忠诚度，掌握更多的商机。

（三）阿里巴巴客户关系管理系统的功能模块

点击My Alibaba系统导航栏的"客户"即可进行客户关系管理的操作。具体如图6-39所示。

图 6-39　客户关系管理的操作

从后台截图可知,阿里巴巴客户关系管理系统包括我要销售、我要采购、交易与物流、外贸邮(询盘和客户)、数据管家、我的外贸服务、多语言市场、账号设置共8个模块。具体如图 6-40 所示。

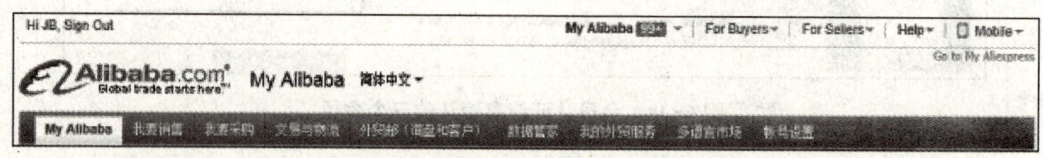

图 6-40　阿里巴巴客户关系管理系统的功能模块

二、数据管家

数据管家阿里客户关系管理系统设定的统计指标有效果统计、公司最近一周的曝光量、点击量、反馈量相关数据。你分别可以看到"效果数据""我与同行对比""地区分布""产品效果"等数据。

(一) 数据管家的定义

数据管家是阿里巴巴国际站开发的一项全新功能,该功能主要反映公司在阿里巴巴国际站操作及推广效果的数据。通过多重数据统计分析,不仅让你清楚了解自身的推广状况,更能针对薄弱点,有效提升网络推广效果。

数据管家借助"诊断总览",主要从产品优化、旺铺装修和站内外推广引流三个方面给予店铺全面认识和改善。具体如图 6-41、图 6-42 所示。

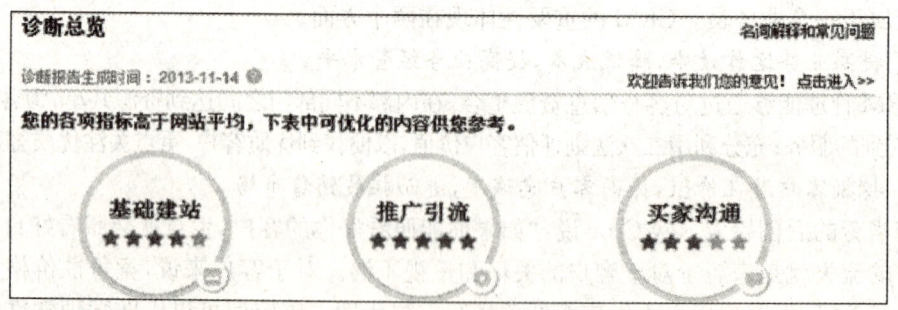

图 6-41　数据管家的诊断总览截图

数据管家下的"诊断中心"从"知己""知彼"和"知行情"三个方面让你全面反思,从细节入手改善店铺。只有知己知彼,随时掌控与同行的对比情况,才能随时掌握自身优势和差距,明确努力的方向。

（二）我的全球旺铺

阿里旺铺是拥有一个顶级域名的企业营销型建站产品，是阿里巴巴推出的新的战略性收费产品，由第三方平台提供在线订购装修模版、装修设计、图片处理及产品代运营服务，阿里巴巴提供平台及进行规则制定。通过不断完善的市场机制，保证买卖双方权益。旺铺可以享受无限量的图片存储空间，以及彰显网商信用的诚信档案等专享服务。

1. 旺铺分类

旺铺入门版是阿里巴巴为了扶植中小网商，免费提供给普通会员使用的旺铺产品。开通旺铺入门版可以享受零成本建站服务，降低创业成本，适合入门级创业网商群体使用。具体如图 6-43 所示。

旺铺入门版开通后，确保已完善旺铺信息且拥有 5 条及以上已上网供应信息。连续 30 天不符合该使用条件，旺铺入门版将会被关闭。采用此方法推动会员积极投入旺铺经营，宣传企业形象，扩展往来业务和提升内部效率。

2. 旺铺总览

（1）全球旺铺总览：包括旺铺访客数、旺铺 TM 咨询访客数和通过 TradeManage 与你联系的用户数和旺铺反馈数。具体如图 6-44 所示。

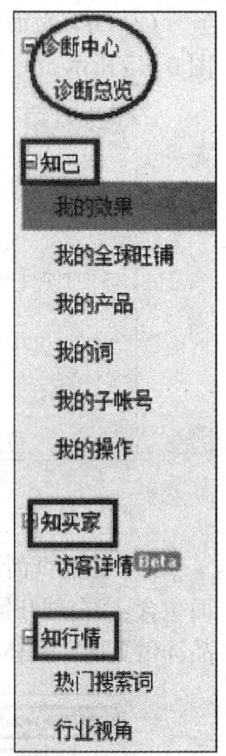

图 6-42　数据管家的诊断中心

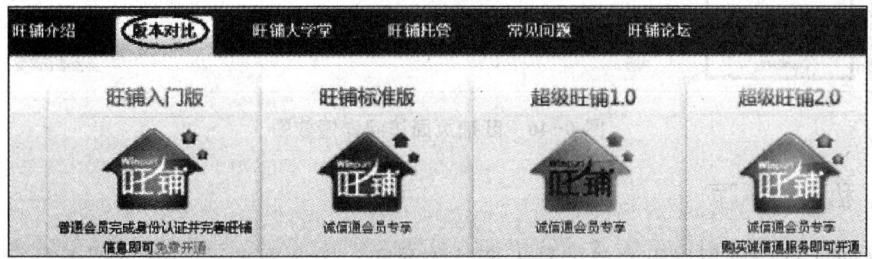

图 6-43　旺铺分类

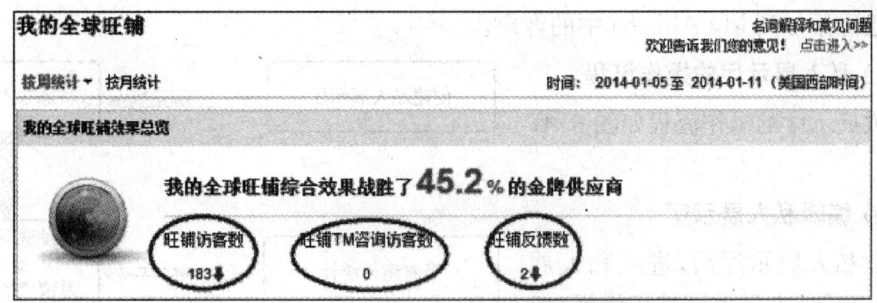

图 6-44　全球旺铺效果总览截图

(2) 访客页面来源：访客页面来源是指访客来到你的全球旺铺的第一个页面。具体如图 6-45 所示。

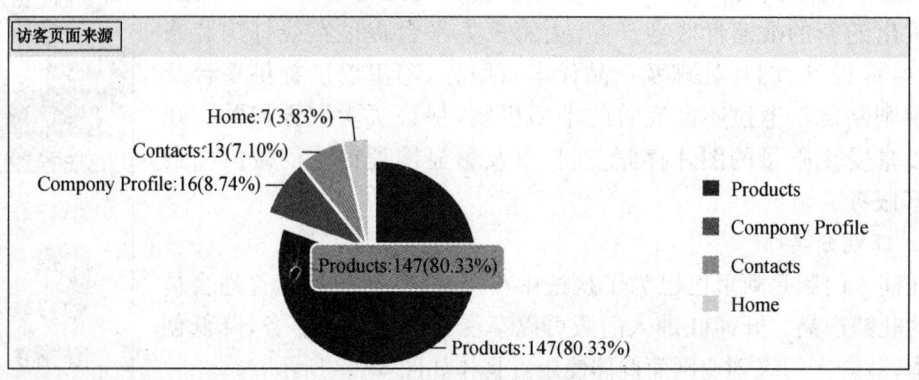

图 6-45　访客页面来源截图

(3) 旺铺页面访问详情：指旺铺页面类型，即全球旺铺的页面分类。其中 Products 页面包含：①全球旺铺中的产品各个页面；②用户在阿里巴巴网站搜索后点击产品打开的产品详情页面。具体如图 6-46 所示。

页面类型	访客数	TM咨询访客数	反馈数	点击次数	点击详情
Home	14	0	0	9	点击查看详情
Products	152	0	0	83	点击查看详情
Company Profile	18	0	1	13	点击查看详情
Contacts	26	0	1	24	点击查看详情

图 6-46　旺铺页面访问详情截图

三、私人展示厅

私人展示厅是阿里巴巴会员的私人产品陈列室。企业开发了某种"新"产品，不希望同行看到但可以让指定的客户看到。卖家可以向目标客发出邀请信，邀请他们到私人展示厅浏览你的新产品。私人展示厅内每次最多可以向 20 名买家发邀请信，前提是被邀请的买家必须是已经添加到 My Alibaba 中的客户。

（一）私人展示厅的操作流程

私人展示厅的操作流程如图 6-47 所示。

（二）编辑私人展示厅

创建私人展示厅后，进入私人展示厅，可以对私人展示厅进行编辑、向目标客户发送邀请函，也可以在导航

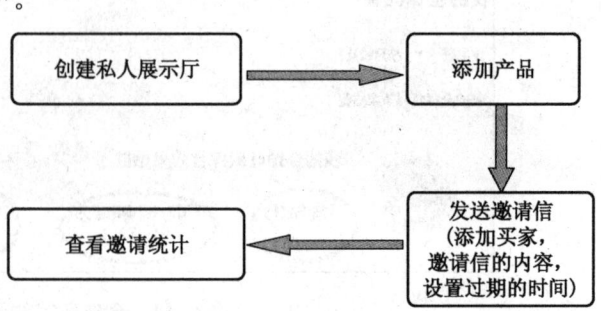

图 6-47　私人展示厅的操作流程

栏"账号设置"下进行私人展示厅的分配。

会员可以根据需要设置最多 6 个私人展示厅。私人展示厅中可以添加所有产品(包括公共产品和私人产品),一个产品可以添加到不同的私人展示厅;同一个私人展示厅,一款产品只能添加一次。

(三) 私人展示厅的作用

(1) 方便跟进客户。

(2) 主动出击,理直气壮地"提醒"客户。

(3) 保护新产品、外观设计,避免被抄袭。

(4) 避免邮件被过滤。

(5) 在线产品册(E—catalogue),携带方便。

(6) 给部分客人"贵宾"感觉,容易成交。

四、多用户管理

一个公司一旦获得阿里巴巴中国供应商的会员资格后,可以有多个业务员使用。但公司可以根据产品、市场和外贸人员数量等,由管理员进行账号的分配,在系统下开设多个用户,形成多用户管理系统,授予用户不同的权限,对询盘和客户进行有序分配,避免抢客户和抢单,避免客户和订单的遗漏。

(一) 多用户管理的登录

登录 My Alibaba,点击"账号设置",即进入多用户管理界面。具体如图 6-48 所示。

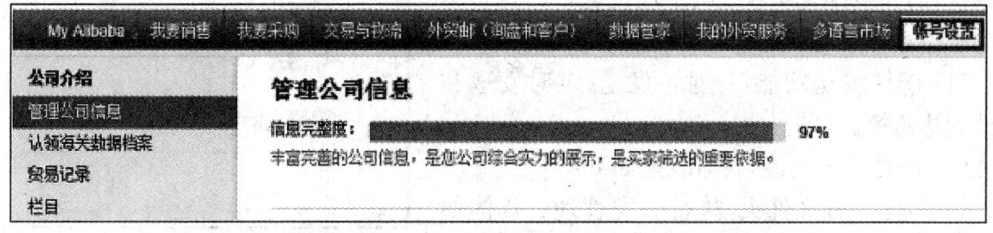

图 6-48　登录后台的多用户管理页面

(二) 多用户管理的内容

1. 功能模块

多用户管理包括公司介绍、认证信息、企业网站和账号设置四个模块。

2. 用户类型和权限

多用户管理的范围包括账号分类和权限管理、账号设置和管理个人信息三个方面。中国供应商会员账号分为制作员、业务员、业务经理和管理员四种类型,但最多可以设置 10 个会员。以此对应,分设四类账号,享受不同的权限,承担不同的职责,但各级相互配合,完成公司账号的管理。

(1) 制作员:创建产品,管理产品和产品组,管理图片银行。

(2) 业务员:创建和管理被分配到的产品,发布和管理供应信息,接收和回复针对所属的产品和供应信息的询盘和客户,创建和管理私人展示厅。这是大部分公司外贸业务员的日常工作任务。

(3) 业务经理:创建产品,管理自己和所属业务员的产品;发布供应信息,管理自己和所属业务员的供应信息;管理自己的询盘和客户,可选择管理所属业务员的询盘和客户。

(4) 管理员:具备以上类型的所有的功能;管理公司信息,栏目信息;管理任何一个子账号,包括修改,冻结,解冻,删除;设置公司的默认联系人;管理所有账号的询盘和客户;创建和管理私人展示厅。

五、外贸邮

如果付费会员没有企业域名,登录后点击 My Alibaba 进入外贸邮(我的询盘和客户),申请 5 个阿里巴巴域名邮箱,以便更好地展示公司实力。

(一) 如何开通外贸邮

(1) 没有企业域名:申请阿里巴巴域名邮箱。

(2) 有企业域名:利用公司现有的企业域名开通阿里巴巴域名邮箱。

(3) 导入外部邮箱:将个人邮箱或者支持 POP (卖方广告)的企业邮箱绑定到外贸邮,便于管理询盘邮件。

(二) 外贸邮的功能

Outlook 和 Foxmail 是大家耳熟目详的邮件管理系统,而外贸邮其实就是阿里巴巴提供给付费会员的邮件管理系统。它有三种功能:

(1) 邮件发送功能:一对一发送、定时发送和邮件到达监控。

(2) 邮件管理功能,具体表述如下:

第一,建立分文件夹,进行分类管理。具体如图 6-49 所示。

第二,给邮件打标签。具体如图 6-50 所示。

图 6-49　建立分文件夹

图 6-50　给邮件打标签

（3）通过标签将邮件信息显性化展示，免去每次查看邮件的繁琐。

（三）外贸邮的作用

外贸邮是阿里巴巴集专属买家档案、企业邮件安全为一体的外贸专用企业邮箱，它的专业、安全和专属优势将有助于中小企业树立企业形象、快速赢得买家信赖，防止业务邮件流失，确保交易安全，轻松掌控买家动向的企业邮箱系统。

六、阿里巴巴国际站的网络采购

"我要采购"是阿里巴巴国际站付费账号后台的主要功能之一，主要提供采购和采购管理两个功能。

随着中国进口贸易迅速发展，阿里巴巴通过"我要采购"将国际采购信息直接提供给会员。具体如图 6-51、图 6-52、图 6-53 所示。

图 6-51　"我要采购"模块下的采购模块

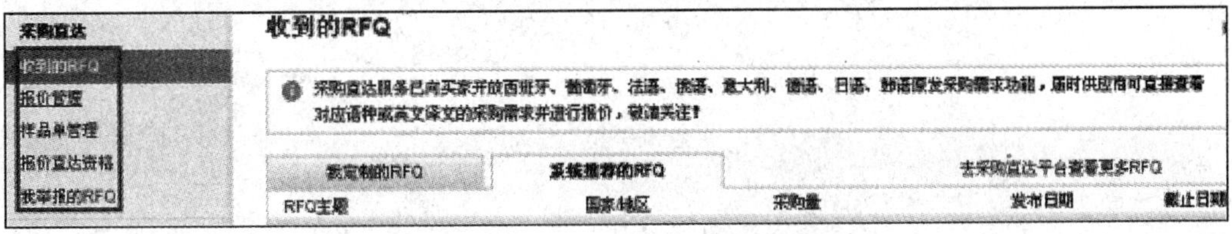

图 6-52　"我要采购"下的采购直达

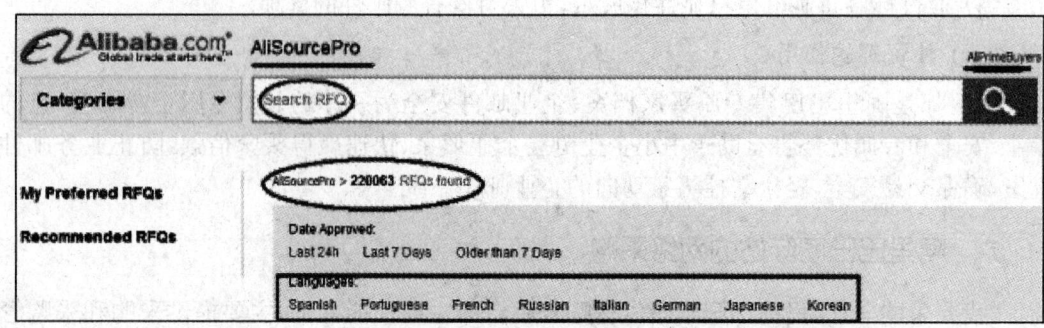

图 6-53　大买家采购信息

【思考与习题】

1. 谈谈对阿里巴巴的认识？
2. 如何实现在阿里巴巴的产品发布？
3. 阿里巴巴国际站使用哪些实时交流工具？
4. 阿里巴巴如何实现高水平的客户管理？

附录 1 阿里巴巴试题

第一套试题

一、判断题(正确的打"√"错误打"×",共 30 题,每题 1 分)

1. 中文站的域名为 www. alibaba. cn。 （　　）

2. 在中文站中,保持信息的新鲜程度,每 3 天重发一次,可以获得相对较好的排名机会。 （　　）

3. 在中文站中,订阅"商机快递"时,会员可以选择订阅供求信息和订阅商业资讯两种类型。 （　　）

4. 在中文站中,网站流量分析需要额外的费用。 （　　）

5. 阿里巴巴诚信通会员都是通过了第三方认证的,用户可以查看该企业作为诚信通会员的诚信通档案。 （　　）

6. 在中文站中,个人版和企业版权限服务完全一致。 （　　）

7. 旺铺是中文站会员的二级域名的企业营销型建站产品。 （　　）

8. 在阿里巴巴国际网站发布采购信息特别适合在网站上找不到合适产品的买家。（　　）

9. 对于阿里巴巴中国供应商的会员来说,产品图片必须为 JPG 格式;每张图片大小不能超过 200K。 （　　）

10. 每个公司的国际站账号只有一个管理员账号。 （　　）

11. 在国际站中,产品属性填写的完整有利于让买家更容易搜索到。 （　　）

12. 在国际站中,所谓的五星网站指的是,在主页中橱窗产品 100％ 利用率,产品有专业的分组,TM 保持在线,公司栏目充分利用,有丰富的公司形象展示图。 （　　）

13. 对于阿里巴巴国际站的会员来说,提供的产品图片切忌放太多产品在同一张图片中,否则产品细节不能得到充公展示。 （　　）

14. 在国际站的企业网站设计中,客户可以自由上传 BANNER 图片,格式要求 700×780。 （　　）

15. 在 Aliexpress 上传产品图片可以直接从 alibaba 国际站中选取。 （　　）

16. Aliexpress 上面既可以收人民币也可以收美金,但需开通美金账号。 （　　）

17. 国际站大陆免费买家 CNFM,可以直接成为速卖通卖家。 （　　）

18. 用支付宝账号快速注册速卖通账号,就不用填写人民币支付宝账号了。 （　　）

19. 速卖通产品发货可以使用海运运输方式。 （　　）

20. 淘宝直通车是淘宝网为淘宝卖家量身定制的推广工具,是通过关键词竞价,按照点击付费,进行商品精准推广的服务。 （　　）

21. 淘宝客推广是一种先成交后付费的推广模式。 （　　）

22. 在淘宝中,网店版不可以将会员等级设置为钻石会员。（　　）

23. 淘宝网的消费者保障计划中包含有 30 天无条件退换货的服务。（　　）

24. 在淘宝中,一个身份证可以授权多个支付宝账户进行关联认证。（　　）

25. 在淘宝中,店铺招牌是在"店铺装修"里设置的。（　　）

26. 在淘宝中,友情链接店铺只要添加店铺名称就可以链接成功。（　　）

27. 淘宝商城是 2003 年成立,目前淘宝商城以年交易 300 亿元的绝对优势名列第一位,除淘宝商城外进入 30 强的其余 29 家 B2C 网站交易额总和为 268.3 亿元。（　　）

28. 淘宝商城只有专卖店才可以入驻。（　　）

29. 优化淘宝商城产品描述是为了更好地提升转化率。（　　）

30. 在淘宝商城中,根据数据调研表显示,买家在详情页面中关注最多的是模特图。（　　）

二、单项选择题（共 20 题,每题 2 分）

1. 以下不属于普通会员的服务是（　　）。
   A. 发布商机　　　B. 查看买家信息　　　C. 发布公司库　　　D. 下载旺旺

2. 以下关于产品图片描述错误的是（　　）。
   A. 产品图片清晰地描述了所要展示给买家的产品
   B. 产品图片清楚地告诉买家关于产品的功能和特征
   C. 产品图片能吸引买家的眼球
   D. 一张图片尽量多放一些产品

3. 对旺铺功能描述不准确的是（　　）。
   A. 展现企业实力　　　　　　　　　　　B. 可以放中英文版的公司介绍
   C. 随时随地更新　　　　　　　　　　　D. 被阿里巴巴大市场收录

4. 以下关于阿里巴巴中文站信息排名规则描述错误的是（　　）。
   A. 排在搜索结果页面前十位的是网销宝信息
   B. 设置优先展示的信息会排在没有设置的信息之前
   C. 诚信通个人会员的信息排在企业会员之前
   D. 诚信通会员发布的信息排在普通会员发布的信息之前

5. 国际站发布产品信息时,以下有关产品详细描述不正确的是（　　）。
   A. 撰写产品详细描述可以插入图片
   B. 撰写产品详细描述时,最好能够结构化表达产品的细节特点
   C. 撰写产品详细描述,字数越多越好
   D. 撰写产品详细描述,尽可能突出该产品的细节特征和参数

6. 阿里巴巴国际站产品上传后,阿里巴巴工作人员会进行审核。一般审核时间为（　　）小时。
   A. 6　　　　　　　B. 12　　　　　　　C. 24　　　　　　　D. 48

7. 阿里巴巴国际站,以下产品类目发布中,点击率最低的是（　　）。
   A. Apparel＞＞Pants, Trousers & Jeans
   B. Apparel＞＞Baby Clothing＞＞Baby Pants, Trousers & Jeans
   C. Apparel＞＞Children's Clothing＞＞Children's Pants, Trousers & Jeans

D. Apparel>>others

8. 阿里巴巴国际站首页输入关键词,不可被搜索的搜索栏是(   )。

    A. Product(产品信息)   B. Suppliers(供应商信息)

    C. Promotion(促销信息)   D. Buyers(买家信息)

9. Aliexpress 的个人认证管理,可以通过以下(   )方式进行认证。

    A. 支付宝用户认证、淘宝用户认证、阿里巴巴中文站用户认证

    B. 支付宝用户认证、银行账户实名认证、阿里巴巴中文站用户认证

    C. 支付宝用户认证、个人实名认证、银行账户实名认证

    D. 支付宝用户认证、阿里巴巴中文站用户认证、个人实名认证

10. Escrow 目前支持单笔订单的最大的交易金额是(   )。

    A. USD 5 000(产品总价加上运费总额)   B. USD 8 000(产品总价加上运费总额)

    C. USD 10 000(产品总价加上运费总额)   D. USD 15 000(产品总价加上运费总额)

11. Aliexpress 的银行账户,以下选项中不正确的是(   )。

    A. 个人美元账户   B. 公司美元账户

    C. 支付宝   D. 个人人民币账户

12. 站内推广工具—直通车,每个商品可以设置最多(   )个关键词。

    A. 100   B. 200   C. 300   D. 400

13. 申请淘宝首页硬广广告位的报名入口是(   )。

    A. 淘宝卖家助手   B. 营销中心   C. 活动报名   D. 服务中心

14. 采用借力法发布产品的操作流程是:A. 选择一款合适的商品,分析品牌优势并找到借力点;B. 选择商品属性,填写商品数量、价格等信息;C. 将借力点转换成文字添加到宝贝名称、图片、描述中;D. 点击"我要卖",选择"一口价"发布商品;E. 选择运费、上架周期等,发布商品。按字母排序是(   )。

    A. ADBCE   B. ABCED   C. ACDBE   D. ADBEC

15. 每个店铺都可以交换友情链接,数量限制为(   )。

    A. 30   B. 35   C. 40   D. 45

16. 淘宝中,买家可以选择不同的留言方式,以下选项错误的是(   )。

    A. 旺旺留言   B. 站内信留言   C. QQ 留言   D. 店铺留言

17. 直通车的收费方式是(   )。

    A. 按展示时间收费   B. 按展示位置收费

    C. 按实际点击收费   D. 按实际浏览量收费

18. 淘宝商城入驻资质以下哪种是错误的是(   )。

    A. 专营店   B. 旗舰店   C. 专卖店   D. 商城店

19. 入驻商城卖家每年缴纳的费用中,以下选项中可在达到要求后返还的是(   )。

    A. 保证金   B. 实时划扣的技术服务费

    C. 技术服务费   D. 年费

20. 淘宝商城的成立年份是(   )。

    A. 2010 年   B. 2008 年   C. 2003 年   D. 2009 年

三、多项选择题（共 15 题，每题 2 分）

1. 在中文站中，一副好的图片必须具备以下条件中的（　　）。
   A. 产品图片清晰地描述了所要展示给买家的产品
   B. 产品图片清楚地告诉买家关于产品的功能和特征
   C. 产品图片能吸引买家的眼球
   D. 一张图片尽量多放一些产品

2. 在中文站中，企业版和个人版区别在于（　　）。
   A. 查看买家联系方式　　　　　　　　B. 排名
   C. 认证周期　　　　　　　　　　　　D. 价格

3. 在中文站中，网站流量分析包括（　　）。
   A. 产品浏览分析　　　　　　　　　　B. 搜索关键字分析
   C. 地区来源分析　　　　　　　　　　D. 站点优化技巧

4. 在国际站，为了提高产品排名，以提高曝光率，我们应当（　　）。
   A. 将产品信息尽量填写完整
   B. 根据产品特性将一条信息放到相关的类目下发布多条供求信息
   C. 根据不同地区客户的不同习惯，设置不同的关键词
   D. 详细描述要尽量翔实，充分介绍产品的规格、型号，提高信息的可信度，以增加曝光率

5. 在国际站，下面关于产品优化说法正确的有（　　）。
   A. 醒目的产品标题可以直接提高反馈率
   B. 适合、漂亮的图片可以提高产品的点击率
   C. 简要描述相当于广告语，可以显著提高产品的点击率
   D. 详细描述要尽量翔实，充分介绍产品的规格、型号，提高信息的可信度，以增加反馈率

6. 在国际站，以下关于阿里巴巴国际站橱窗产品说法，正确的有（　　）。
   A. 信息质量因素相同情况下，橱窗产品更容易被客户找到
   B. 橱窗产品一定会排在普通产品的前面
   C. 橱窗产品直接显示在公司首页
   D. 橱窗产品的数量最多有 20 个

7. 阿里巴巴国际站和阿里巴巴速卖通的区别包括（　　）。
   A. 产品填写内容　　　　　　　　　　B. 产品有效期
   C. 支付手段　　　　　　　　　　　　D. 发货方式

8. 如果 Aliexpress 中账户设置了美元账户，买家在支付货款时，采用以下付款方式中的（　　）。
   A. moneybookers　　B. Paypal　　　　C. T/T　　　　D. 信用卡

9. 速卖通产品运费设置可以选择以下类型中的（　　）。
   A. 标准运费　　　　B. 免运费　　　　C. 自定义运费　　　D. 不发货

10. 淘宝搜索排序的过滤规则有（　　）。
    A. 搜索相关性　　　B. 类目相关性　　C. 客户评价相关性　　D. 产品相关性

11. 淘宝的抵价券是由淘宝网设立的一种购物优惠券,获得抵价券的顾客在有效期内购买支持此券优惠的商品,可以享受一定的购物优惠。抵价券的使用规则正确的有(   )。

    A. 淘宝每家店铺都可以使用抵价券

    B. 抵价券各面额之间可以通用,但一张仅限使用一次,余额不补。

    C. 抵价券可以与其他优惠同时使用。

    D. 抵价券不能抵扣邮费,只能抵扣最终成交的商品价格。

12. 在淘宝中,通过支付宝认证后,淘宝会员就可以享受的权利有(   )。

    A. 免费出售商品   B. 免费开店

    C. 拥有个人网店网址   D. 免费的橱窗推荐位

13. 在淘宝中,支付宝交易的交易状态有(   )。

    A. 等待买家付款   B. 买家已付款

    C. 等待卖家发货   D. 卖家已发货

    E. 交易成功

14. 在淘宝商城中,宝贝卖点的包装要素有(   )。

    A. 策划   B. 设计   C. 材质   D. 工艺

15. 在淘宝商城宝贝描述中,我们可以选择的关联销售单品有(   )。

    A. 店铺滞销单品   B. 店铺热销单品

    C. 货单价接近单品   D. 套装搭配单品

第二套试题

一、判断题(正确的打"√"错误打"×",共30题,每题1分)

1. 诚信通会员的年费统一为2 800元。 （　　）

2. 在阿里巴巴中文站,诚信通会员的信息排在普通会员信息之前。 （　　）

3. 在中文站中,橱窗布置中用户只能选择推荐公司相册。 （　　）

4. 阿里巴巴中文站首页上提供的买家频道是展示买家采购需求,引导供应商动作的频道。 （　　）

5. 用户在中文站首页的搜索框里可以直接找到需要的产品、公司、买家、资讯内容。 （　　）

6. 在阿里巴巴中文站上的供应信息可以分为一口价供应信息和普通供应信息。 （　　）

7. 在中文站中,为了防止图片被其他公司拷贝,建议尽量在图片上多覆盖公司的相关文字介绍。 （　　）

8. 中国供应商会员在阿里巴巴国际网站上发布产品时,应该尽可能把产品的详细规格、技术参数、专业证书、公司简介或者是买家所关注的内容都写出来,更要把产品与其他同类产品不同的特点都描述清楚。 （　　）

9. 中国供应商会员在阿里巴巴国际网站上发布供求信息时,一条信息可以发布在不同的类目下,以增加被买家检索到的概率。 （　　）

10. 对于阿里巴巴中国供应商的会员来说,如果是正在展示中的公共产品转化为私人产品,该产品将不显示在网站上。 （　　）

11. 在国际站的企业网站设计中,系统提供无限模版可以自由选择。 （　　）

12. 对于阿里巴巴中国供应商的会员来说,产品和产品组的顺序均可以排序。 （　　）

13. 目前在阿里巴巴国际站上发布产品成功之后,会自动在一个或多个相应的类目中展示。 （　　）

14. 在国际站中,企业网站可以自主添加固定栏目,以及1个自定义栏目。 （　　）

15. Aliexpress类似国际淘宝,店铺等级只是由成交好评数量来不断积累的。 （　　）

16. 在速卖通中,个人的美元账户绑定到速卖通上,每年收外汇金额是没有限制。 （　　）

17. 国际站和速卖通产品发布时的区别只有价格和包装信息。 （　　）

18. 国际站的付费会员佣金费用和速卖通普通会员佣金费用一致。 （　　）

19. 速卖通产品没有有效期,一旦发布可永久显示在网站上。 （　　）

20. 淘宝商品图片上添加店铺LOGO只是为了体现个性化,提高店铺的整体形象。 （　　）

21. 在淘宝中,推广和营销是两个不同的商业词汇,网店的"营销"简单说就是要让客户"知道我们";网店的"推广"简单说就是要让客户"选择我们"。 （　　）

22. 在淘宝的同一家店铺购物,使用购物车购买商品是不用支付邮费的。 （　　）

23. 在淘宝中,友情链接店铺只要添加店铺名称就可以链接成功。 （　　）

24. 在淘宝中,掌柜推荐商品最多能设置10个。 （　　）

25. 在淘宝中,一旦出现交易争议或者纠纷,阿里旺旺的聊天记录可以作为证据举证。（　　）

26. 在淘宝中,直通车的宝贝投放,一个宝贝只能属于一个计划。（　　）

27. 淘宝商城2016年"双十一"活动的销售额为33.6亿元。（　　）

28. 淘宝商城商家一年只需要缴一次服务年费就可以。（　　）

29. 在淘宝商城中,根据数据调研表显示,买家在详情页面中关注最多的是产品品牌吊牌。（　　）

30. 优化淘宝商城产品描述是为了更好地提升转化率。（　　）

二、单项选择题（共20题,每题2分）

1. 在阿里巴巴中文站中,不属于个人版的服务是（　　）。
   A. 发布商机　　　　　　　　　　B. 查看买家信息
   C. 拥有第三方认证机构认证　　　　D. 使用旺旺

2. 以下关于阿里巴巴中文站信息排名规则描述错误的是（　　）。
   A. 排在搜索结果页面前十位的是网销宝信息
   B. 设置优先展示的信息会排在没有设置的信息之前
   C. 诚信通个人会员的信息排在企业会员之前
   D. 诚信通会员发布的信息排在普通会员发布的信息之前

3. 在阿里巴巴中文站中,以下认证时不需要企业提供的是（　　）。
   A. 法人照片　　　　　　　　　　B. 营业执照
   C. 授权书　　　　　　　　　　　D. 法人身份证复印件

4. 在阿里巴巴中文站中,关键词设置必须（　　）。
   A. 正确、准确、精确　　　　　　B. 标新立异
   C. 独特　　　　　　　　　　　　D. 有趣

5. 国际站发布产品信息时,以下有关产品简要描述不正确的是（　　）。
   A. 好的简要描述要求语言简洁、扼要同时突出产品优势
   B. 简要描述就写Low price high quality好了
   C. 简要描述内容不超过5行128个字符
   D. 简要描述是必须要填写的项目之一

6. 在国际站产品发布中,以下步骤中正确的是（　　）。
   A. 选择类目,填写信息,审核上线　　B. 选择类目,审核上线,填写信息
   C. 填写信息,审核上线,选择类目　　D. 填写信息,选择类目,审核上线

7. 以下选项中,（　　）不是在阿里巴巴国际站发布产品时类目选择的方法。
   A. 通过搜索产品,系统自动给出类目　B. 通过浏览自选类目。
   C. 在发布产品信息页面中,自定义类目　D. 从常用类目中选择

8. 在国际站中,中国供应商企业网站可以放的公司形象图为（　　）。
   A. 1张　　　　B. 2张　　　　C. 3张　　　　D. 4张

9. 在Aliexpress中,注册的普通会员交易收取的佣金的百分比率是（　　）。
   A. 3%　　　　B. 4%　　　　C. 5%　　　　D. 6%

10. 如果 Aliexpress 中账户只设置了人民币账户,买家在支付货款时,可以采用以下付款方式中的( )。

    A. moneybookers   B. T/T   C. 借记卡   D. 信用卡

11. 供应商可以有自己的速卖通商铺的时间是( )。

    A. 发布在线批发产品以后

    B. 发布 10 个在线批发产品,48 小时后开通

    C. 发布 15 个在线批发产品,24 小时后开通

    D. 保持 10 个在线批发产品正在销售,马上开通

12. 在淘宝中,以下表述中错误的是( )。

    A. 抵价券必须使用于支持相应面额抵价券的商品上

    B. 抵价券不能与其他优惠同时使用

    C. 一笔交易里抵价券可以累加使用

    D. 一笔交易中只能使用一张抵价券

13. 淘宝卖家在商品图片上添加店铺 LOGO 的目的是( )。

    A. 体现个性化   B. 提高店铺整体形象

    C. 推广和防止盗图   D. 为了图片美观

14. 在淘宝中,要从店铺装修的菜单中的( )进入,才能装修宝贝列表页和宝贝详情页。

    A. 装修页面   B. 设置风格   C. 管理页面   D. 店铺装修

15. 在淘宝,只要点击"类目促销区设置",就可以将需要促销的类目放在该类目宝贝列表的上方,那么一件商品最多可以添加到( )个店铺类目里。

    A. 10   B. 15   C. 13   D. 20

16. 在淘宝卖家收到的评价,可以让买家修改的次数是( )。

    A. 1 次   B. 2 次   C. 无限制   D. 不能修改

17. 在淘宝站内推广工具—直通车,每个商品可以设置最多( )个关键词。

    A. 100   B. 200   C. 300   D. 400

18. 入驻商城卖家每年缴纳的费用中,( )可在达到要求后返还。

    A. 保证金   B. 技术服务费

    C. 实时划扣的技术服务费   D. 年费

19. 淘宝商城的成立年份是( )。

    A. 2010 年   B. 2009 年   C. 2003 年   D. 2008 年

20. 在淘宝商城中,( )不是宝贝卖点的包装要素。

    A. 策划   B. 设计   C. 工艺   D. 图片

三、多项选择题(共 15 题,每题 2 分)

1. 在中文站中,以下选项中,( )是高质量供应信息的优点。

    A. 星级达到 3 星或 3 星以上   B. 设置准确的类目

    C. 信息标题只含有一个产品名称   D. 信息带上图片

2. 在中文站中,以下旺铺的功能描述正确的有( )。

    A. 客户反馈系统   B. 网站浏览分析

C. 信息发布系统

D. 产品展示系统

3. 在中文站中,企业版和个人版区别在于(　　)。

 B. 查看买家联系方式

 B. 排名

 C. 认证周期

 D. 价格

4. 在国际站,阿里巴巴国际站会员在发布商业信息时应注意(　　)。

 A. 标题简洁明了,突出产品的相关特质

 B. 关键字是行业内对产品约定俗成或通用的称呼

 C. 详细描述要尽量翔实,充分介绍产品的规格、型号,以提高信息的可信度

 D. 配上适合的图片,让产品更加直观

5. 在国际站中据运营统计显示:阿里巴巴国际站橱窗产品的平均曝光量为普通产品的 8 倍。下列设置橱窗产品的排序操作正确的有(　　)。

 A. 可以在管理橱窗产品页面下拖动产品进行排序

 B. 可以在产品链接上点击鼠标右键,在快捷菜单中选择"排序"

 C. 可以实现通过首字母自动排序

 D. 可以改变橱窗产品左上方的数字来进行排序

6. 在国际站,婚纱产品关键字可以设置为(　　)。

 A. New Stye Wedding Dress

 B. Wedding Dress

 C. Dress

 D. Lace Edged Wedding Dress

7. 速卖通网站上面的橱窗推荐可以通过(　　)获得。

 A. 卖家等级的升级

 B. 参加速卖通不定期的活动

 C. 购买橱窗

 D. 成为供应商就有送 10 个橱窗推荐

8. 在速卖通中,优质产品发布标准包含(　　)。

 A. 标题专业

 B. 备货及时,时间不超过 3 天

 C. 价格区间分 4 级以上

 D. 图片丰富,详细描述里 5 张图片以上

9. 速卖通运费设置中可以选择的物流方式有(　　)。

 A. 海运

 B. EMS

 C. UPS

 D. 顺丰

10. 在淘宝中,不属于加入消费者保障服务项目的条件的有(　　)。

 A. 淘宝网注册用户

 B. 不在其他平台开设店铺

 C. 店铺信用必须在一钻以上

 D. 用户卖家好评率在 97% 以上(包括 97%)

11. 在淘宝中,设置合理的宝贝名称可以达到的主要效果有(　　)。

 A. 增加宝贝被搜索到的机会

 B. 增加宝贝被点击的机会

 C. 避免交易纠纷

 D. 使买家深入了解宝贝

12. 在淘宝中,下列关于"搭配套餐"说法正确的有(　　)。

 A. 最多只能搭配 1 件

 B. 最多可以搭配 4 件

 C. 不限可以搭配多少件

 D. 每个套餐只收取一次邮费

13. 在淘宝中,发布产品关键字的类型分为(　　)。

A. 属性关键字　　　　B. 促销关键字　　　　C. 品牌关键字　　　　D. 评价关键字

14. 在淘宝商城宝贝描述中,可以选择的关联销售单品有(　　)。

B. 店铺滞销单品　　　　　　　　　　B. 店铺热销单品

C. 货单价接近单品　　　　　　　　　D. 套装搭配单品

15. 在淘宝商城宝贝描述中,我们可以通过以下方式来提升转化率,正确的有(　　)。

A. 店铺优势　　　　　　　　　　　　B. 关联销售

C. 模特展示和细节描述　　　　　　　D. 生产工艺和售后保障

第三套试题

一、单项选择题

1. 【外贸流程】我国当前的外贸政策规定,企业获得外贸经营权实行(   )制度。
   A. 核准
   B. 审批
   C. 备案登记
   D. 不开放给一般公司和个人

2. 【询盘处理】请根据题意填空:As you are baby wear and children's clothes, we are writing to enquire whether you are willing to (   ) with us.
   A. in the line of, relate
   B. specialized in, enter into business relations
   C. in line of, relative
   D. specific in, cooperate

3. 【外贸流程】出口一般涉及以下流程:①报关;②交单;③退关单;④报检;⑤退税;⑥核销。合理的顺序是(   )。
   A. ③④①②⑥⑤
   B. ④①②③⑤⑥
   C. ④①③②⑥⑤
   D. ③④①②⑤⑥

4. 【外贸流程】FOB、CIF、CFR 三种贸易术语下,由买方购买保险的术语包括(   )。
   A. FOB 和 CIF
   B. CIF
   C. CFR 和 CIF
   D. FOB 和 CFR

5. 【付款方式】一般情况下,信用证所要求提供的单据的传递过程(   )是正确的。
   A. 卖方直接寄给买方
   B. 卖方寄给开证行,由开证行再交给买方
   C. 卖方交至议付行,由议付行交给买方
   D. 卖方交至议付行,由议付行寄给开证行,再由开证行交给买方

6. 【退税】ABC 公司采购一批服装用于出口,含税采购价格是 117 元,退税率为 16%,那么该产品的实际采购价格是(   )。
   A. 117 元
   B. 100 元
   C. 116 元
   D. 101 元

7. 【外贸流程】做外贸,不仅要了解产品,而且要了解行业行情和信息。后者可通过以下渠道中的(   )收集。
   A. 行业网站、行业期刊
   B. 商务部官方网站的相关频道
   C. 外贸网站的相关论坛
   D. 以上都是

8. 【物流】从上海空运一批货物到巴黎。该批货物重 40 kg,体积为 0.32 立方米(容积系数为 167 kg/m³)。一般货物运价表的规定,货物重 30 kg 公斤以下的,运费为 17.50 元/kg,30 kg 以上的为 15.00 元/kg,45 kg 以上的为 12.50 元/kg。请问运费是(   )元。
   A. 525
   B. 668
   C. 562
   D. 612

9. 【买家行为分析】在外贸过程中,有些客人会经常催你寄样,等收到样品后又会有很长一段时间不回应你,可能的原因是(   )。
   A. 对方是贸易商,要样品是为给最终客户试用

B. 有可能你的样品是比较满意的,但相关的交易条件令人不满意

C. 对方在收到样品之后,感到不满意,如质量、款式等

D. 以上皆有可能

10.【付款方式】使用西联接收国外客户的汇款,必须提供的信息是( )。

  A. 公司名称   B. 联系人姓名   C. 公司电话   D. 公司税号

二、多项选择题

1.【询盘处理】小李收到了国外买家的询盘,买家对自己介绍不多,只说希望收到 product catalogue & price list。小李的做法( )比较合理。

A. 找出询盘回复模板和报价表,立刻回复

B. 通过搜索引擎尽量了解买家的基本情况

C. 可以向买家提出一些相关问题,以达到更了解买家的目的

D. 作出判断"这个询盘质量不好,不予理会"

2.【询盘处理】新客户在邮件中提到的问题不容易回答时,合适的应对思路有( )。

A. 坦诚告知客户需要确认某些信息,及大约何时能够回复

B. 第一时间与客户确认其中细节问题,以防理解错误

C. 时间关系,置之不理

D. "没准这就是个机会,再忙,也要安排时间回复"

3.【买家沟通】买家抱怨价格过高时,以下选项中,较为合理的有( )。

A. 极力证明自己的价格已经很低

B. 介绍几款与其目标价格相近的类似产品供挑选

C. 拿出数据说明自己产品的性价比是不错的

D. 担心失去这一单,于是很快答应对方降价要求

4.【报价】一份较完整的报价单中,应包含( )。

A. 单价、币种、金额、数量单位、贸易术语   B. 付款方式、交货期

C. 仲裁、诉讼条款   D. 报价有效期

5.【物流】某一信用证的 46A 条款中关于提单的描述是这样的:MADE OUT TO ORDER AND BLANK ENDORSED, MARKED FREIGHT COLLECT AND NOTIFY APPLICANT。以下说法中,正确的有( )。

A. 该批货物有可能采用 FOB 术语成交

B. 提单的 Consignee 一栏中,可写成 To Order

C. 提单背面须保持空白,不得签字或盖章

D. 提单上的被通知方应写成开证申请人

6. 在实践中是相对更有效寻找客户的关键词组织有( )。

A. 产品名称+importers

B. site:目标市场域名后缀+产品名称+wholesale suppliers

C. 产品名称+distributors+目标市场公司后缀,如 PLC

D. 产品名称+traders

7.【买家行为分析】买家不喜欢供应商的行为有( )。

A. 不诚实　　　　　　B. 过度承诺　　　　　C. 延迟交货　　　　　D. 服务意识差

8.【贸易风险防范】下列 T/T 付款方式中,对我方风险较大的前两项是(　　)。
 A. 100％ before delivery
 B. 30％ prepaid,the balance upon B/L copy
 C. 100％ upon B/L copy
 D. 70％ deposit,30％ after delivery

9.【付款方式】美国客户 Joymeal InC. 与我司签订了合同,销售的产品是塑料餐具,数量 2 000套,成交价格 USD1.50/set,CIF New York,付款方式 100％ L/C at sight。在整个流程中,肯定会打交道的部门有(　　)。
 A. 外经贸局　　　　　　　　　　B. 银行
 C. 货代　　　　　　　　　　　　D. 出入境检验检疫局

10.【外贸流程】关于 FOB 术语,以下理解错误的有(　　)。
 A. 出口至纽约,可以写为 FOB NewYork
 B. 由买方买保险
 C. 只能由买方指定货代
 D. 根据《2000 通则》的解释,FOB 术语只适用于海运和内河航运

三、判断题

1.【外贸流程】CIP 术语适用于各种运输方式。此术语下,卖方负责办理保险。　　(　　)

2.【报价】欲在报价中掌握主动性,了解清楚价格成本和学会引导客户的技巧,缺一不可。
                    (　　)

3.【询盘处理】小陈收到买家询盘,发现不是自己目前生产的产品。对小陈来讲,最好的做法是不予理睬,以节省宝贵时间。　　　　　　　　　　　　　　　　　　(　　)

4.【询盘处理】为了提高回复率,不宜对所有首发询盘客户使用邮件回复模板 A。 (　　)

5.【外贸流程】不同国家对于同一产品的认证标准是类似的,即我们拿到了欧洲 CE 认证,那么出口美国就不需要另外申请认证了。　　　　　　　　　　　　　　(　　)

6.【买家沟通】在与客户进行价格谈判时,为了打破价格上的僵局,我们可以避重就轻,通过数量、交货期等交易条件的组合,使客户有所比较而选择。　　　　　　(　　)

7.【付款方式】信用证"软条款",仅指容易造成装运期、交单期、有效期不符的条款。
                    (　　)

8.【外贸流程】经商检机构检验合格发给检验证的出口商品,应当在商检机构规定的期限内报关出口;超过期限的,可以申请延期。　　　　　　　　　　　　　　(　　)

9.【付款方式】收到国外客户电汇底单,如收款人信息和金额无误,即可认为无收款风险而发货。　　　　　　　　　　　　　　　　　　　　　　　　　　　　　(　　)

10.【付款方式】按照正规的外贸流程,如果不提供 SWIFT CODE 给国外客户,客户将无法申请汇款。　　　　　　　　　　　　　　　　　　　　　　　　　　(　　)

四、情景分析题

  根据下面的谈判纪要和合同样本,回答以下 5 个问题。客户:Morthern Miami Co., Ltd.,USA。达成交易如下:货物:AS-077 蓝色皮手套(Leather Gloves in Blue)。数量:

1 000 打。包装:纸箱包装,8 打装一纸箱。贸易条件:CIF Miami,CIF 单价:USD 8.25/打。付款:30%预付,70%开立即期不可撤销信用证。交货期:收到预付款之日起 30 天内。启运港:厦门港。目的港:迈阿密港。

(1) 合同上标示 1 处,填写(　　)较为合适。

  A. 8.25   B. USD 8.25

  C. USD Eight Point Two Five   D. USD 8.25/Dozen,CIF Miami

(2) 合同上标示 2 处,填写(　　)较为合适。

  A. US Dollar Eight Point Two Five

  B. US Dollar Eighty-two Thousand Five Hundred ONLY

  C. US Dollar Eight Thousand Two Hundred and Fifty ONLY

  D. US Dollar Eighty Thousand Two Hundred and Fifty ONLY

(3) 合同上标示 3 处,填写(　　)较为合适。

  A. Wooden case,8 dozens per case

  B. Carton,8 dozens/CTN

  C. Paper box,8 per box

  D. Carton,8 gloves per carton

(4) 合同上标示 4 处,填写(　　)较为合适。

  A. Within 30 days from payment of advance payment

  B. Within 30 days from receipt of advance payment

  C. 30 days from receipt of L/C

  D. Within 30 days from advance payment,the goods shall arrive in Miami

(5) 合同上标示 5 处,填写(　　)较为合适。

  A. 30%T/T in advance,70%by L/C

  B. 30%T/T,balance by irrevocable L/C

  C. 30%T/T,balance by D/P

  D. 100T/T before delivery

第四套试题

一、判断题

1. 对于阿里巴巴国际站的会员来说,"单据模板"是设置显示在报价单和订单单据中的"抬头"和"结尾"。 （ ）

2. 我国大量中小企业的采购、分销已放弃传统渠道,电子商务因低成本高效率而在中小企业中得到了广泛应用。 （ ）

3. Trade Alert is a free customized email that delivers new Alibaba. com content such as product，supplier，and buyer information which match your criteria. （ ）

4. Alibaba. com is not a trading company but rather an online business platform. （ ）

5. In alibaba. com's Big Buyer Channel，"big buyer" means Global 1 000 companies and leaders in their industries. （ ）

6. 对于阿里巴巴国际站的会员来说,每条供求信息每天只能重发一次。 （ ）

7. On alibaba. com, Gold Supplier is a premium membership only for import－oriented company. （ ）

8. 在阿里巴巴国际站 My Alibaba 中的询盘模块中"转化为客户、新增为意向"的差别:未录入 My Alibaba 系统的询盘客户显示为转化为客户,已经是库里的客户,再次对某个产品进行问询显示新增为意向,如果询盘没有转化下一次的问询还是显示为转化为客户。 （ ）

9. 只有收费会员才能使用 Trade Manager。 （ ）

10. 我国大量中小企业的采购、分销已放弃传统渠道,电子商务因低成本高效率而在中小企业中得到了广泛应用。 （ ）

11. OEM（Original Equipment Manufacturer）indicates that a manufacturer offers the service of manufacturing products to be marketed under another company's brand. （ ）

12. 批量导入客户时,EXCEL 表格必须严格按照已有的既定 EXCEL 模版格式,否则无法录入。 （ ）

13. 私人展示厅除了给客户发邀请函外,还可以自动统计可以阅读邀请函的次数和点击链接的次数。 （ ）

14. 如果是正在展示中的公共产品转化为私人产品,该产品在网站将不再公开展示。 （ ）

15. 对于阿里巴巴中国供应商的会员来说,尺寸很小的图片放大后会显得模糊发虚,最好不用这种图片。 （ ）

16. Trade Lead is a timely buying or selling advertisement. It includes Buying Leads and Selling Leads. （ ）

17. 对于阿里巴巴国际站的会员来说,新增意向为新增一个客户的意向,即意向必须对应

客户。 （ ）

18. 在阿里巴巴英文网站上,搜索条上默认的状态是找销售信息。 （ ）

19. 使用阿里巴巴国际网站的 Trade Manager 不能订阅 Trade alert 信息。 （ ）

20. 阿里巴巴国际站的核心价值是先进的搜索技术和数据安全。 （ ）

二、单项选择题

1. 点击 Trade Manager 名片下面的连接,就可以引导你到（ ）页面。
   A. Company Profile　　B. Products Profile　　C. Trade Leads　　　D. Trade News

2. 在阿里巴巴国际网站注册时,如果属于中国大陆地区,可以选择的网站服务是（ ）。
   A. "I want to buy"和"I want to sell"
   B. "I want to search"和"I want to show"
   C. "I want to sign"和"I want to join"
   D. "I want to enjoy"和"I want to work"

3. My Alibaba 为客户提供的一个激活老客户的工具是（ ）。
   A. 图片银行　　　　　B. 报表　　　　　　C. 任务提醒　　　　D. 私人展示厅

4. 多用户管理系统中的管理员,除了设置账号,还要给不同种类的用户分配（ ）。
   A. 产品空间
   B. 私人展示厅空间
   C. 产品空间和私人展示空间
   D. 图片库空间、产品空间、私人展示空间

5. 阿里巴巴国际站中,在私人展示厅的编辑邀请信时,（ ）。
   A. 用户可以选择是否设定一个邀请信过期时间
   B. 这个过期时间一旦设定就不可修改
   C. 用户不可以设定一个邀请信过期时间
   D. 用户一定要设定一个邀请信的过期时

6. 在 My Alibaba 中,中国供应商发布销售信息时的最短有效时间为（ ）。
   A. 2 个月　　　　　B. 6 个月　　　　　C. 12 个月　　　　D. 2 年

7. 在 My Alibaba 的询盘模块,（ ）的功能相当于对所有的询盘进行备份。
   A. 历史询盘列表　　　　　　　　B. 待分配询盘
   C. 已分配待处理询盘　　　　　　D. 询盘搜索

8. Trade Shows 是指阿里巴巴国际站社区中的（ ）。
   A. 论坛　　　　　B. 贸易展会　　　　　C. 交易平台　　　D. 社区

9. 以下选项中,不属于阿里巴巴集团的业务范围的是（ ）。
   A. 淘宝网　　　　　　　　　　B. 阿里软件
   C. 阿里巴巴中文网　　　　　　D. 财富通

10. 阿里巴巴英文站中,"待分配客户"是指（ ）。
    A. 没分配相应业务员的客户　　　　B. 没分配客户状态的客户
    C. 没分配客户等级的客户　　　　　D. 没分配客户类型的客户

11. 在 My Alibaba 中,通过系统回复客户邮件只能在（ ）界面进行操作。

    A. 客户和询盘   B. 我要销售和我要采购

    C. 客户和订单   D. 询盘和订单

12. 阿里巴巴国际网站的服务对象主要是( )。

    A. 从事全球贸易的大中型企业   B. 从事全球贸易的中小企业

    C. 从事全球贸易的国外企业   D. 从事全球贸易的大公司

13. 钱经理想采购食品加工设备,找到了 3 家比较满意的供应商,这时候他可以使用( )
  功能来对供应商进行筛选。

    A. 询价单   B. 竞价排名   C. 批量询价   D. 对比产品

14. 钱经理想采购食品加工设备,他搜索到了很多符合条件的供应信息,他最多可以就
  ( )条供应信息进行批量询价。

    A. 5   B. 38   C. 20   D. 50

15. 对于阿里巴巴国际站的会员来说,发布的产品名称要注意( )。

    A. 保密性   B. 排他性

    C. 突出产品特色   D. 中英文对照

16. 要成为阿里巴巴的中国供应商会员,可以( )。

    A. 与阿里巴巴在全国各地的销售人员联系

    B. 直接在阿里巴巴国际网站上申请

    C. A 和 B 都对

    D. A 和 B 都不对

17. 在阿里巴巴国际站中输入关键词搜索目标产品时,系统会提示"Refine… by…",其中的
  "Refine"的意思是( )。

    A. 修改   B. 重定义   C. 精确化   D. 编辑

18. 阿里巴巴国际站会员不可以对 TradeManager 的聊天记录进行( )。

    A. 删除   B. 浏览   C. 查询   D. 修改

19. 在 My Alibaba 系统中,邀请买家参观私人展示厅,发送邀请信是在下面子菜单中的
  ( )里进行的。

    A. 创建私人产品   B. 编辑私人产品

    C. 创建私人展示厅   D. 管理私人展示厅

20. 在阿里巴巴国际网站上,买家可以直接向卖家询价并提供相关信息,该过程一般称为
  ( )。

    A. 报盘   B. 询盘   C. 处理报盘   D. 处理询盘

21. 阿里巴巴价值观是阿里巴巴企业文化的灵魂,以下不属于阿里巴巴价值观的是( )。

    A. 客户第一、诚信   B. 团队合作、激情

    C. 拥抱变化、敬业   D. 敏于事而慎于言

22. 阿里巴巴中供用户可以根据需要设置( )个 Private Showroom。

    A. 5   B. 8   C. 12   D. 15

23. 对于阿里巴巴中国供应商的会员来说,如果是正在展示中的公共产品转化为私人产品,
  ( )。

A. 该产品将不显示在网站上   B. 该产品还显示在网站上

C. 该产品可以显示在网站上   D. 该产品有可能显示在网站上

24. 在 TradeManager 的搜索框里输入一个产品的名称,可以在(　　)上查到该产品的相关信息。

     A. 阿里巴巴国际站   B. 阿里巴巴中文站

     C. 淘宝网   D. 阿里巴巴国际站和阿里巴巴中文站

25. 有关在阿里巴巴国际站进行采购,下列说法错误的是(　　)。

     A. 不注册会员也可以对供应信息进行询价

     B. 不注册会员也可以浏览供应信息

     C. 用户在阿里巴巴网站上采购,必须登陆阿里巴巴网站后才能询盘

     D. 钱经理想在阿里巴巴上采购大型加工设备,他必须先注册一个阿里巴巴的普通会员,然后才能进行采购的操作

26. 王经理想对放弃合作的顾客作调研,该通过(　　)条件搜索这些客户。

     A. 客户等级   B. 客户类型   C. 客户状态   D. 分类状态

27. 中国供应商会员在阿里巴巴国际网站上登录 My Alibaba 系统的做法是(　　)。

     A. 单击国际站首页右上角的"My Alibaba"按钮,填写用户名和密码,点击"SIGN IN"

     B. 单击国际站首页右上角的"COMMUNITY"按钮,填写用户名和密码,点击"SIGN IN"

     C. 单击国际站首页右上角的"My Alibaba"按钮,填写用户名和密码,点击"JOIN NOW"

     D. 单击"Inquiry Basket"按钮,填写用户名和密码,点击"SUBMIT"

28. 在阿里巴巴国际站发布采购信息时,能够限定对方的回复方式的会员身份是(　　)。

     A. 免费会员   B. 付费会员

     C. 买家身份的会员   D. 中国供应商会员

29. 对于阿里巴巴中国供应商的会员来说,(　　)顺序可以排序。

     A. 产品   B. 产品组   C. AB 都是   D. AB 都不是

30. 目前国际站的买家会员在订阅 Trade Alert 时可以订阅(　　)个关键字。

     A. 25   B. 10   C. 38   D. 200

31. Alibaba 国际站提供服务的主要工具不包括(　　)。

     A. Trade Manager   B. Trade Alert

     C. My Alibaba   D. 阿里旺旺

32. 如果产品供应商需要在阿里巴巴国际网站上展示众多不同类别的产品,那就应该对产品进行(　　)。

     A. 排序   B. 分组   C. 筛选   D. 择优发布

33. 以下不属于我国中小企业生存发展优势的是(　　)。

     A. 经营决策快   B. 信息化水平高

     C. 市场反应敏锐   D. 执行力强

34. 当已存在 My Alibaba 库里的客户再次发起询盘时,每条询盘信息的操作拦里显示为(　　)。

     A. 转化为客户   B. 已存在的客户

C. 新增为意向   D. 客户处于管理状态

35. 在阿里巴巴国际站中多用户管理系统的子账号身份不包括(　　)。
    A. 采购员   B. 管理员
    C. 业务经理   D. 分产品业务员

36. 目前还不是中国供应商的服务之一的是(　　)。
    A. 海外展会推广   B. 在线推广   C. 客户培训   D. 支付宝交易

37. 阿里巴巴国际站独特的价值在于(　　)。
    A. 互动、可信、专业和全球化   B. 互动、保密、专业
    C. 可信、专业和地区化   D. 互动、数据安全、和全球化

38. 下列不属于 My Alibaba 功能的是(　　)。
    A. 发布三大核心信息：Company，Products，Tradeleads
    B. 在线洽谈
    C. 修改公司信息和账号信息，发布的信息，联系方式等
    D. 订阅 Trade Alert

39. 阿里巴巴英文站中，分产品业务员可做的操作有(　　)。
    A. 对所有公共产品可进行所有操作   B. 处理所有公司收到的询盘
    C. A、B 都对   D. A、B 都不对

三、多项选择题

1. 阿里巴巴中文站包括的会员类型有(　　)。
    A. 诚信通会员   B. 中国供应商会员
    C. 普通会员   D. VIP 会员

2. 阿里巴巴英文站中，询盘的过滤类型可以选择为(　　)。
    A. 注册国家   B. IP 地址   C. 电子邮件   D. 询盘标题

3. 中小企业已逐渐成为电子商务的积极应用者，电子商务主要带给中小企业的好处有(　　)。
    A. 结识更多的客户   B. 解决资金压力问题
    C. 降低营销成本   D. 证明企业资信实力

4. 阿里软件的产品包括(　　)。
    A. 外贸版   B. 中小企业版   C. 网店版   D. 阿里旺旺

5. TradeManager is an operation center within the Alibaba. com website that provides general instant communication functions. With TradeManager，you can(　　)。
    A. Communicate with buyers and suppliers in real time
    B. Search for buyers and suppliers on Alibaba. com
    C. Manage My Alibaba
    D. View Trade Alert，Alibaba. com's new product notification

6. 阿里巴巴英文站上看到的 TradeManager 状态，非此即彼的两种是(　　)。
    A. ONLINE   B. STAND BY
    C. OFFLINE   D. READY TO CONTACT

7. 阿里巴巴国际站的买家可以通过(　　)方式和供应商联系。

    A. 电话 　　　　　　　　　　　　　B. 传真

    C. 在线发 inquiry 　　　　　　　　　D. TradeManager

8. 相对传统采购而言,网络采购具有的优势有(　　)。

    A. 价格透明 　　　　B. 效率高 　　　　C. 公平 　　　　D. 节约成本

9. 阿里巴巴国际网站上的 My Alibaba 系统对私人展示厅的统计功能主要包括(　　)。

    A. 邀请的客户数

    B. 看到该邀请函后客户立即发送询盘的询盘数

    C. 单击邀请信中超级链接的客户数

    D. 直接删除邀请信的客户数

10. 有关阿里巴巴国际站的客户联系人规则,下面描述正确的有(　　)。

    A. 对于阿里巴巴国际站的会员来说,新增联系人为新增一个客户的联系人信息

    B. 对于阿里巴巴国际站的会员来说,联系人必须对应客户

    C. 新增联系人为新增一个客户的购买意向

    D. 新增联系人为新增一个客户的联系记录

11. 报表的功能有(　　)。

    A. 更清楚地了解询盘数量 　　　　　B. 更清楚地了解产品排名

    C. 更清楚地了解客户区域 　　　　　D. 更清楚地了解操作统计

12. 要搜索某公司的联系人小张,可以通过(　　)条件搜索。

    A. 联系人名称 　　　　　　　　　　B. 联系人电话

    C. 联系人电子邮件 　　　　　　　　D. 联系人所在公司名称

13. 联系记录与意向信息的区别有(　　)。

    A. 意向信息可以通过转化客户询盘得到

    B. 联系记录主要靠自己人工输入

    C. 联系记录比意向信息更简单明了

    D. 意向信息可以让业务员知道下次与该客户的联系时间

14. 在阿里巴巴国际站发布采购信息时,可以选择的采购信息类型有(　　).

    A. 常规采购 　　　　B. 远期采购 　　　　C. 紧急采购 　　　　D. 近期采购

15. 使用 TradeManager,能发送的有(　　)。

    A. 产品图片 　　　　　　　　　　　B. 报价单

    C. 合同 　　　　　　　　　　　　　D. 产品样品实物

16. 在 My Alibaba 系统中管理产品信息,可以对处于(　　)状态的产品进行维护。

    A. 已上传待确认 　　　　　　　　　B. 审核未通过

    C. 审核已通过 　　　　　　　　　　D. 等待审核/审核中

17. 中小企业已逐渐成为电子商务的积极应用者,电子商务带给中小企业的优势有(　　)。

    A. 获得更多订单 　　　　　　　　　B. 降低营销成本

    C. 获得融资机会 　　　　　　　　　D. 缓解人才压力

18. While setting keywords on alibaba. com, (　　).

A. do not use model numbers

B. keywords can only be separated by a comma

C. don't use adjectives

D. the more the better

19. 在 My Alibaba 系统中，订单可以通过（　　　　）方式生成。

    A. 报价单转化　　　　B. 新增订单　　　　　C. 询盘　　　　D. 客户意向

20. 阿里巴巴国际站的高级搜索可以根据（　　　　）等更具体的条件进行。

    A. 国家　　　　　B. 匹配程度　　　　　C. 信息类型　　　　D. 类目

附录2 速卖通试题

不定项选择题

1. 速卖通买家页面网址是(   )。
   A. http://daxue.aliexpress.com
   B. www.aliexpress.com
   C. www.alibaba.com
   D. seller.aliexpress.com

2. 俄罗斯买家的支付方式有(   )。
   A. VISA   B. Master card   C. Webmoney   D. QIWI

3. 速卖通产品信息可以有(   )语言的展示。
   A. 中文   B. 葡萄牙语   C. 英语   D. 俄语

4. 速卖通的收费方式是(   )。
   A. 根据产品数收费
   B. 根据交易额收取5%佣金
   C. 根据参与的平台活动收费
   D. 注册不收费

5. 速卖通后台登陆可以通过(   )。
   A. 速卖通用户名   B. 注册邮箱   C. 注册手机   D. 速卖通账号

6. 关于产品类目说法正确的是(   )。
   A. 必须选择类目之后才能进入产品发布页面
   B. 类目在产品排序中很重要
   C. 错误的类目选择会影响曝光
   D. 错误的类目选择会受到平台处罚

7. 一个完整的标题需要包含(   )。
   A. 产品名称   B. 产品材质   C. 服务   D. 物流优势

8. 产品有效期的选择有(   )。
   A. 14天   B. 7天   C. 30天   D. 60天

9. 店铺产品结构有(   )。
   A. 爆款   B. 利润款   C. 引流款   D. 长尾款

10. 淘代销已认领产品需要在(   )天之内编辑发布,否则将会自动删除。
    A. 10天   B. 3天   C. 5天   D. 7天

11. 以下对淘代销说法正确的是(   )。
    A. 产品导入后必须从该淘宝卖家处进货
    B. 淘代销产品发布无数量限制
    C. 便捷地引入淘宝商品信息,扩充自身商品丰富度
    D. 通过一键导入工具导入淘宝商品

12. 编辑淘代销产品要特别注意(   )。
    A. 填写更多关键词
    B. 补充详细描述内容

C. 修改确认产品标题　　　　　　　　　　D. 补充必填属性

13. 淘代销每天能发布（　　）产品。

  A. 10 个　　　　　　　　　　　　　　　B. 50 个

  C. 100 个　　　　　　　　　　　　　　D. 根据卖家等级的不同不一样

14. 优质的商品描述有（　　）。

  A. 商品信息描述真实　　　　　　　　　B. 商品信息描述准确完整

  C. 属性填写完整　　　　　　　　　　　D. 重点突出的完整标题

15. 卖家的（　　）会影响产品排名。

  A. 卖家服务响应能力　　　　　　　　　B. 纠纷、退款情况

  C. 订单执行能力　　　　　　　　　　　D. 好评情况

16. 专线物流中包含的物流方式有（　　）。

  A. 中东专线　　　　B. Special Line-YW　　C. Russian Air　　　　D. ePacket

17. 线上发货的操作描述正确的是（　　）。

  A. 卖家不需要支付运费

  B. 卖家需要交货给物流商

  C. 部分区域物流商可上门揽收

  D. 揽收区域外的卖家需要自行发货到国内集货仓

18. 关于自定义运费设置说法中,正确的是（　　）。

  A. 设置自定义运费可以选择按照重量设置

  B. 可以按照国家选择是否发货

  C. 设置自定义运费可以选择按照数量设置

  D. 可以按照地区选择是否发货

19. 邮政物流中包含的物流方式有（　　）。

  A. ePacket　　　　　　　　　　　　　B. HongKong Post Air Mail

  C. EMS　　　　　　　　　　　　　　D. China Post Air Mail

20. 线上发货和线下发货的区别有（　　）。

  A. 线上发货运费是线上用支付宝支付的

  B. 线上发货的价格低于市场价

  C. 线上发货的物流商是平台认可的优质物流商

  D. 线上发货支持在线投诉理赔,更有保障

21. 如果不做更改,平台默认的承诺到达时间有（　　）。

  A. 中邮、香港航空大小包对于巴西默认 39 天

  B. EMS,E 邮宝默认时间 27 天

  C. 中邮、香港航空大小包对于俄罗斯默认 60 天

  D. 商业快递(DHL, UPS, FEDEX, TNT)默认时间 23 天

22. 商业快递中包含的物流方式有（　　）。

  A. DHL　　　　　　　　　　　　　　B. Fedex IP

  C. TNT　　　　　　　　　　　　　　D. UPS Express Saver

23. 使用中国邮政航空包裹的风险有(　　　　)。

    A. 丢包率较高　　　　　　　　　　B. 货运周期较长

    C. 价格高　　　　　　　　　　　　D. 货运追踪信息不全

24. 关于速卖通发货的说法正确的有(　　　　)。

    A. 卖家必须使用买家选择的物流方式

    B. 卖家可选用线上发货

    C. 卖家可自己联系物流商发货

    D. 卖家在自己填写的发货时间内必须发货

25. 新手运费模板中 EMS 的承诺运达时间是(　　　　)。

    A. 39 天　　　　　　B. 27 天　　　　　　C. 14 天　　　　　　D. 60 天

26. 店铺满立减设置中定位自己的客单价的方法有(　　　　)。

    A. 不用管客单价,按照折扣计算就行

    B. 随便定义

    C. 通过数据纵横查询

    D. 计算满立减的时候包括了买家所购买产品的货值及运费总金额

27. 关于限时限量活动的描述正确的有(　　　　)。

    A. 活动开始时间为美国时间

    B. 活动在创建后 48 小时开始

    C. 结合满立减和优惠券等其他活动,效果更好

    D. 结合买家需求,巧妙设置折扣及库存

28. 满立减活动可以同时设置(　　　　)。

    A. 商品详情页面标识吸引买家　　　B. 店铺首页明显标识吸引买家

    C. 提升店铺客单价　　　　　　　　D. 搜索页面满立减标志额外曝光

29. 关于店铺优惠券的描述正确的有(　　　　)。

    A. 活动开始后可告知老买家　　　　B. 与店铺满立减可以叠加

    C. 活动在创建后 48 小时开始　　　D. 一旦创建无法更改

30. 关于限时限量活动的设置,建议操作的有(　　　　)。

    A. 提价后打折

    B. 活动开始后可告知老买家

    C. 结合满立减和优惠券等其他活动,效果更好

    D. 设置时间不宜过长,一般一周为宜

31. 关于满立减的设置时间的说法正确的有(　　　　)。

    A. 可以跨月设置　　　　　　　　　B. 没有时间限制

    C. 总时长 720 个小时　　　　　　　D. 每个月有 3 个活动

32. 平台活动包括(　　　　)。

    A. 平台大促　　　　　　　　　　　B. super deals

    C. 行业主题活动　　　　　　　　　D. Hot&New 各行业活动

33. 下列原因中,(　　　　)会影响平台活动的录取。

A. 报名产品和招商类目不符   B. 报名时间不对

C. 产品信息不完整   D. 价格优势不明显

34. 商品分析中可以看到商品的情况有（   ）。

     A. 曝光量   B. 点击率   C. 浏览量   D. 成交金额

35. 数据纵横中，（   ）的内容属于商机发现。

     A. 行业情报   B. 选品专家   C. 搜索词分析   D. 实时风暴

36. 选品专家中选择单个关键词后可看到的数据有（   ）。

     A. 热销属性组合   B. top 热销关键词

     C. top 关联产品   D. top 热销属性

37. 通过访客行为分析可以从（   ）数据维度查看商品的情况。

     A. 添加收藏次数   B. 访问时长

     C. 添加购物车次数   D. 询盘次数

38. 店铺成交额排名我们可以在（   ）功能中看到。

     A. 商品分析   B. 实时风暴   C. 商铺概况   D. 搜索词分析

39. 行业情报中的数据可以选择的时间段有（   ）。

     A. 30 天   B. 14 天   C. 7 天   D. 90 天

40. 数据纵横中（   ）属于经营分析。

     A. 搜索词分析   B. 商铺概况   C. 实时风暴   D. 商品分析

41. 避免必填属性缺失的方法有（   ）。

     A. 若没有对应的类目属性，请反馈至平台

     B. 在搜索诊断工具中查看自己店铺中是否有商品缺失必填属性，并马上予以回填

     C. 要对自己的商品充分的了解，熟知哪些属性是重要的属性

     D. 如果产品不具备该属性，请检查类目是否准确

42. 避免属性错选的方法有（   ）。

     A. 根据自己所要发布的商品选择好类目，逐一考虑发布时待选的属性避免错选；避免遗漏，如商品发布时忘记选择"袖长"属性；避免多选，如商品无风格属性，却选择了波西米亚风格

     B. 重视自查和搜索诊断提醒，避免所选属性与标题设置相矛盾，以及同产品的两个属性相矛盾。如发现有属性错选情况，请及时修改，避免受到网规的处罚

     C. 可在线上通过商品关键词查看此类商品的展示属性，作为参考

     D. 首先，要对平台的各个行业下所设属性有所了解，知道自己所售商品，物理属性和营销属性都有哪些，如"T恤"，可能会有"颜色，尺码，材质，袖长，领型"等属性

43. SKU 作弊会有的处罚有（   ）。

     A. 限制发布   B. 关闭店铺   C. 搜索屏蔽   D. 屏蔽店铺

44. 在（   ）可以看到纠纷指标的数据。

     A. 数据纵横   B. 个人中心   C. 商铺经营看板   D. 搜索诊断

45. 对于买家收到货后提起退货的纠纷卖家应该注意的有（   ）。

     A. 清关属于收件方责任，一旦货物扣关，导致无法签收，需要提供因买家原因导致扣关

     的海关文件或者物流公司出具的证明

   B. 收到退货后,尽量保留底单和拆包视频等

   C. 主动提供准确的英文退货地址,确保退货能成功妥投

   D. 买家退货后积极联系物流公司,及时取件,切勿出现包裹到达卖家城市,但是由于长时间未取件而导致退回的现象

46. 平台用(　　)指标来衡量卖家处理纠纷的能力。

   A. 卖家责任裁决率　　　　　　　　　　B. 裁决提起率

   C. 纠纷率　　　　　　　　　　　　　　D. 好评率

47. 速卖通规则可以在(　　)查看。

   A. 卖家论坛平台规则板块　　　　　　　B. 卖家频道公告

   C. 速卖通规则频道　　　　　　　　　　D. 卖家后台首页公告

48. 虚假发货的处罚有(　　)。

   A. 屏蔽店铺产品　　　　　　　　　　　B. 冻结账号 7 天

   C. 冻结账号 30 天　　　　　　　　　　D. 关闭账号

49. 以下(　　)行为会受到知识产权的处罚。

   A. 平台排查到产品有侵犯知识产权　　　B. 买家投诉

   C. 盗用他人图片　　　　　　　　　　　D. 知识产权所有人投诉

50. 发布以下禁限售产品中的(　　)会被扣分。

   A. 烟草

   B. 用于监听、窃取隐私或机密的软件及设备

   C. 美容仪器、美容针、体外诊断试剂

   D. 露点图片

51. 速卖通的买家主要有(　　)。

   A. 俄罗斯　　　　　B. 西班牙　　　　　C. 巴西　　　　　D. 美国

52. 买家可以通过(　　)方式找到想要购买的商品。

   A. 关键词搜索　　　　B. 活动　　　　　C. 收藏　　　　　D. 类目筛选

53. 以下订单状态中的(　　)需要买家跟进处理。

   A. 有纠纷的订单　　　　　　　　　　　B. 等待付款

   C. 买家申请取消订单　　　　　　　　　D. 等待确认收货订单

54. 卖家后台个人中心展示的内容包含(　　)。

   A. 认证信息　　　　　　　　　　　　　B. 安全等级

   C. 邮箱验证信息　　　　　　　　　　　D. 用户名

55. 以下标题中,(　　)是优质的。

   A. 168 4G

   B. 2010 new party dress bridal dress evening dress

   C. Custom Made Mermaid Satin Sweep Train Wedding Dress

   D. (12piece)NEW 100％ cotton men's underwear

56. 产品发布时需要注意(　　)。

A. 与产品匹配的类目　　　　　　　　B. 完整清晰的详细描述

C. 完整而又重点突出的标题　　　　　D. 全面准确的属性

57. 有的淘代销产品提示不可认领的原因有(　　　)。

A. 不在代销类目开放的范围之内

B. 当前剩余的可认领的产品数名额已满

C. 有知识产权风险

D. 为"秒杀",或者"二手"等类型的产品

58. 下列指标中,(　　　)会影响淘代销可代销的产品数。

A. 成功交易率　　　　　　　　　　　B. 好评率

C. 当前未受网规处罚　　　　　　　　D. 成功交易订单数

59. 以下对淘代销说法正确的有(　　　)。

A. 淘代销产品发布无数量限制

B. 通过一键导入工具导入淘宝商品

C. 产品导入后必须从该淘宝卖家处进货

D. 便捷地引入淘宝商品信息,扩充自身商品丰富度

60. 下列因素中,(　　　)会影响产品排名。

A. 卖家的服务能力:平台会结合卖家跟买家及时沟通情况、账号的好评率、纠纷率、退款率、成交不卖等情况排序,如好评率越高,排序会优先

B. 商品的交易转化能力:买家下单后要及时发货,避免成交不卖

C. 商品的信息要尽量准确完整,配以高质量的图片

D. 信息标题中增加突出商品的优势关键词,属性填写完整,并正确选择产品的类目

61. (　　　)可以查询物流状态。

A. 订单详情页面　　　　　　　　　　B. 邮政官网

C. 商业快递官网　　　　　　　　　　D. 速卖通卖家频道

62. 以下(　　　)物流方式属于国际快递。

A. UPS　　　　　B. TNT　　　　　C. DHL　　　　　D. FedEx

63. 更好地操作承诺运达时间,避免因未送达引起退款的做法有(　　　)。

A. 保持良好的买家沟通　　　　　　　B. 选择好货代

C. 设置多套运费模板　　　　　　　　D. 设置不发货国家

64. 以下(　　　)物流方式的海关通关能力强。

A. 中国邮政小包　　B. UPS　　　　C. E邮宝　　　D. DHL

65. 新手运费模板中中国邮政小包的承诺运达时间是(　　　)天。

A. 27　　　　　B. 39　　　　　C. 60　　　　　D. 14

66. 选择物流服务商的方法有(　　　)。

A. 平台官方物流方式:发货时选择线上发货

B. 找快递公司:拨打对应的400或者800服务电话

C. 找货代公司:可以自己线下找货代,或者到速卖通论坛的物流供求版块中查询

D. 卖家在发货前也要对国际快递运输进行一定了解,比如原则上液体,粉末等这些是

不接受的;因为国际快递的运输过程比较长,易碎物品需要加固包装。含有电池的
货物最好带有 MSDS 证明书

67. 以下( )物流方式的收费最贵。

    A. UPS   B. 中国邮政小包

    C. EMS   D. 香港邮政小包

68. 在承诺运达时间的规则中,满足下列条件中的( ),会在经过平台仲裁后全额退款给
买家。

    A. 货物已妥投   B. 买卖双方未达成一致

    C. 货物超时未到达   D. 买家提起纠纷

69. 关于全店铺打折的描述中,( )是正确的。

    A. 不同的分组可以设置不同的折扣

    B. 活动开始时间为美国时间

    C. 一旦活动进入"等待展示",活动则不可编辑

    D. 可以用营销分组对店铺产品进行分组

70. 限时限量活动可以实现促销目的的有( )。

    A. 打造活动款   B. 推新款   C. 清库存   D. 打造爆款

71. 平台活动的选品原则包括( )。

    A. 产品转化率   B. 近期产品的出单数量

    C. 报名折扣符合活动要求   D. 产品好评率

72. 零少词中可以通过( )维度来进行条件筛选。

    A. 国家   B. 商品结果数范围

    C. 行业   D. 时间

73. 热搜词中可以通过( )维度来进行条件筛选。

    A. 行业   B. 关键词   C. 国家   D. 时间

74. 单个商品可以从( )维度来进行数据分析。

    A. 转化分析   B. 成交分析

    C. 流量来源   D. 访客行为分析

75. 下列情况中,属于 SKU 作弊的有( )。

    A. 将常规商品和商品配件(如手表和表盒)放在一个链接里出售

    B. 将不同属性商品捆绑成不同套餐或捆绑其他配件放在一个链接里出售

    C. 将正常商品和不支持出售(或非正常)的商品放在同一个链接里出售。该商品一口
价为 $0.01/piece,是"Other"这个 SKU 的价格

    D. 将不同的商品放在一个链接里出售(如触摸笔和手机壳)

76. 以下( )属于黑五类产品。

    A. 赠品   B. 大促专用   C. 预售   D. 补邮费

77. 会产生纠纷的情况有( )。

    A. 货物与描述不符   B. 产品质量问题

    C. 未收到货物   D. 货物破损/短装

78. 对于卖家私自更改物流方式的纠纷应该注意（　　　）。

    A. 如遇到此类纠纷，提供发货前买家答应更改物流方式的聊天记录

    B. 私自更改物流方式属于卖家责任

    C. 发货时如需更改物流方式，需提前与买家沟通协商，并征得买家同意

    D. 卖家应该积极联系买家沟通协商解决

79. 避免描述不符的纠纷的做法有（　　　）。

    A. 确认产品页面描述是否与实物一致（需特别注意：产品页面是否有尺寸描述，产品尺寸是否存在多重尺码标准，产品介绍是否图文一致，颜色选项框图片是否与实际显示文字一致，产品页面表述是否会造成买家误解等。）

    B. 如果买家没有选择具体产品型号或颜色等，发货前务必与买家确认后再发货

    C. 如果产品是随机发货或者存在误差，请确认产品页面有相关提醒

    D. 如果买家下订单的产品缺货或存在颜色、款式不一致等情况，发货前一定要与买家沟通，征得买家同意后再发货

80. 速卖通平台的搜索屏蔽类处罚有（　　　）。

    A. 商品屏蔽　　　　　　　　　　　　　B. 商品搜索排序靠后

    C. 店铺屏蔽　　　　　　　　　　　　　D. 店铺搜索排序靠后

81. 成交不卖的后果有（　　　）。

    A. 冻结账号　　　　　　　　　　　　　B. 搜索排名靠后

    C. 关闭账号　　　　　　　　　　　　　D. 屏蔽

82. 速卖通平台针对账号的处罚有（　　　）。

    A. 警告　　　　　B. 清退账号　　　　　C. 关闭账号　　　　　D. 冻结账号

83. 为以下行为排序：①买家确认收货且平台查询物流妥投，②卖家发货，③款项到速卖通的第三方担保账户，④平台为卖家放款，⑤买家拍下产品付款，（　　　）。

    A. ③④⑤①②　　　　B. ①②③④⑤　　　　C. ⑤③④②①　　　　D. ⑤③②①④

84. 以下信息中，（　　　）可以在已出单卖家的个人中心中看到。

    A. 到期下架的产品数　　　　　　　　　B. 正在销售的产品数

    C. 待付款订单　　　　　　　　　　　　D. 橱窗推荐个数

85. 决定价格的因素有（　　　）。

    A. 商品成本　　　　　　　　　　　　　B. 利润率

    C. 物流成本　　　　　　　　　　　　　D. 在线产品的定价

86. 产品标题填写的做法有（　　　）。

    A. 符合海外买家的语法习惯

    B. 切记避免虚假描述，以免影响您商品的转化情况

    C. 清楚的描述清楚商品的名称、型号以及关键的一些特征和特性

    D. 切记避免关键词堆砌，以免引起搜索降权处罚

87. 选品和定价应该关注的数据有（　　　）。

    A. 通过数据纵横——选品专家关注买家使用了什么搜索词、搜索次数，成交价以及目标市场的零售价来选品和定价

B. 通过买家地域数据指标关注买家来自哪些国家,不同国家的买家需求是怎样的

C. 通过商铺分析查询自己店铺的流量数据,关注热卖产品

D. 数据纵横中行业情报可以帮助卖家选择产品线及这个产品线的行业趋势,具体需关注:上架产品数、竞争力、成交率判断等

88. 编辑淘代销产品要特别注意(　　)。

    A. 修改确认产品标题　　　　　　　　　　　B. 填写更多关键词

    C. 补充必填属性　　　　　　　　　　　　　D. 补充详细描述内容

89. 以下(　　)物流方式没有标准运费。

    A. 新加坡邮政小包　　　　　　　　　　　　B. 瑞士邮政小包

    C. 香港邮政小包　　　　　　　　　　　　　D. 中国邮政小包

90. (　　)物流方式不能寄2KG以上的包裹。

    A. 香港邮政小包　　　　　　　　　　　　　B. 香港邮政大包

    C. 中国邮政小包　　　　　　　　　　　　　D. 中国邮政大包

91. 运费模板设置包括的分类有(　　)。

    A. 其他　　　　　　　B. 商业快递　　　　　C. 专线物流　　　　　D. 邮政物流

92. 设置全店铺打折的作用有(　　)。

    A. 买家收藏夹 & 购物车折扣提醒

    B. 买家搜索页面 sale items 额外曝光

    C. 快速提升店铺销量

    D. 全店铺打折商品主图折扣标识

93. 关于全店铺打折下面说法正确的是(　　)。

    A. 结合满立减和优惠券等其他活动,效果更好

    B. 活动开始后可告知老买家

    C. 活动在创建后 48 小时开始

    D. 可以用营销分组对店铺产品进行分组

94. 平台活动有(　　)。

    A. 平台大促　　　　　B. 俄罗斯团购　　　　C. super deals　　　　D. 巴西团购

95. 行业情报通过(　　)数据维度分析行业。

    A. 在售商品数　　　　B. 供需指数　　　　　C. 访客数占比　　　　D. 成交额占比

96. 飙升词中可以通过(　　)维度来进行条件筛选。

    A. 搜索关键词　　　　B. 行业　　　　　　　C. 国家　　　　　　　D. 时间

97. 我们可以在以下(　　)功能中看到商铺购买率。

    A. 商品分析　　　　　B. 实时风暴　　　　　C. 搜索词分析　　　　D. 商铺概况

98. 可以看到店铺24小时数据情况的功能是(　　)。

    A. 商铺概况　　　　　B. 商品分析　　　　　C. 行业情报　　　　　D. 实时风暴

99. 下列行为属于搜索作弊的有(　　)。

    A. 类目错放　　　　　B. 标题滥用　　　　　C. 重复铺货　　　　　D. 属性错选

100. 对于质量有问题的纠纷卖家应该注意(　　)。

A. 如果质量问题(如无法正常工作)是由于买家操作不当,请提交产品正确操作方法的视频

B. 发货前仔细检查产品,确保产品质量

C. 积极与买家协商解决问题,达成一致的解决意见

D. 如发现买家是因为适配器使用不当导致无法通电,请提供正确使用适配器的视频

101. 避免货物破损的纠纷的做法有(　　　　)。

A. 积极与买家沟通,第一时间解决买家疑虑

B. 提醒买家收货前检查包裹

C. 仔细检查产品情况,确保发货前产品完好无损

D. 发货前做好相关的防护措施,避免因包装不当造成物流途中产品破损

102. 以下情况中,(　　　)会引起账号关闭。

A. 知识产权侵权被投诉　　　　　　　　B. 欺诈

C. 虚假发货　　　　　　　　　　　　　D. 发布侵权违规产品

参 考 文 献

［1］阿里学院.跨境电商/阿里巴巴速卖通宝典[M].北京:电子工业出版社,2015.

［2］阿里学院.阿里巴巴电子商务系列:外贸营销实务[M].北京:电子工业出版社,2016.

［3］陈火怀.外贸电子商务与实用英语全真教材[M].广州:广东经济出版社,2010.

［4］杨坚争. Electronic Commerce-A Perspective from China. 上海:立信会计出版社.

［5］速卖通大学:http://daxue.aliexpress.com/.

［6］雨果网:http://www.cifnews.com/.